Zu diesem Buch

Bis zum 17. Jahrhundert wurde nur 1 Prozent der Bevölkerung älter als 65 Jahre; heute leben 70 Prozent der Bevölkerung westlicher Industrienationen länger als 65 Jahre, ein Drittel wird sogar über 80 Jahre alt.

Das vorliegende Buch führt knapp und übersichtlich in den Stand des Wissens zum Alter ein, entlarvt Fehlmeinungen und wirbt auf besonders einfühlsame Weise für Verständnis gegenüber älteren und greisen Menschen. Ein informatives, handliches kleines Nachschlagewerk für alle, die beruflich und privat mit älteren Menschen zu tun haben.

Zum Autor

Ian Stuart-Hamilton, geb. 1959, studierte und promovierte in Oxford und Manchester/GB Psychologie. Seit 1985 arbeitet er als Forscher und Dozent an verschiedenen Universitäten Englands zum Thema ‹Psychologie des Alterns›.

Ian Stuart-Hamilton

Die Psychologie des Alterns

Deutsch von
Alexandre Métraux

rororo

Rowohlt

Deutsche Erstausgabe
Veröffentlicht im Rowohlt Taschenbuch Verlag GmbH,
Reinbek bei Hamburg, Februar 1994

Die englische Originalausgabe erschien 1991 unter dem Titel
«The Psychology of Ageing» bei
Jessica Kingsley Publishers, London

Umschlaggestaltung Gerda Hellmann
Satz Sabon und Helvetica (Linotronic 500)
Gesamtherstellung Clausen & Bosse, Leck
Printed in Germany
1690-ISBN 3 499 19516 X

Inhalt

KAPITEL 3

Altern und Gedächtnis

KAPITEL 4

Altern und Sprache

KAPITEL 5
Altern und Persönlichkeit

KAPITEL 6
Die Demenzen

KAPITEL 7

Die Zukunft der Gerontologie

ANHANG

Vorwort

Diese Einführung in die Psychologie des Alterns wendet sich an Laien. Sie wurde, soweit möglich, nicht im Fachjargon geschrieben und soll mit den aktuellen Kerngedanken der Psychologie des Alterns vertraut machen. Deshalb empfiehlt sich das Buch auch für Fachpsychologen zum Nachschlagen.

Psychologische und andere Fachausdrücke werden im Text kurz erläutert und kenntlich gemacht. Diese Fachausdrücke sowie einige andere gerontologische Termini finden sich darüber hinaus im Glossar. Das Buch enthält sehr viele Literaturverweise, die sich sowohl auf leicht lesbare Texte wie auf spezielle Primärquellen beziehen. Dem individuellen Interesse und Wissensstand entsprechende Titel für eine weitere Beschäftigung mit dem Thema sind der Bibliographie zu entnehmen.

Obwohl das Buch zur fortlaufenden Lektüre gedacht ist, lassen sich die Kapitel bei einem Minimum an Querverweisen auch einzeln lesen.

Ian Stuart-Hamilton

KAPITEL 1

Was ist Altern?

Lebenserwartung – die graue Gesellschaft

Die Alten haben nicht immer unter uns gelebt. Man schätzt, daß in vorhistorischen Zeiten kein Mensch ein hohes Alter erreichte, und selbst im 17. Jahrhundert war vermutlich nur einer von hundert älter als 65 Jahre. Im 19. Jahrhundert stieg dieser Anteil auf ungefähr 4 Prozent an (Cowgill 1970). Heute gehören etwa 12 Prozent der Bevölkerung westlicher Länder zur Gruppe der alten Menschen. Man nimmt an, daß dieser Anteil bis zur Jahrtausendwende die 15-Prozent-Marke und im Jahre 2030 die 20-Prozent-Marke erreichen wird (Bromley 1988; Kermis 1983; OECD 1988). Diese statistischen Befunde lassen sich etwas dramatischer auch so zusammenfassen:

Um 1900 wurde man mit einer durchschnittlichen Lebenserwartung von 47 bis 55 Jahren geboren (je nachdem, welches nach westlichem Muster zivilisierte Land betrachtet wird) – heute beträgt die Lebenserwartung etwa 70 Jahre für Männer und 76 Jahre für Frauen (Bromley 1988). Diese Angaben sind allerdings verfänglich, weil sie die hohe Kindersterblichkeit zu Beginn unseres Jahrhunderts vernachlässigen. Die verbleibende Lebensspanne derjenigen Menschen, die um 1900 das Jugendalter erreicht hatten, war durchschnittlich nur etwa sieben Jahre kürzer als heute. Bei 70- bis 80jährigen Menschen stellt sich die Differenz als noch geringer heraus: Sie beträgt nämlich nur drei oder vier Jahre (Bromley 1988; Kermis 1983). Wilkins und Adams (1983) fügen dem ein interessantes Detail bei, das zu noch größerer Vorsicht gemahnt und einem 80jährigen Menschen von 1900 sicher eine gewisse Schadenfreude bereitet hätte. Aus kanadischen Sterbelisten schlossen die Autoren, daß von den heute zusätzlichen drei oder vier Lebensjahren volle drei Viertel durch Beschwerden und Unannehmlichkeiten überschattet werden. Die statistische Lebenserwartung ist folglich eine Chimäre. Das Phänomen der sogenannten grauen Bevölkerung hängt vornehmlich damit zusammen, daß Kinderkrankheiten nicht mehr so oft tödlich verlaufen wie früher.

Ungeachtet der Ursachen des Alterns aber können wir feststellen, daß die Mehrheit der Menschen heute die Erfahrung des Alters macht. Etwa 70 Prozent der Menschen in Ländern mit westlicher Zivilisation leben länger als 65 Jahre, 30 bis 40 Prozent länger als 80 Jahre. Um 1900 konnte dagegen wohl nur ein Viertel aller Menschen hoffen, den 65. Geburtstag zu erleben (Brody 1988). Diese Angaben gelten jedoch nur für industrialisierte Länder; auf weniger entwickelte Gebiete treffen eher die statistischen Daten von 1900 zu. Es ist eine ernüchternde Erkenntnis, daß die meisten Menschen auf dieser Erde vor ihrem fünften Geburtstag sterben (McHale u. a. 1979).

Definitionen des Alterns

Das hohe Alter ist die abschließende Phase der Entwicklung eines Menschen und muß als Bestandteil eines ständigen Veränderungsprozesses gesehen werden. Aus diesem Grunde ist es außerordentlich schwierig, den Punkt genau zu bestimmen, an dem die Phase des mittleren Alters in die des «hohen» Alters übergeht. Hierin drückt sich ein Problem aus, das den Wissenschaften nur zu vertraut ist: Wie unterteilt man ein Kontinuum in Abschnitte? Wenn wir beispielsweise das Farbspektrum betrachten, stellen wir ohne weiteres fest, daß darin Streifen mit den Farben «Rot» und «Orange» vorkommen. Blicken wir jedoch genauer hin, erkennen wir, daß das Rot nach und nach ins Orange übergeht. An welchem Punkt hört das Rot auf, und wo beginnt das Orange?

Auch ein Mensch wird nicht über Nacht alt. Im Verlauf vieler Jahre läßt sich verfolgen, wie seine physischen und psychischen Eigenschaften sich von dem Stereotyp des «mittleren Alters» zu dem Stereotyp des «hohen Alters» entwickeln. Es fällt jedoch sehr schwer, den genauen Zeitpunkt anzugeben, an dem eine Person «alt wird». Die Forschung ist sich dieses Problems durchaus bewußt und hat oft versucht, ein objektives Maß das Alters zu schaffen. Das einfachste Verfahren zur Bestimmung des «hohen Alters» setzt chronologisch an: Es geht schlicht von der Angabe des Alters einer Person aus. Diese Methode ist aber wenig informativ, da sie auf einer letztlich willkürlichen Festlegung beruht. Wie oft die Erde die Sonne während des Lebens einer Person umkreist hat, besagt so lange nichts, wie die Anzahl der Umkreisungen nicht mit anderen, funktionalen Veränderungen in Beziehung gesetzt wird.

Wie gezeigt werden soll, korreliert das chronologische Alter in der Tat mit anderen Kriterien. Allerdings ist der Korrelationsgrad gelegentlich sehr schwach. So hängt das Alter in nur geringem Maße mit physischen Veränderungen zusammen. Es gibt 70jährige Menschen, die dem Typ des Betagten (graues Haar, runzlige Haut usw.) entsprechen. Andere haben sich «gut gehalten» und weisen diese Eigenschaft nicht auf, einige Jüngere dagegen sehr wohl: Sie sind dann «früh gealtert». So ist das chronologische Alter* kein unfehlbarer Indikator für die Verfassung einer Person. Es kann bestenfalls den Zustand des *Durchschnittsmenschen* zum Ausdruck bringen.

Ein anderes, oft verwendetes Maß ist das soziale Alter*. Es

bezieht sich auf gesellschaftlich erwartetes Verhalten bei Personen eines bestimmten chronologischen Alters. In westlichen Kulturen wird erwartet, daß sich Menschen nach dem 60. Lebensjahr gesetzt verhalten. So erstaunt es nicht, daß der Beginn des Alters oft im Übertritt vom Berufsleben in den Ruhestand gesehen wird.

Einige «primitive» Gesellschaften betrachten ein hohes Alter als Belohnung für ein ehrlich geführtes Leben. Jede Zivilisation hat ihre eigenen Altersmythen, -theorien und damit verbundene Erwartungen ausgebildet (Gruman 1966); allen gemeinsam ist die Vorstellung, daß der Übergang ins hohe Alter mit einem Wandel des gesellschaftlichen Status einhergeht.

Die Einschätzung jedoch, mit welchem chronologischen Alter dieser Wandel eintritt, variiert von Gesellschaft zu Gesellschaft und liegt zwischen dem 50. und 70. Lebensjahr (Decker 1980). In den meisten westlichen Ländern wird man ungefähr mit Beginn des Ruhestandes, also zwischen dem 60. und 65. Lebensjahr zum Senior. Gerontologen* neigen denn auch dazu, das 60. oder 65. Lebensjahr als *Schwellenalter* zu betrachten (Bromley 1988; Decker 1980; Kermis 1983; Rebok 1987; Ward 1984). Damit entsprechen sie nicht nur einem westlichen Stereotyp; vielmehr sind gerade im Schwellenalter – wie wir noch sehen werden – bestimmte physische und psychische Veränderungen feststellbar. Im vorliegenden Buch wird die Schwelle auf die Zeit zwischen dem 60. und 65. Lebensjahr gelegt. Diese Faustregel ist mit Absicht so vage formuliert, damit die zuvor erwähnten Einschränkungen berücksichtigt werden können, daß nämlich

(a) es keinen festen Punkt gibt, an dem eine Person alt wird und
(b) das chronologische Alter ein willkürliches, nicht besonders zuverlässiges Maß darstellt, und die Verwendung nur eines Kriteriums falsche Objektivität vorspiegeln würde.

Dennoch entwickeln die meisten Menschen zwischen dem 60.

und 65. Lebensjahr Zeichen des Altseins. Die Zeichen können physisch wie psychisch sein und werden auf den Skalen des biologischen Alters* beziehungsweise des psychischen Alters* abgebildet. Dieses Buch befaßt sich vornehmlich mit dem Altwerden in psychischer Hinsicht; dennoch kann das biologische Altwerden nicht einfach übergangen werden, denn viele Veränderungen des menschlichen Körpers (besonders der Sinnesorgane und des Zentralnervensystems) wirken sich unmittelbar auf das alternde Gehirn aus.

Biologisches Altern

Das Altwerden ist die abschließende Stufe der Entwicklung, die jedes gesunde und unfallfreie Individuum durchläuft. Man darf jedoch das Wort «Entwicklung» nicht derart überinterpretieren, daß das Altern zwangsläufig eine Verbesserung darstellt. Ein Autor hebt dies besonders hervor, indem er das Alter als eine «Nach-Entwicklung» charakterisiert: «...alle latenten Entwicklungskapazitäten sind verwirklicht worden; was übrig bleibt, sind Leidenspotentiale» (Bromley 1988, S. 30). Das trifft im Falle des biologischen Altwerdens auf fast alle Individuen zu. Allerdings ist im Auge zu behalten, daß der Funktionsverlust nicht im hohen Alter einsetzt, sondern bereits im frühen Erwachsenenalter. Alle körpereigenen Systeme gehen nach Erreichen des 30. Lebensjahres um 0,8 Prozent bis 1 Prozent jährlich zurück (Hayflick 1977). Dieser Prozeß verläuft sehr langsam, und da die meisten körpereigenen Systeme eingebaute Überkapazitäten besitzen, werden die Veränderungen erst etwa im sechsten Lebensjahrzehnt für andere sichtbar. Botwinick (1977) hebt hervor, daß die Abnutzung bei komplexen körperlichen Funktionen stärker auffällt als bei einfachen. Dies hängt vermutlich damit zusammen, daß die einfachen Funktionen jeweils nur schwach abnehmen; werden sie dagegen in komplexen Tätigkeiten zusammen beansprucht, fällt die Abnutzung größer aus als die Summe der Abnutzung der einzelnen Komponenten. Dieser überproportionale Verlust bei komplexen Funktionen macht sich oft sowohl im alternden Körper wie im alternden Bewußtsein bemerkbar.

Des weiteren ist zu bedenken, daß viele an älteren Personen zu beobachtende Veränderungen nicht auf das Alter *an sich*, sondern auf Krankheiten zurückzuführen sind. Es gibt fast keinen Menschen, der durchs Leben geht, ohne jemals krank zu werden. Deshalb ist es nicht auszuschließen, daß altersbedingte Veränderungen auch durch den kumulierten Effekt zurückliegender Krankheiten hervorgerufen werden. Die Auswirkungen sogar kleinster Gesundheitsschäden konnten Birren u. a. (1963) in der sogenannten Studie über die «47 gesunden alten Männer» nachweisen. Die Forscher untersuchten 27 völlig gesunde alte Männer und 20 weitere, die allem Anschein nach gesund waren, die aber, wenn man sie sehr genau untersuchte, Vorzeichen potentiell gefährlicher Krankheiten entwickelt hatten. Die zweite Gruppe zeigte Beeinträchtigungen psychischer Funktionen wie Sprachverständnis und Gedächtnis sowie Veränderungen des Wellenrhythmus im Gehirn. Birren und andere Forscher (z. B. Botwinick 1977; Kermis 1983) schlossen daraus, daß der Funktionsverlust nicht alters-, sondern krankheitsbedingt ist. Andere Untersuchungen sind inzwischen zu ähnlichen Ergebnissen gelangt.

Treibt man dieses Argument auf die Spitze, erweist es sich allerdings als zirkulär: Sind ältere Menschen gesund, weil sie nie krank gewesen sind, oder sind sie nie krank gewesen, weil sie gesund sind? Krank werden kann mit dem Altern zusammenhängen (eine Schwächung beispielsweise des Immunsystems hätte unweigerlich ernsthafte Folgen). Es gibt in der Tat Theorien, die behaupten, daß der menschliche Körper auf diese Weise altern «will». Am bekanntesten ist vermutlich die Behauptung, daß Körper ein eingebautes «Zerstörungsprogramm» besitzen und sterben, um jüngeren Gattungsmitgliedern Platz zu machen und dem Problem der Überbevölkerung vorzubeugen. Dieses Argument ist von vielen Gerontologen unkritisch übernommen worden. Es erweist sich allerdings angesichts einer einfachen Tatsache als unhaltbar: Nur wenige Tiere erreichen in ihrer natürlichen Umgebung ein hohes Alter. Da ältere Individuen «in freier Natur» so selten vorkommen, ist ein evolutionär entstandener «Selbstzerstörungsmechanismus» höchst unplausibel – Raubtiere, Krankheiten und Unfälle sind an sich bereits höchst leistungsfähige Mechanismen (Kirkwood 1988; Medawar 1952).

Eine überzeugendere Erklärung liefert die Theorie des verfügbaren Soma* (Kirkwood 1988). Die moderne Evolutionstheorie geht davon aus, daß ein Organismus zur Produktion möglichst vieler Nachkommen angetrieben wird; dies hat Vorrang gegenüber dem individuellen Überleben. Entscheidend ist also, daß die Gene überleben – in welchem Körper, ist von untergeordneter Bedeutung.

Entsprechend dieser Theorie ist es für einen Menschen besser, im 20. Lebensjahr zu sterben und 30 Nachkommen gezeugt zu haben, als kinderlos mit 100 Jahren zu sterben (Dawkins 1976). Dieses Grundgesetz prägt das Altern auf eine bestimmte Weise: Körperzellen sterben und müssen unentwegt ersetzt werden; anderenfalls wird die Effizienz der betroffenen Körperteile massiv beeinträchtigt. Die Theorie des verfügbaren Soma behauptet nun, daß der Körper alle Ressourcen zur Erhaltung des Reproduktionsvermögens auf Kosten der somatischen* (nicht der Fortpflanzung dienenden) Körperteile einsetzt. Je mehr Energie in die Reproduktion investiert wird, desto stärker verfällt der Körper. Auf die Spitze getrieben klingt diese Theorie wie eine viktorianische Moralpredigt. Auf einem subtileren Niveau jedoch spricht einiges für sie, und Kirkwood (1988) nennt einige starke Belege, deren Wiedergabe hier jedoch zuviel Raum einnehmen würde.

Der alternde Körper

Das allgemeine Bild eines gealterten Körpers ist nicht sonderlich erhebend. Das Gewebe verliert Kollagen (ein Protein); in den Zellen büßen die Mitochondrien* (die als «Kraftwerke» für die Herstellung von Energie verantwortlich sind) an Effizienz ein; auf molekularer Ebene kann sich die Desoxyribonukleinsäure* (DNS) verändern, was zur dysfunktionalen Zellteilung oder gar zu ihrem Stillstand führen kann (Anderson 1974). Kein Wunder, daß diese Veränderungen die Körperfunktionen beeinträchtigen. Das Harnsystem arbeitet beispielsweise langsamer, so daß es Giftstoffe und andere Abfallprodukte nicht mehr zuverlässig ausscheidet. Das Verdauungssystem nimmt Nährstoffe weniger gut auf. Die Muskelmasse nimmt ebenso ab wie die Muskelstärke. Das Herz- und Blutkreislaufsystem ist gleich in zweierlei Hinsicht betroffen: Die Pumpe besitzt weniger Kraft, obwohl die Verdickung und Verengung der Blutgefäße zur Aufrechterhaltung der Blutzirkulation zunehmend mehr Energie erfordern. Das führt dazu, daß die Herzleistung eines 75jährigen Menschen um fast ein Drittel geringer ausfällt als bei einem 30jährigen (Aiken 1989; Kart 1981; Kermis 1983). Viele dieser Veränderungen lassen sich durch richtige Ernährung und Körpertraining positiv beeinflussen (DeVries 1975; Fries u. Crapo 1981); es ist jedoch zu betonen, daß die Methoden zur Untermauerung dieser Aussage kritisiert worden sind (z. B. Thornton 1984).

Diese Veränderungen wirken sich ungünstig auf die Tätigkeit des Gehirns und somit auch auf die psychischen Leistungen aus. So führt die Schwächung des Atmungs- und Blutkreislaufsystems dazu, daß sich die Sauerstoffzufuhr für das Gehirn verringert, was wiederum die Gehirntätigkeit reduziert. Birren u.a. (1980) vertreten die Meinung, daß die Verlangsamung der Reaktionen bei älteren, selbst für gesund befundenen Menschen durch die verminderte Blutzufuhr zum Gehirn verursacht wird. Kardiovaskuläre* Erkrankungen beeinflussen gemeinsam mit den üblichen altersbedingten Funktionseinbußen auch die Tätigkeit der Hirnrinde (Kermis 1983). Das deutlichste Beispiel für diese Wirkung ist der Schlaganfall, bei dem die Blutzufuhr zu einem Teil des Gehirns unterbrochen und das davon betroffene Gewebe zerstört wird. Eine weniger gravierende Störung besteht darin, daß einige ältere Menschen nach dem Essen einschlafen, weil die zur Verdauung notwendige Energie dem Gehirn nicht mehr genug Sauerstoff gewährt, um das Bewußtsein aufrechtzuerhalten.

Veränderungen in anderen Systemen können sich auf subtilere Weise zeigen. So führt beispielsweise eine Beeinträchtigung des Harnsystems dazu, daß die Menge der Giftstoffe im Körper zunimmt. Das kann die neurale Tätigkeit negativ beeinflussen. Bei einer Medikamenten-Therapie kann dies etwa zu Problemen der Überdosierung führen, ja sogar zum Dämmerschlaf oder zum Delirium (siehe Kapitel 6).

Leistungsrückgänge des Verdauungssystems haben zuweilen ähnlich weitreichende psychische Folgen. Dauerhaft beeinträchtigter Appetit kann zur Unterernährung führen. Das ist, psychologisch gesehen, dann gravierend, wenn es zu einem Mangel an Vitamin B_{12} kommt, der ebenfalls ein Delirium auslösen kann (vgl. Kapitel 6).

Eine andere Auswirkung des körperlichen Alterns besteht in der Möglichkeit einer veränderten Selbsteinschätzung. Das ist normalerweise kein großes Problem. Das Bewußtsein, daß die Knochen brüchig und die Muskeln schwächer werden, führt bei den meisten älteren Menschen zu erhöhter Vorsicht. Bei anderen jedoch kann es Depressionen verursachen (Raskin 1979). Weg

(1983) geht allerdings davon aus, daß die meisten älteren Menschen durchaus imstande sind, sich im Alltagsleben zurechtzufinden. Ob sie es tatsächlich tun, ist eine andere Frage.

Das Altern der Wahrnehmungssysteme

Die Sinne sind die Werkzeuge, mit denen das Gehirn die Verbindung zu seiner Umwelt herstellt. Altersbedingte Beeinträchtigungen der Wahrnehmung verhindern eine umfassende Erfahrung der Welt. Es wäre jedoch falsch, den Beginn dieser Beeinträchtigungen ins hohe Alter zu verlegen. Wie andere Funktionseinbußen setzen sie bereits im frühen Erwachsenenalter ein. Es ist wichtig, dies beim Lesen der folgenden Abschnitte stets in Rechnung zu stellen.

Sehen

Man hört ältere Leute oft darüber klagen, daß sie «nicht mehr so gut sehen wie früher». Die Klagen sind meistens begründet. Nicht selten betreffen sie die unzureichende Anpassung* (Akkomodation*: die Fähigkeit, unterschiedlich entfernte Gegenstände zu fixieren), die Weitsichtigkeit zur Folge hat. Letztere hängt vermutlich mit dem altersbedingten Elastizitätsverlust der Linse zusammen. Die schwerste Sehbeeinträchtigung, an der die meisten älteren Menschen leiden, ist jedoch der Verlust der Sehschärfe*, verschieden definiert als «Fähigkeit, entfernte Gegenstände klar zu sehen» oder als «Fähigkeit, Details zu erkennen»). Bromley (1988) schätzt, daß etwa 75 Prozent der älteren Personen Brillen tragen müssen und viele selbst mit diesem Hilfsmittel nicht die volle Sehkraft erreichen. In seinem ausgezeichneten Literaturüberblick unterstreicht Corso (1981), daß die Sehschärfe im Alter schlagartig abnimmt; dies lasse sich jedoch teilweise kompensieren, wenn das Gesehene starke Helligkeitskontraste aufweist (z.B. Schwarz auf Weiß statt auf Grau).

Dies bestätigen Studien zur Funktion der Kontrastempfindlichkeit*. Versuchspersonen werden parallele Linien dargeboten, die abwechselnd hell oder dunkel sind. Die Dicke der Linien kann ebenso verändert werden wie deren Helligkeit. Erwartungsgemäß sind dicke Linien bei starkem Kontrast am besten wahrzunehmen. Durch Herabsetzen der Dicke und/oder des Helligkeitskontrasts ist es möglich, die Linien «zum Verschwinden zu bringen». Dann nimmt eine Versuchsperson nur noch eine gleichmäßig graue Oberfläche war. Die Kontrastempfindlichkeit ist ein Maß, das den kleinsten Helligkeitsunterschied bei gegebener Dicke bezeichnet, der es gerade noch gestattet, die Linie als Linie zu erkennen: Je kleiner die Helligkeitsdifferenz, desto größer die Empfindlichkeit des visuellen Systems einer Versuchsperson. Sekuler u.a. (1982) haben herausgefunden, daß die Kontrastempfindlichkeit bei alten Menschen abnimmt. Im Test mit verhältnismäßig breiten Linien ließen sich keine erheblichen Altersunterschiede feststellen. Sobald aber die Linien dünner wurden, mußte der Helligkeitskontrast bei älteren Versuchspersonen deutlich größer sein, damit sie die Objekte unterscheiden konnten.

Die Sachlage wird weiter dadurch kompliziert, daß sich die visuelle Leistungsfähigkeit jüngerer Versuchspersonen bei einigen Linienstärken steigern läßt, wenn sich die Objekte bewegen. Dies ist bei älteren Menschen nicht möglich (Sekuler u.a. 1980). Ein anderes Beispiel der geringen Kontrastempfindlichkeit bei älteren Menschen bezieht sich auf die verminderte Wiedererkennungsrate von Gesichtern bei geringem Helligkeitskontrast. Um das Sehvermögen älterer Leute ist es unter Alltagsbedingungen demnach nicht gut bestellt. Sekuler und Owsley (1982) betonen, daß die meisten Untersuchungen unter optimalen Lichtverhältnissen durchgeführt worden sind. Im wirklichen Leben sind aber viele Gegenstände nur schwach beleuchtet und von geringem Helligkeitskontrast. Wie wir sahen, sind ältere Menschen unter diesen Voraussetzungen besonders benachteiligt. So können Standardmessungen den Grad der Beeinträchtigungen, unter denen ältere Menschen zu leiden haben, sogar unterschätzen. Dieser Befund verstärkt sich angesichts der Tatsache, daß der Sehschärfeverlust bei älteren Menschen noch deutlicher ausfällt, wenn es sich um bewegte Objekte handelt (Fozard u. a. 1979).

Auch die Wahrnehmung der Lichtstärke nimmt im Alter ab. Die Sehschwelle, über der das Schimmern gerade noch gesehen wird, steigt im Alter an, und das heißt, daß ältere Menschen schwaches Licht weniger gut erkennen (Elias u. a. 1977; McFarland und Fischer 1955). Dies ist wahrscheinlich auf verschiedene Faktoren zurückzuführen, unter anderem auf die Reduktion der maximalen Pupillenöffnung und auf den verminderten Stoffwechsel der Rezeptorzellen* (Pitts 1982). Ebenso nimmt die Geschwindigkeit der Anpassung an schwache Lichtverhältnisse mit dem Alter ab (Domey u. a. 1960). Der umgekehrte Vorgang – die Erholung von Blendungen – verlangsamt sich ebenfalls, gelegentlich sehr stark (Carter 1982). Dies hat durchaus praktische Folgen, z. B. für das Fahrvermögen älterer Leute bei Nacht.

Ein weiterer Gesichtspunkt betrifft die Veränderungen der Farbwahrnehmung. Ältere Menschen sehen die Welt mit einem Gelbstich. Farben, die auf dem Spektrum in der Nachbarschaft von Gelb liegen (Rot, Orange), werden zwar nach wie vor recht gut unterschieden, nicht aber grüne, blaue und violette Töne. Viele Forscher führen dies auf das altersbedingte Gelbwerden der Linse zurück, das die auf der Netzhaut fallenden Bilder buchstäblich verfärbt. Das kann aber nicht die einzige Erklärung sein. Denn einige ältere Menschen, bei denen in einer Augenoperation die Linse ersetzt werden mußte, nehmen die Welt ebenso gelbstichig wahr (Marsh 1980).

Schließlich verarbeiten ältere Menschen visuelle Reize langsamer, so daß sie Gegenstände länger sehen müssen, um sie richtig zu erkennen. Die Verlangsamung betrifft sowohl die peripheren Bereiche, wie die Netzhaut und die zum Gehirn führenden Nerven, als auch die zentralen, für die Verarbeitung optischer Reize verantwortlichen Teile des visuellen Systems (Moscovitch 1982; Walsh 1982).

Die genannten Probleme mögen schwerwiegend und für einen älteren Menschen lästig sein – sie machen ihn jedoch nicht notwendigerweise zum «Krüppel». Nicht zu übersehen ist freilich, daß etwa 7 Prozent aller Menschen im Alter von 65 bis 74 Jahren und 16 Prozent aller über 75jährigen schwer sehbehindert sind (Crandall 1980). Die drei Hauptursachen sind: Der graue Star* (die Linsen werden trüb), das Glaukom* (der grüne Star*, bei dem der angestiegene Augeninnendruck eine unumkehrbare Zerstörung der Nerven und Rezeptorzellen verursachen kann) und die Degeneration der Makula* (der «Gelbe Fleck» auf der Netzhaut, in dem die Sehschärfe am stärksten ist, degeneriert). Diese Krankheiten treten nicht nur im Alter auf, sind indes bei älteren Menschen viel öfter zu beobachten als bei jüngeren (Corso 1981).

Hören

Das Hörvermögen wird während des ganzen Erwachsenenalters nach und nach schwächer, so daß viele 50jährige Menschen bereits in irgendeiner Hinsicht (z.B. beim Hören sehr leiser Töne) behindert sind (Bromley 1988). Für manche ist dies ein folgenschwerer Verlust. Stephens (1982) schätzt, daß 1,6 Prozent der 20- bis 30jährigen Menschen schwere Gehörschäden aufweisen – bei den 70- bis 80jährigen sind es 32 Prozent, und bei Menschen über 80 Jahren erhöht sich der Anteil sogar auf mehr als 50 Prozent (Herbst 1982). Hörschäden werden durch Umweltbedingungen verstärkt. So ist Taubheit bei Arbeitern in der Schwerindustrie ein bekanntes Phänomen. Da Männer häufiger an lärmintensiven Orten arbeiten als Frauen, sind Gehörschädigungen bei ihnen entsprechend häufiger zu beobachten. Im allgemeinen ist es unmöglich, die altersbedingten Ursachen von den Umwelteinflüssen zu unterscheiden, obgleich beide eine Rolle spielen.

Arbeitet man sich im Ohr von außen nach innen vor, so lassen sich folgende Veränderungen beobachten. Zu den eher ungewöhnlichen gerontologischen Beobachtungen gehört, daß sich das Ohrläppchen im Alter um einige Millimeter vergrößert (Tsai, Chou u. Cheng 1958). Die funktionelle Bedeutung dieser Veränderung ist jedoch unbekannt. Der Gehörgang älterer Leute füllt sich verhältnismäßig rasch mit Ohrenschmalz an, wodurch das Hören beeinträchtigt wird. Dies läßt sich leicht beheben, Veränderungen im Mittelohr sind dagegen ernster. Die Gehörknöchelchen – Hammer, Amboß und Steigbügel – neigen, bedingt durch Verkalkung oder Arthritis, zur Verhärtung. Das behindert die Aufnahme von Tönen besonderes im höheren Frequenzbereich. Verstärkt wird dieser Effekt gelegentlich durch den Verlust von Rezeptorzellen, die auf hohe Töne ansprechen (vgl. Corso 1981; Crandall 1980; Kermis 1983; Marsh 1980). Das innere Ohr ist über den Gehörnerv mit dem Gehirn verbunden. Der Umfang dieses aus Nervenfasern bestehenden Bündels nimmt im Alter ab. Die Atrophie ist vermutlich auf die geringere Blutzufuhr und auf starken Knochenwuchs zurückzuführen, der den Faserkanal verengt (Crandall 1980; Krmpotic-Nemanic 1969).

Oft stellt man sich Schwerhörigkeit fälschlicherweise so vor, daß alle Töne schwächer und deshalb nur mit Mühe wahrgenommen werden. In einigen Fällen trifft dies auch zu. Die häufigste Form von Hörschwäche bei älteren Menschen ist aber die sogenannten Presbyakusie*. Auch sie äußert sich auf verschiedene Weise (Kermis 1983; aber auch die Kritik an dieser Unterscheidung in Corso 1981); in jedem Fall jedoch ist die Wahrnehmung im höheren Frequenzbereich stärker betroffen als im niederen. Gelegentlich verschärft sich die Presbyakusie durch ein Phänomen, das als Lautheitszunahme* beschrieben worden ist: Höhere Töne erscheinen überlaut, sogar schmerzhaft und/oder verzerrt. Wer unter Presbyakusie zu leiden hat, ist in der Tat schwer behindert. Bestenfalls werden alle Töne und Geräusche gedämpft, schlimmstenfalls kommt es zu unerträglichen Schmerzen. Crandall (1980) bemerkt, daß die beste Methode der Verständigung mit einem schwerhörigen Menschen paradoxerweise im Flüstern besteht. Das mindert die Tonhöhe und reduziert die schmerzhafte Wirkung der Lautheitszunahme. Für viele Schwerhörige ist das schwierige, wenn nicht unmögliche Verstehen sprachlicher Äußerungen das größte Problem. Sprachlaute setzen sich aus hohen und niedrigen Frequenzen zusammen; normalerweise dienen aber die Komponenten im hohen Frequenzbereich (vor allem die Konsonanten) zur Unterscheidung von Sprachlauten. Von diesem Phänomen sind indes nicht nur extrem schwerhörige ältere Menschen betroffen. Auch Menschen mit verhältnismäßig gut erhaltenem Hörvermögen, die lediglich Töne hoher Frequenz schlechter wahrnehmen, haben Schwierigkeiten mit der Identifizierung von Konsonanten (Kart 1981). In der Regel gilt: Je komplexer das Sprachsignal, desto stärker die Benachteiligung älterer Menschen (Corso 1981).

Weitere Hörprobleme, die sich in dieser Altersgruppe beobachten lassen, sind beispielsweise Beeinträchtigungen der Unterscheidungsfähigkeit von Signalen verschiedener Tonhöhe und Schwierigkeiten, die Richtung zu bestimmen, aus der akustische Signale kommen (Marsh 1980). Ferner leiden bis zu 10 Prozent der älteren Leute an Tinnitus aurium* oder an dem, was (nicht ganz adäquat) als «Ohrensausen»* bekannt ist (Kart u. a. 1978). Dies kann andere akustische Signale übertönen und gelegentlich sogar sehr unangenehm sein. Erschwert wird die Untersuchung der Schwerhörigkeit dadurch, daß sich der Grad der Behinderung nur zum Teil objektiv messen läßt. So stimmen die subjektiven Einschätzungen der jeweiligen Behinderung durch ältere Menschen nicht immer mit den Befunden überein. Corso (1987, S. 45) meint, daß die «audiometrischen Daten weniger als die Hälfte der Varianz altersbedingter Schwerhörigkeit aufklären».

Die Auswirkungen selbst einer geringen Hörschwäche können das soziale Leben einer älteren Person stark in Mitleidenschaft ziehen. Herbst (1982) hebt hervor, daß die Gesellschaft seit frühester Zeit Gehörlosen ablehnend gegenüberstand. Im alten Griechenland bedeutete das Wort «taub» soviel wie «dumm». Im frühen Christentum galt die Gehörlosigkeit als Fluch, denn vor der Verbreitung der Schriftkultur schloß sie die Betroffenen von der Teilnahme an Predigten aus. Das Vorurteil gegenüber Gehörlosen hält sich bis in die Moderne. Herbst sieht den Grund darin, daß Blinde von den Dingen, Gehörlose dagegen von den Menschen abgeschnitten sind. Diese Einstellung gegenüber Gehörlosen und Schwerhörigen ist natürlich nicht zu rechtfertigen. Sie verführt die Gesunden dazu, sich wie typische Touristen zu verhalten, die eine fehlgeschlagene Verständigung mit den Einheimischen mit deren Widerwillen erklären, die Muttersprache der Besuchten zu erlernen. Mit anderen Worten: Die Sprechenden trifft nie die geringste Schuld.

Ältere Menschen sind sich dieser Tatsache durchaus bewußt. Deshalb fügen sie sich und schweigen, statt die Wut oder den Spott der Hörenden auf sich zu ziehen. Dieser Ausschluß vom sozialen Verkehr ist oft Ursache für Depressionen und verstärkten Rückzug in die Isolation. Ein solches Verhalten wird dann von Außenstehenden als Beweis für unsoziales Verhalten oder sogar als Anzeichen der Demenz aufgefaßt – ein Teufelskreis. Indes besteht auch eine Gefahr, die sozialen Folgen der Schwerhörigkeit überzubewerten. Norris und Cunningham (1981) sowie Weinstein und Ventry (1982) führen Untersuchungsergebnisse an, die belegen, daß die soziale Isolation nur wenig mit dem Grad der Schwerhörigkeit zusammenhängt. Das ist bestimmt keine Entschuldigung für unterlassene Hilfe. Es gibt in der Tat viele Mittel zur Unterstützung (Burnside 1976). Das Hauptproblem, so Herbst (1982), besteht jedoch darin, ältere Menschen zum ersten Schritt zu bewegen. Weil sie ihre Behinderung als Stigma empfinden, gehen sie nicht zum Arzt, bis sie buchstäblich «stocktaub» sind.

Die anderen Sinne

Beeinträchtigungen der übrigen Sinnesbereiche sind psychologisch weniger interessant, weil sie sich auf die geistigen Funktionen nicht so direkt auswirken wie ein Nachlassen des Hörens und Sehens.

Der Geschmack: Die menschlichen Geschmacksempfindungen lassen sich in vier Grundtypen unterteilen: bitter, sauer, salzig und süß. Wissenschaftler sind geteilter Meinung über das Ausmaß altersbedingter Beeinträchtigungen des Geschmackssinnes. Engen (1977) beispielsweise behauptet, daß zwar im Alter die Geschmacksempfindlichkeit insgesamt abnehme, die Empfindlichkeit für Bitteres jedoch ansteige. Untersuchungen von Weiffenbach u. a. (1982) besagen dagegen, daß ältere Menschen Bitteres und Saures zwar schlechter, Süßes und Salziges aber unverändert schmecken können. Das Studium komplexer Geschmacksempfindungen ist jedoch aussagekräftiger: So erkennen ältere Menschen gemischte Speisen viel schlechter als jüngere (Murphy 1985; Schiffman 1977).

Der Geruch: Das eng mit dem Geschmackssinn verknüpfte Riechen scheint selbst bei gesunden älteren Menschen keine Einbußen zu erleiden. Bei gesundheitlichen Problemen ist hingegen ein massiver Funktionsabfall zu beobachten (Corso 1981; Kermis 1983).

Der Tastsinn: Die Rezeptoren des Tastsinns befinden sich in der Haut. Es wäre deshalb verwunderlich, wenn die altersbedingten Hautveränderungen die Tastempfindlichkeit nicht verändern würden. In der Tat liegt die Empfindlichkeitsschwelle des Tastsinns älterer Menschen höher (die Reizung muß also stärker sein, um bemerkt zu werden); entsprechend läßt auch die Temperaturwahrnehmung nach. Diese Veränderungen fallen jedoch individuell höchst unterschiedlich aus. Wieder ist die Vibrationsempfindlichkeit frequenzabhängig: In der Einschätzung relativ hoher Vibrationsfrequenzen (250 Hz) schneiden ältere Menschen schlechter ab als jüngere, während sich bei niederen Frequenzen (25 Hz) keine auffälligen Unterschiede zeigen (Verillo 1982).

Schmerz: Einige Forscher haben eine höhere Schmerzschwelle bei älteren Menschen festgestellt. Das heißt, daß sie Reize später als schmerzhaft wahrnehmen (z.B. Harkins u.a. 1986). Ursache dafür mag die altersbedingte Verringerung der Rezeptorzellen sein. Andere Studien konnten diese Befunde nicht bestätigen. Vermutlich hängen also die Untersuchungsergebnisse davon ab, an welchen Körperstellen die Schmerzempfindlichkeit gemessen wird (Bromley 1988). Schmerzstudien sind darüber hinaus mit besonders großen Methodenproblemen konfrontiert. Abgesehen von moralischen Schranken, die das Zufügen von Schmerz über einer bestimmten Stärke und an bestimmten Teilen des Körpers verbieten, besteht eine Schwierigkeit in der objektiven Erfassung eines derart subjektiven Gefühls wie des Schmerzes.

Zusammenfassung

Die klare Botschaft, die aus diesem Überblick des Alterns der Sinnesorgane folgt, besagt: Die das Gehirn erreichenden Informationen über die Umwelt sind hinsichtlich ihrer Menge, ihres

Inhalts und – aufgrund der allgemeinen Verlangsamung des Nervensystems – auch hinsichtlich der Geschwindigkeit, mit der sie übermittelt werden, reduziert. Das fördert die intellektuellen Fähigkeiten (oder sogar die Persönlichkeit, wenn das Selbstbild eines älteren Menschen zu leiden beginnt) natürlich kaum. Andererseits macht das gealterte Gehirn von den einströmenden Informationen auch nicht den besten Gebrauch. Ein auffälliges Merkmal der altersbedingten Behinderungen des Wahrnehmungssystems besteht darin, Informationen aus verschiedenen Sinnesbereichen nicht mehr zu einem kohärenten Ganzen integrieren zu können (komplexe und einfache Geschmacksempfindungen, komplexe und einfache akustische Signale usw.). Wie oben bereits erwähnt, treten altersbedingte Ausfälle besonders dann in Erscheinung, wenn mehrere einfache Prozesse zugleich ausgeführt werden.

Die anatomischen Grundlagen des Nervensystems

Zum angemessenen Verständnis der in höherem Alter auftretenden psychischen und neurologischen Veränderungen (insbesondere der Demenz) sind einige Kenntnisse des Nervensystems unverzichtbar. Entsprechend werden in diesem Abschnitt die Grundzüge der Neuroanatomie dargestellt, soweit es möglich ist jedoch ohne Verwendung des technischen Vokabulars.

Das Neuron

Der Grundbaustein des Nervensystems ist das Neuron* (oder, ungenauer, die Nervenzelle). Neuronen berühren sich an bestimmten Stellen, die man als Synapsen* bezeichnet. Über diese Synapsen werden Signale von einer Zelle zur anderen übermittelt. Wird ein Neuron aktiviert, sendet es einen elektrischen Impuls aus, der eine der Synapsen erreicht. Diese schickt dann eine chemische Substanz an ein anliegendes Neuron, wodurch einer der vier folgenden Zustände eintritt:

(1) ein ruhendes Neuron wird aktiviert, so daß es seinerseits ein Signal aussendet;
(2) ein Neuron war bereits aktiviert, aber der neue Input veranlaßt es, mit größerer Intensität zu feuern;
(3) ein Neuron war bereits aktiviert, aber die neue Reizung bringt es dazu, nicht mehr oder weniger stark zu feuern;
(4) die neue Stimulation schützt ein ruhendes Neuron davor, von anderen aktiviert zu werden.

Die Fälle 1 und 2 werden als Erregung* bezeichnet, 3 und 4 dagegen als Hemmung*. So können Neuronen gegenseitig ihre Aktivität auslösen oder unterdrücken. Die chemischen Überbringerstoffe, die dies bewirken, nennt man Neurotransmitter*. Es ist gelegentlich von Vorteil, die Neuronen nach den von ihnen verwendeten Botenstoffen zu klassifizieren. So gibt es beispielsweise das cholinerge System*, das Acetylcholin* als Botenstoff verwendet. Etwa 90 Prozent der Gehirnneuronen sind cholinerg. Eine andere wichtige Funktion des cholinergen Systems besteht in der Kontrolle der Skelettmuskeln. Im Gegensatz dazu dient das noradrenerge System*, das Noradrenalin* verwendet, der Steuerung der glatten Muskulatur.

Die Anatomie des Nervensystems

Die einfachste Unterscheidung des Nervensystems betrifft das Zentralnervensystem (ZNS)* und das periphere Nervensystem*. Das Zentralnervensystem umfaßt das Gehirn und das Rückenmark, wogegen das periphere aus Neuronen besteht, die die Verbindung zwischen dem Zentralnervensystem und den übrigen Körperteilen aufrechterhalten. Das Nervensystem insgesamt besteht aus ungefähr 10^{10} Neuronen, von denen sich die meisten im Gehirn befinden. Der Hauptunterschied zwischen den Neuronen des Zentral- und des peripheren Nervensystems besteht darin, daß die ersteren nicht ersetzt werden können, wenn sie absterben, die letzteren dagegen sehr wohl.

Die Anatomie des peripheren Nervensystems

Das periphere Nervensystem läßt sich nach seinen Hauptfunktionen weiter untergliedern. So übermitteln afferente Neuronen* Informationen zum Zentralnervensystem, und zwar entweder aus den Gelenken, der Haut und der Skelettmuskulatur oder aus den Eingeweiden. Die efferenten Neuronen* dagegen übertragen Befehle vom Zentralnervensystem zum Körper. Man bezeichnet sie als motorisch, wenn sie Signale zu den Skelettmuskeln übertragen, und als autonom, wenn die Signale Drüsen, glatte Muskeln, den Herzmuskel usw. erreichen sollen, also jene Körperteile, die sich der bewußten Steuerung weitgehend entziehen.

Die Anatomie des Zentralnervensystems

Die Hauptfunktion des Rückenmarks* besteht darin, den Informationsfluß zwischen dem peripheren Nervensystem und dem Gehirn zu kanalisieren. Es ist allerdings auch imstande, selbständig einige Verarbeitungsprozesse auszuführen. Aufgrund eines Mechanismus, den man als Reflexbogen* bezeichnet (es handelt sich um eine einfache Verbindung zwischen afferenten und efferenten Neuronen), kann das Rückenmark den Körper dazu bringen, auf einige Arten von Reizungen anzusprechen. Viele Reflexe (wie der bekannte Patellarsehnenreflex*) kommen auf diese Weise zustande.

Das Rückenmark führt Signale zum Gehirn oder, genauer: zu

jenem Hirnteil, der als Hirnstamm* bezeichnet wird. Viele Laien glauben, daß das Gehirn aus einer einheitlichen Masse von grauer Substanz besteht. In Wahrheit baut es sich aus unterscheidbaren, obgleich miteinander verbundenen Strukturen auf. Nach anatomischen und funktionellen Kriterien unterteilt man das Gehirn üblicherweise in vier Hauptabschnitte. An erster Stelle steht der Hirnstamm. Hinter diesem findet sich an der Basis des Schädels das Kleinhirn*. Über dem Hirnstamm liegt das Zwischenhirn*. Und darüber schließlich befindet sich das die drei anderen überwölbende Großhirn* (oft schlicht als «Kortex» bezeichnet). Im allgemeinen gilt: Je größer die Entfernung zum Rückenmark, desto komplexer die Funktion des betreffenden Hirnbereichs.

Der Hirnstamm übernimmt vorwiegend «lebenserhaltende» Funktionen wie die Kontrolle des Blutdrucks, der Verdauung, der Atmung usw. Er empfängt auch Signale aus den Wahrnehmungsorganen und leitet sie zu den anderen Hirnsystemen weiter.

Das Kleinhirn empfängt somatische Signale und Informationen aus den im Innenohr gelegenen Gleichgewichtssensoren. So versteht es sich beinahe von selbst, daß dieser Hirnbereich für die Bewegungskoordination zuständig ist.

Das Zwischenhirn setzt sich aus verschiedenen Komponenten zusammen, von denen die im folgenden erwähnten die wichtigsten sind. Der Thalamus* übermittelt sensorische Informationen und koordiniert die Ausführung von Bewegungen. Schädigungen in diesem Hirnbereich führen unter anderem zum Parkinsonismus (vgl. Kapitel 6). Der Hypothalamus* läßt sich mit der Steuerung körperlicher Bedürfnisse (Hunger und Sättigung, Geschlechtstrieb, Zorn usw.) in Verbindung bringen. Evolutionstheoretisch gesehen, bildet der Hippocampus* den ältesten Bereich des Gehirns. Zum einen ist er für die Steuerung der Gefühle zuständig, zum anderen – und dies ist von besonderem

Belang für die Psychologie – spielt er für das Gedächtnis eine wichtige Rolle. Einige Menschen, bei denen dieser Hirnbereich durch Krankheit oder Unfall zerstört wurde, können neue Informationen nicht länger als zwei Minuten behalten. Deshalb ist der Hippocampus in gewisser Weise an der Speicherung von Informationen im Langzeitgedächtnis beteiligt.

Der Kortex ist für höhere geistige Funktionen zuständig und in Hemisphären* untergliedert. Die Furche zwischen den Hemisphären verläuft vertikal von vorne nach hinten durch die Mitte des Kopfes. Beide Seiten sind durch verschiedene Querverbindungen miteinander verknüpft, von denen die wichtigste das Corpus callosum* (der Balken) ist. Bei den meisten Menschen steuert die rechte Hemisphäre visuell-räumliche und die linke sprachliche Funktionen.

Der Kortex besteht aus verschiedenen «Lappen», die jeweils bestimmte psychische Funktionen kontrollieren. Die Stirnlappen* reichen von der Stirnseite des Schädels bis zu den Schläfen. Ihre Hauptaufgabe ist es, Handlungen (beispielsweise Bewegungssequenzen, Buchstaben- und Wortzusammenstellungen beim Sprechen und Buchstabieren, gesellschaftlich angemessenes Verhalten) zu planen und zu steuern. Zudem sind sie am Gedächtnis beteiligt, vor allem an der Unterscheidung zwischen erst kürzlich und schon länger gespeicherten Ereignissen. Die Schläfenlappen* befinden sich an den Schläfen. Eine ihrer Hauptfunktionen besteht darin, Informationen zu interpretieren; der linke Schläfenlappen ist insbesondere für das Verstehen von Wort und Schrift unverzichtbar. Zudem sind die Schläfenlappen stark am Gedächtnis beteiligt, speziell an der Speicherung von Informationen im Langzeitgedächtnis. Wegen der Spezialisierung der Hemisphären speichert der linke Schläfenlappen eher sprachliche, der rechte dagegen eher räumliche Informationen. Die Okzipitallappen* bilden die hinteren Abschnitte des Gehirns. Sie werden beim Lesen aktiviert, doch ihre Hauptfunktion betrifft das Sehen. Fast alle visuellen Verarbeitungsprozesse finden in den Okzipitallappen statt. Die Parietallappen* schließlich befinden sich auf der oberen Wölbung des Gehirns, umgeben von den übrigen Lappen. Sie sind zum Teil für die Kontrolle der Körperhaltung und -position zuständig. Ihre psychische Funktion läßt sich als Interpretation von Symbolen beschreiben. Ferner sind diese Lappen am Erkennen von Gegenständen und am Lesen beteiligt.

Neuronale Veränderungen

Die meisten Forscher stimmen darin überein, daß das Gehirn im normalen Alterungsprozeß zwischen 10 und 15 Prozent an Gewicht verliert (Bromley 1988). Die Ursachen dieses Gewichtsverlustes sind aber alles andere als klar. Vermutlich sind verschiedene Faktoren dafür verantwortlich, deren Auswirkungen darüber hinaus individuell verschieden sein können. Eine mögliche Ursache des Gewichtsverlusts ist die verminderte Durchblutung des Gehirns, die dazu führt, daß Neuronen an Sauerstoffmangel leiden und deshalb absterben. Hunziker u. a. (1978) haben allerdings zu zeigen versucht, daß Veränderungen der Durchblutung durch Anpassung des Gehirns an den quantitativen Rückgang von Neuronen entstehen – und nicht umgekehrt.

Diese Auffassung kann nicht kritiklos übernommen werden. Zum einen hat die gleiche Forschergruppe in einer Folgestudie festgestellt, daß nur solche Menschen den Übergang vom hohen Lebensalter (bis 75) zum Greisenalter (über 75) erfolgreich erleben, deren Gehirn optimal durchblutet wird. Es wird angenommen, daß diese Bedingung auf genetische Veranlagung zurückzuführen ist (Meier-Ruge, Hunziker u. a. [1978]). Zum anderen erleiden viele ältere Menschen kleinste Hirnschläge oder Infarkte*, bei denen minimale Hirnbereiche wegen mangelnder

Blutzufuhr atrophieren*. Die Betroffenen bemerken diese Vorgänge gar nicht; außerdem ist die Anzahl solcher Infarkte verhältnismäßig gering; sie können deswegen als Symptom des normalen Alterns angesehen werden. Bei einzelnen Individuen treten sie allerdings dramatisch oft auf, was zur infarktbedingten Demenz führen kann (siehe Kapitel 6). Drittens ist zu bemerken, daß reduzierte Blutzufuhr vielleicht nicht automatisch die Gesamtzahl der Neuronen verringert, sehr wohl aber die Effizienz und die Geschwindigkeit der Gehirntätigkeit beeinträchtigen kann, wie weiter oben schon festgestellt wurde. Und schließlich ist zu bedenken, daß eine intakte Blutversorgung des Gehirns mögliche Giftstoffe aus dem Blut filtert, bevor sie das Gehirn erreichen. Diesen Mechanismus nennt man die Blut-Hirn-Schranke*. Nimmt seine Leistungsfähigkeit wegen der Alterung des Organismus ab, kann das Gehirn potentiell schädlichen Giftstoffen ausgesetzt sein.

Gravierender sind jedoch die Veränderungen innerhalb der Neuronen selbst. Die Nervenzellen vieler Hirnbereiche schrumpfen im hohen Alter und verringern die Anzahl ihrer Verbindungen zu anderen Neuronen. Auch die Geschwindigkeit, mit der sie Signale übertragen, sinkt. Neuronen nehmen ferner winzige Metallteilchen in sich auf – ein Phänomen, das vornehmlich bei älteren Menschen (besonders bei dementen Patienten) beobachtet wird und das das Neuron entweder tötet oder in seiner Leistungsfähigkeit stark behindert. Gelegentlich hinterläßt das Absterben von Neuronen eindeutige Spuren: Neurofibrillenklumpen*, durch gestörten Proteinmetabolismus verursacht, bestehen aus Proteinansammlungen, die unter dem Mikroskop wie verknotete Stränge aussehen. Granulovakuoläre Degenerationen* sind mißgebildete Neuronen, die Körnchen aus Zellmaterial enthalten. Senile Plaques* schließlich bezeichnen amorphe Klumpen toter Neuronen. Diese drei Typen von Gewebeveränderungen finden sich bei fast allen älteren

Menschen, allerdings gehäuft vornehmlich bei dementen Patienten (Adams 1980; Bromley 1988; Kermis 1983 und 1986).

Viele Forscher meinen, daß nicht der Zellverlust, sondern die Verlangsamung des Zellmetabolismus die größte Gefahr für das Zentralnervensystem darstellt. Meier-Ruge, Hunziger u.a. (1978) haben in einem Rückblick auf ihre eigenen und auf andere Forschungsarbeiten festgehalten, daß die Metabolismusaktivität des alternden Gehirns signifikant abnimmt – ein gravierender Vorgang, denn das Zentralnervensystem ist, wie bereits gezeigt wurde, vor allem cholinerg und verbraucht entsprechend viel Energie (Meier-Ruge, Gygax u. Wiernsperger 1980).

Diese altersbedingten Veränderungen auf neuronaler Ebene drücken sich einerseits in der Gehirnanatomie selbst, andererseits in Modifikationen psychischer Tätigkeiten aus. Einige Bereiche sind allerdings stärker betroffen als andere. Der Hirnstamm beispielsweise wird vom Alterungsprozeß kaum erfaßt (Bromley 1988). Andere Bereiche reagieren dagegen viel empfindlicher. Viele Studien belegen, daß Zellverlust und Abnahme der Metabolismusaktivität primär den Kortex (und dort vor allem das Stirnhirn) und den Hippocampus angehen. Mit anderen Worten: Sie manifestieren sich am deutlichsten in jenen Bereichen, die mit den geistigen Funktionen und dem Gedächtnis am stärksten verbunden sind (Adams 1980; Kermis 1983 und 1986; Meier-Ruge, Hunziger u.a. 1978). Das muß aber nicht notwendig besorgniserregend sein. Die Frage, wie Neuronen des ZNS Informationen speichern, ist nach wie vor offen. Die vielleicht häufigste Annahme besagt, daß sich der Gedächtnisspeicher über Tausende von Neuronen erstreckt. Deshalb dürfte sich der Verlust einzelner Neuronen kaum bemerkbar machen – andere Neuronen in diesem Netzwerk könnten problemlos ihre Rolle übernehmen und die verlorene Information rekonstruieren. Zellverlust muß also nicht zwangsläufig zu einer Beeinträchtigung der geistigen Fähigkeiten führen.

Um das besagte Problem einer Lösung näher zu bringen, muß man auf Studien zurückgreifen, in denen Messungen von anatomischen und/oder Metabolismusveränderungen mit psychischen Leistungen korreliert wurden. In der Praxis konnten derartige Untersuchungen erst seit Mitte der 70er Jahre mit dem Aufkommen der Scanner-Methoden durchgeführt werden. Man kennt zwei Haupttypen dieser Methode: zum einen die Computertomographie*, zum anderen die Positronen-Emissions-Tomographie*. Grundsätzlich beruht die Computertomographie auf Röntgenaufnahmen des Gehirns; sie macht allerdings das Gehirn in sehr feinen Schnitten sichtbar. Die Positronen-Emissions-Tomographie dagegen zeigt, was im Gehirnmetabolismus mit (schwach) radioaktiver Glukose, die durch Einspritzung in die Blutbahn gelangt ist, geschieht. So erfaßt die Computer-Tomographie den Aufbau des Gehirns und die Positronen-Emissions-Tomographie die Stärke der Hirnaktivität. Beide Hilfsmittel werden in der Untersuchung möglicher Zusammenhänge zwischen physischen und psychischen Zuständen bei älteren Menschen verwendet. Die meisten Probanden zeigten Demenz-Symptome (vgl. Kapitel 6); es wurden aber auch Studien an normalen älteren Personen durchgeführt.

Die Ergebnisse bestätigen beinahe eindeutig den Zusammenhang zwischen dem altersbedingten Verlust an Hirnmasse, dem Rückgang des Hirnmetabolismus und der geistigen und mnestischen* Leistungseinbuße (Albert u. Stafford 1988; Metter 1988). Aber die Forscher sind sich nicht einig über die Lokalisation des Funktionsverlusts. Das mag damit zusammenhängen, daß die relativ jungen Tomographie-Verfahren keine zureichende Bildauflösung zulassen und so eine eindeutige Interpretation der Daten verhindern (aber die Verfahren werden von Jahr zu Jahr besser). So ist es wohl angebracht, bei der Beantwortung der genannten Frage vorerst noch Zurückhaltung zu üben.

Ein anderes Verfahren zur Erfassung der physischen Hirntätigkeit beruht auf dem Umstand, daß Neuronen elektrische Impulse übermitteln und daß diese Impulse mit Hilfe genügend empfindlicher Geräte gemessen werden können. Das Verfahren heißt Elektroenzephalogramm (EEG)* und registriert Stromstöße auf der Kopfhaut. Von den so gewonnenen Daten läßt sich auf die Tätigkeit des Gehirns schließen. Die vom EEG aufgenommenen elektrischen Impulse verteilen sich über verschiedene Frequenzen, die man in Frequenzbänder zusammenfassen kann: delta* (0 bis 4 Hz), theta* (4 bis 8 Hz), alpha* (8 bis 12 Hz) und beta* (größer als 12 Hz). Man nahm früher an, daß sich die EEG-Frequenzen mit zunehmendem Alter verlangsamen, aber neuere Untersuchungen zeigen, daß die Sachlage doch etwas komplexer ist: Während die *alpha*-Tätigkeit vom Alterungsprozeß so gut wie unberührt bleibt, ist bei den anderen Frequenzbändern eine «allgemeine altersbedingte Desynchronisation mit teils auffälligen Verlangsamungen, teils auffälligen Beschleunigungen» (Duffy u. McAnulty 1988, S. 274) zu beobachten.

Verschiedene Forscher konnten altersbedingte Unterschiede der EEG-Aufzeichnungen insbesondere bei Versuchspersonen entdecken, die einfache intellektuelle Aufgaben zu lösen haben: Wenn diese etwa in einer Liste einen Buchstaben wiederfinden sollen, der ihnen zuvor gezeigt wurde, oder in einem Reaktionszeit-Test die richtige Antwort finden müssen. Meistens zeigt sich der Altersunterschied als ein schwächerer elektrischer Impuls; gelegentlich dauert es auch länger, bis ein Impuls ausgelöst wird (Marsh u. Watson 1980). Es ist jedoch schwierig, die Bedeutung derartiger EEG-Daten richtig einzuschätzen. Einiges spricht natürlich für sie, weil sie eine physiologische Entsprechung psychischer Leistungen darstellen. Sie sind jedoch weniger präzise als Daten, die mit Hilfe der Computertomographie und der Positronen-Emissions-Tomographie gewonnen werden. So vermitteln sie nur ein sehr allgemeines Bild der Neuronentätigkeit. Es ist zu erwarten, daß die EEG-Messungen bald überholt sein werden, obwohl sie derzeit noch mehr Daten abwerfen als andere Verfahren.

Zusammenfassung

Das Erreichen eines höheren Alters ist als verbreitetes Phänomen auf die westlichen Staaten des 20. Jahrhunderts beschränkt und verdankt sich eher dem Rückgang der Kindersterblichkeit als einer Verbesserung des menschlichen Alterungsprozesses selbst. Ein einziges zuverlässiges Altersmaß gibt es nicht. Die meisten Gerontologen halten sich an die Faustregel, daß die Zeit zwischen dem 60. und 65. Lebensjahr die Schwelle zum höheren Alter anzeigt. Ungefähr zu dieser Zeit werden Beeinträchtigungen vieler physischer und psychischer Funktionen sichtbar, obwohl diese bereits im frühen Erwachsenenalter einsetzen. Die Theorie des verfügbaren Soma bietet eine Erklärung dafür an, warum das Altern für die Gene eines Individuums eine kluge Strategie sein kann. Denn das Altwerden und das Sterben im hohen Alter sind mit Sicherheit keine Methoden der Bevölkerungskontrolle, wie verschiedene Autoren behaupten.

Das physiologische Altwerden geht typischerweise einher mit dem Absterben von Zellen und mit Effizienzeinbußen bei den überlebenden Zellen. Ein durchgehend zu beobachtendes Phänomen besteht darin, daß altersbedingte Funktionseinbußen eher komplexe als einfache Prozesse betreffen. Ganz allgemein wirkt sich das physiologische Altern so aus, daß das Gehirn schlechter versorgt wird. Veränderungen der Wahrnehmungsfähigkeit können derart gravierend sein, daß es bei vielen älteren Menschen zu ausgeprägten Behinderungen kommt. Doch auch in weniger ernsten Fällen nimmt das Gehirn Informationen aus der Umwelt begrenzter und langsamer auf. Ebenso in Mitleidenschaft gezogen wird das Nervensystem: Viele Neuronen des Zentralnervensystems sterben ab; die überlebenden funktionieren deutlich schlechter. Kein Wunder also, daß sich diese Funktionseinbußen auch auf die psychischen Leistungen der Wahrnehmung, des Gedächtnisses und der geistigen Tätigkeit negativ auswirken.

KAPITEL 2

Altern und Intelligenz

Einleitung

Dieses Kapitel behandelt den Einfluß des Alterns auf die Intelligenz. Zuerst werden Alltagsvorstellungen über das Altwerden des Verstandesvermögens untersucht, um herauszufinden, ob sie zur Klärung des Themas beitragen können. Es folgt zum besseren Verständnis der Problematik eine Untersuchung dessen, was Psychologen meinen, wenn sie von «Intelligenz» sprechen, und wie sie diese zuweilen begrifflich untergliedern. Danach werden die Leistungen älterer Personen in Intelligenztests untersucht. Dieses Thema führt zur Erörterung jenes Modells, das den baldigen Tod eines Menschen anhand eines plötzlichen Abfalls geistiger Leistungen vorhersagen zu können glaubt. Am Ende des Kapitels schließlich geht es um den Einfluß der Alterungsprozesse auf zwei spezielle intellektuelle Leistungen – Reaktionszeit und begriffliche Organisation – sowie auf die Kreativität.

Alltagsannahmen

Fragt man, wie sich das Altern auf die Intelligenz auswirkt, werden wohl die meisten Leute antworten, daß zwar das allgemeine Wissen mit zunehmendem Alter erweitert wird, das Denken sich aber verlangsamt. Anders gesagt: das Altern macht weise, jedoch auf Kosten der Verstandesschärfe. Diese Vorstellung wurde von Künstlern und Schriftstellern über viele Jahrhunderte bestärkt. Maler und Bildhauer haben dafür gesorgt, daß wir die Darstellung eines gesunden älteren Menschen in nachdenklicher Pose als ein Abbild der Weisheit überhaupt ansehen. Für einen Menschen aus dem westlichen Kulturkreis ist es fast unmöglich, sich einen Philosophen, einen Heiligen oder sogar Gott nicht als alten Mann (zumeist noch mit langem, weißem Bart) vorzustellen.

Paradoxerweise werden ältere Menschen gleichzeitig als geistig träge beurteilt. Ältere Leute, tatterig an Körper und Geist, verlacht man in Shakespeares Stücken nicht weniger als in Fernsehserien. Aber Alltagsvorstellungen müssen sich nicht unbedingt mit der wissenschaftlichen Weltsicht decken. Gibt es irgendeinen Beweis dafür, daß das Alter den Verstand beeinträchtigt, die Weisheit dagegen befördert? Um diese Frage zu beantworten, ist zunächst Klarheit darüber zu gewinnen, ob es meßbare Merkmale der Intelligenz gibt, die der Weisheit und dem Verstand entsprechen.

Verfestigte und flüssige Intelligenz

Als Psychologen sich zu Beginn dieses Jahrhunderts der Problematik der Intelligenz zuwandten, nahmen sie im allgemeinen an, daß es sich dabei um eine einheitliche Fähigkeit handelte. Anders ausgedrückt, um welche geistige Aufgabe es sich auch handeln mochte, um eine sprachliche, eine numerische oder eine visuell-räumliche – die Leistung einer Person sollte stets auf dieselbe Grundfähigkeit zurückzuführen sein. Diese Grundfähigkeit wurde von Charles Spearman, einem der Gründerväter der Intelligenzforschung, mit g* (*general intellectual capacity*/allgemeine Intelligenz) bezeichnet. Dieser Name wird nach wie vor verwendet; allerdings bezieht er sich heute, weiter gefaßt, auf eine übergreifende, anhand ganzer Testbatterien ermittelte Fähigkeit, die verschiedene intellektuelle Vermögen umgreift (sprachliche, numerische und visuell-räumliche).

Die meisten Forscher lehnen heute die eher starre Definition der allgemeinen Intelligenz, die durch den g-Faktor ausgedrückt wird, mit der Begründung ab, daß sich Intelligenz aus verschiedenen, miteinander verwobenen Fähigkeiten zusammensetzt. Um welche es sich dabei genau handelt, wird weiterhin kontrovers diskutiert (Eysenck u. Kamin 1981; Kail u. Pellegrino 1985; Rebok 1987). Die Theorie, die den wohl größten Zuspruch findet, geht von der hierarchischen Struktur der Intelligenz* aus (Cattell 1971). Sie besagt, daß alle intellektuellen Fertigkeiten zwar auf einer allgemeinen Intelligenz beruhen, daß aber je nach den Anforderungen einer Aufgabe spezielle Fertigkeiten mobilisiert werden müssen. Cattell (1971) und Horn (1978) haben zwei dieser speziellen Fertigkeiten identifiziert und als verfestigte Intelligenz* beziehungsweise flüssige Intelligenz* bezeichnet. Diese Fertigkeiten entsprechen alles in allem den Alltagsvorstellungen von Weisheit und Verstand.

Mit der verfestigten Intelligenz wird der Umfang des Wissens, das eine Person im Laufe ihres Lebens erworben hat, gemessen; meistens in der Weise, daß man den Personen Fragen stellt – beispielsweise zur Definition wenig gebräuchlicher Wörter («Was heißt *Kynologie*?») oder zum Allgemeinwissen («Was sind die *Apokryphen*?»). Fragen dieser Art sollen die Grenzen des Wissensbestandes einer Person ausfindig machen. Aber auch abstrakte Fragen und Aufgaben sind möglich. Diese können praktisch sein (z.B. «Was tun Sie, wenn Sie sich in den Finger schneiden?» – die richtige Antwort ist nicht «bluten») oder moralisch (z.B. «Warum soll man Steuern zahlen?»). Solche Fragen lassen sich nur dann richtig beantworten, wenn man die entsprechenden Informationen bereits im Kopf hat; schließlich lassen sich Begriffe der Hundezucht, der Bibelkunde, der medizinischen Selbsthilfe und des Steuersystems nicht immer aus ersten Prinzipien ableiten...

Messungen der flüssigen Intelligenz greifen dagegen so wenig wie möglich auf erworbenes Wissen zurück. Sie beziehen sich auf die Fähigkeit, Probleme zu lösen, die den Horizont von Erziehung und kulturellen Verhaltensmustern übersteigen. Eine sehr häufig verwendete Aufgabe besteht darin, die einer Menge von (sprachlichen, numerischen oder visuell-räumlichen) Elementen zugrundeliegenden Regeln zu erkennen, also etwa das nächste Element der Serie «ACFJ» zu ergänzen oder aus der Reihe «245 605 264 722» das falsche Element herauszustreichen. Bei diesen Tests gelten zumeist Zeitlimits, so daß die Probanden nicht nur korrekt, sondern auch schnell sein müssen.

Es scheint sich daher bei flüssiger und verfestigter Intelligenz um meßbare psychologische Entsprechungen von Weisheit und Verstand zu handeln. Darüber hinaus existiert ein allgemeines Intelligenzmaß, das – wie erwähnt – mit dem Symbol g bezeichnet wird. Nach der Theorie Horns und Cattells setzt sich g aus den Testergebnissen zur flüssigen und verfestigten Intelligenz zusammen. Im folgenden Abschnitt wird untersucht, ob und wie sich diese Fertigkeiten mit zunehmendem Alter verändern.

Veränderungen der allgemeinen Intelligenz (g)

Die frühesten Untersuchungen altersbedingter Veränderungen der allgemeinen Intelligenz wurden in den zwanziger und dreißiger Jahren dieses Jahrhunderts durchgeführt. Sie zeichneten für jeden Menschen über 30 ein düsteres Bild. Die meisten Befunde deuteten darauf hin, daß g nur bis etwa zum 25. Lebensjahr ansteigt, danach aber stetig abnimmt, obwohl (wie einzelne Forscher bemerkt haben) sprachliche Leistungen relativ unbeeinflußt bleiben (Rebok 1987). Diese Ergebnisse sind jedoch insofern angreifbar, als sie in Querschnittstudien* gewonnen wurden. Das heißt, daß Personen verschiedener Altersgruppen gleichzeitig getestet wurden. Die Alternative zur Querschittstudie bildet die Längsschnittstudie*, die dieselben Probanden zu verschiedenen Zeiten testet (normalerweise in vorab festgelegten Zeitabschnitten).

Querschnittstudien sind – und darin besteht ihr Vorzug – zeitsparend. Will man beispielsweise Unterschiede zwischen zwanzig- und sechzigjährigen Probanden erfassen, wird man dafür mit einer Längsschnittstudie 40 Jahre veranschlagen müssen. Demgegenüber dauert eine Querschnittstudie einige Wochen oder wenige Monate (je nach Größe der Probandengruppe). Der Preis, den man für die Zeitersparnis zahlt, ist Ungewißtheit: Der Forscher kann nie mit letzter Sicherheit wissen, welche Unterschiede durch das Altern und welche durch einen unterschiedlichen Bildungs- und sozioökonomischen Hintergrund bedingt werden. In den vergangenen einhundert Jahren haben sich Gesundheit und Lebensstandard der Bevölkerung wesentlich verbessert. So könnten jüngere Menschen nicht nur besser abschneiden, weil sie weniger alt sind, sondern auch weil sie gesünder sind, eine längere und bessere Ausbildung genossen haben und in einer kulturell reicheren Welt aufwuchsen. Ein solcher Unterschied wird als Kohorteneffekt* bezeichnet (eine Kohorte ist eine Gruppe von Menschen, die in derselben Umgebung und/oder Geschichtsperiode geboren und erzogen wurden).

Man kann den Kohorteneffekt auf zweierlei Weise ausgleichen. Zum einen versucht man, Altersgruppen nach Ausbildungsniveau, Klassenzugehörigkeit usw. zu vereinheitlichen. Es ist jedoch sehr schwierig, eine große Zahl von Probanden auf diese Art einheitlich zu gruppieren, und für bestimmte Untersuchungen sind sehr große Probandengruppen unumgehbar. Zum anderen kann man Längsschnittstudien durchführen. Da in diesem Fall alle Probanden zur gleichen Kohorte gehören, dürfte der Kohorteneffekt nicht auftreten. Die Ergebnisse früher Langzeitstudien scheinen den Verdacht gegen Querschnittstudien in der Tat erhärtet zu haben, denn es stellte sich heraus, daß die allgemeine Intelligenz mindestens bis zum 50. Lebensjahr erhalten zu bleiben scheint (z.B. Bayley 1968; Owens 1959). Eine spätere Studie ergab, daß sie sogar bis über das 60. Lebensjahr hinaus nicht nachläßt (Cunningham u. Owens 1983).

Doch auch diese Ergebnisse sind vorsichtig zu interpretieren, weil Langzeitstudien ihrerseits methodische Schwachstellen aufweisen. Dies liegt daran, daß viele Probanden während der Untersuchung «aussteigen». So können sich zum Beispiel durch Umzug Entfernungen ergeben, die das Reisebudget des Forschers übersteigen. In ernsteren Fällen ist der Ausstieg aber auf fehlende Motivation zurückzuführen. Trotz intensiver Aufklärungsarbeit gelingt es vielen Forschern nämlich nicht, den freiwilligen Test-Teilnehmern klarzumachen, daß psychologische Untersuchungen kein Wettbewerb sind. Wenn eine Person also merkt, daß ihre Ergebnisse schlechter werden, hat sie oft keine Lust mehr zu weiteren Tests. Das heißt, daß die «schlechteren» Teilnehmer im Lauf der Zeit häufiger aussteigen und eine Rumpfgruppe «guter» Testpersonen zurücklassen. Riegel u. Riegel (1972) haben in der Tat gezeigt, daß Probanden, die aus Langzeitstudien aussteigen, signifikant schlechtere Testergebnisse erzielt hatten als jene, die weiterhin teilnehmen wollten. So kann es also sein, daß in Langzeitstudien die Auswirkungen des Alterns unterschätzt, in Querschnittstudien dagegen überschätzt werden.

Diese Probleme lassen sich durch eine Kombination beider Verfahren weitgehend beheben, nach dem Prinzip, mehrere Altersgruppen zu einem Zeitpunkt zu vergleichen und bei späteren Gelegenheiten erneut zu testen. Schaie hat diesen Ausweg in einer mit Recht berühmt gewordenen Untersuchung gewählt (Schaie 1983). Eine Gruppe freiwilliger Probanden zwischen 20 und 70 Jahren wurde erstmals 1956 und dann erneut in den Jahren 1963, 1970 und 1977 getestet. Zum Einsatz kam vor allem der Primary Mental Ability Test* (oder PMA) von Louis und Thelma Thurstone (Thurstone 1958). Dabei handelt es sich um eine Testbatterie*, also eine Zusammenstellung von Tests zu einem bestimmten Thema – in diesem Falle zur Intelligenz –, von denen jeder eine besondere Eigenschaft betrifft. Die Autoren des PMA sind der Meinung, daß sie mit ihrem Instrument fünf verschiedene Fähigkeiten messen: Rechnen (elementare arithmetische und algebraische Fertigkeiten), Denken (logisches Schließen), Raumvorstellung (visuell-räumliche Fertigkeiten), Sprachverständnis (Kenntnis von Wortbedeutungen) und Wortfluß (das Finden von Wörtern zu bestimmten Beispielen). In sämtlichen Testsitzungen (1956, 1963, 1970 und 1977) schnitten jüngere Probanden signifikant besser ab als ältere – und zwar bei allen Teilprüfungen.

Schaie konnte jedoch ebenso zeigen, daß die besseren Leistungen zum Teil auf einen Kohorteneffekt zurückzuführen waren. So war es ihm möglich, die Ergebnisse jüngerer Probanden, die bei einer späteren Testsitzung genau so alt waren wie ältere Probanden bei einer früheren Sitzung, mit den Ergebnissen ebendieser älteren Probanden zu vergleichen. Etwaige Unterschiede mußten demnach auf einem Kohorteneffekt beruhen. Und Schaie entdeckte Unterschiede in drei der fünf Bereiche des PMA, nämlich beim logischen Denken, bei der Raumvorstellung und beim Sprachverständnis. Trotz dieses Kohorteneffekts allerdings war ein Rückgang der Intelligenz festzustellen, der sich jedoch erst um das 65. Lebensjahr bemerkbar machte. Anders gesagt: Auch bei Berücksichtigung des Kohorteneffekts ist ein Rückgang der Intelligenz unbestreitbar, nur beginnt dieser rund dreißig Jahre später, als frühere Querschnittstudien nahelegten.

Folglich bleibt die Intelligenz mindestens während des gesamten Berufslebens einer Person erhalten.

Veränderungen der flüssigen und verfestigten Intelligenz

Bis jetzt haben wir vorwiegend die allgemeine Intelligenz betrachtet. Wie steht es aber mit den Veränderungen der bereits erwähnten verfestigten und flüssigen Intelligenz? Stimmt es, daß die fließenden Kräfte des Verstandes nachlassen, während die verfestigte Intelligenz – die «Weisheit» – unversehrt bestehenbleibt? Eine oft zitierte Studie von Horn u. Cattell (1967) scheint genau diese Annahme zu bestätigen. Vorsicht ist jedoch geboten, denn die Autoren haben Querschnittstudien durchgeführt und sich auf diese Weise das Problem des Kohorteneffekts eingehandelt. Wenn man nämlich die in der Längsschnittstudie Schaies gewonnen Daten nach den Kriterien für flüssige beziehungsweise verfestigte Intelligenz erneut analysiert, ergibt sich zwar ein altersbedingter Rückgang der flüssigen Intelligenz. Das Ausmaß dieses Rückgangs ist jedoch kleiner als von Horn und Cattell berechnet. Vorsicht ist auch deshalb geboten, weil Horn und Cattell sich nur auf Personen beziehen, die unter 50 Jahre alt sind, während Schaie einen Rückgang der Intelligenz erst um das 65. Lebensjahr herum ansetzt. Dagegen hat Schaie wie Horn und Cattell keinen altersbedingten Rückgang der verfestigten Intelligenz feststellen können (Schaie 1979).

Spätere Untersuchungen haben fast immer ergeben, daß die flüssige Intelligenz im höheren Alter beeinträchtigt wird, die verfestigte Intelligenz dagegen kaum (Querschnittstudien schätzen diesen Unterschied gewöhnlich größer ein als Längsschnittstudien). Cunningham, Clayton und Overton (1975) zeigten zum Beispiel, daß jüngere Probanden bei einem allgemein gebräuchlichen Test zur flüssigen Intelligenz – den von Raven entwickelten Progressive Matrices* – bessere Ergebnisse erzielten als ältere. Zudem war dieser Unterschied größer als der beim Sprachverständnis (einem Element der verfestigten Intelligenz). Hayslip u. Sterns (1979) kamen bei der Anwendung von Testbatterien zur flüssigen und verfestigten Intelligenz zu ähnlichen Meßwerten. Es darf jedoch nicht übersehen werden, daß die flüssige Intelligenz innerhalb einer Altersgruppe nicht gleichmäßig nachläßt und einige Individuen gegen die erwähnten Alterserscheinungen weitgehend resistent zu sein scheinen.

Rabbitt (1984) führte beispielsweise eine Querschnittstudie durch, bei der die flüssige und die verfestigte Intelligenz von 600 Personen im Alter zwischen 50 und 79 Jahren gemessen wurden. Er bildete Altersgruppen von 50-, 60- beziehungsweise 70jährigen und fand heraus, daß die Mittelwerte der verfestigten Intelligenz keine nennenswerten Unterschiede zwischen den Gruppen ergaben; auch die Verteilung der Werte war gleich. Alles in allem waren die Testergebnisse aller Altersgruppen identisch. Die Daten zur flüssigen Intelligenz ergaben jedoch ein anderes Bild. Sie zeigten nicht nur eine stärkere Abnahme der Durchschnittswerte in den älteren Gruppen, auch die Streuung der Ergebnisse fiel mit zunehmendem Alter anders aus. Im einzelnen zeigte sich, daß zwar die Extremwerte in allen drei Gruppen gleich ausfielen, daß aber der Anteil der niedrigen Werte in den älteren Gruppen zunehmend größer, der Anteil der hohen Werte entsprechend kleiner war. Dennoch erzielten 10 bis 15 Prozent der 70- bis 79jährigen Probanden hohe Ergebnisse, die den besten Werten der jüngeren entsprachen. (Es kann nicht ausgeschlossen werden, daß diese begabten 70jährigen in ihrer Jugend noch besser abgeschnitten hätten und bereits abgefallen waren; diese Annahme ist aber nicht plausibel, denn unter den Probanden der jüngeren Altersgruppe befand sich nach Rabbitt kein einziger, der derart hohe Ergebnisse erzielt hätte.) Man kann also nicht davon ausgehen, daß eine Minderung der flüssigen Intelligenz eine unausweichliche Folge des Altwerdens darstellt.

Die Untersuchung Rabbitts läßt einen anderen interessanten Schluß zu. Man weiß, daß die Meßwerte für flüssige und verfestigte Intelligenz in Beziehung stehen. So kann die verfestigte Intelligenz eines Individuums anhand seiner flüssigen Intelligenzwerte mit einiger Treffsicherheit vorhergesagt werden (oder umgekehrt), sofern die Durchschnittswerte der entsprechenden Altersgruppe bekannt sind. Verschiedene Forscher vertreten die Ansicht, daß die flüssige Intelligenz von der physischen Gesundheit des Gehirns und des Zentralnervensystems abhängt, so daß eine Leistungsminderung dieses Aspekts aller Wahrscheinlichkeit nach auf eine Verschlechterung des Gesundheitszustands zurückzuführen ist. Die verfestigte Intelligenz ist gegen derartige Einflüsse weitgehend immun (Horn 1982). Das heißt, daß jedes Individuum, bei dem die Meßwerte für die flüssige Intelligenz unterhalb dessen liegen, was seine verfestigten Intelligenzwerte erwarten lassen, zu ernsthaften Degenerationserscheinungen neuraler Mechanismen neigen könnte.

Zyniker mögen argumentieren, daß die Ursache des Rückgangs der flüssigen Intelligenz nicht in Veränderungen der geistigen Prozesse an sich, sondern darin besteht, daß ältere Menschen die Testantworten nicht schnell genug aufschreiben können. Es wurde bereits erwähnt, daß Testfragen zur flüssigen Intelligenz unter einem gewissen Zeitdruck zu beantworten sind. Wenn ältere Menschen also beim Antworten physisch eine längere Zeit benötigen, dann haben sie natürlich weniger Zeit, sich mit den gestellten Fragen auseinanderzusetzen. Dieses Problem ist von Storandt (1976) untersucht worden. Diese Autorin veranstaltete einen Test, der Teil einer verbreiteten Testbatterie (Wechsler Adult Intelligence Scale* / WAIS) ist. Es handelte sich um den Digit-Symbol-Test*, bei dem Probanden nach einer vorgegebenen Regel graphischen Figuren bestimmte Zahlen zuordnen müssen (etwa eine 2 für einen Kreis, eine 3 für ein Dreieck, eine 4 für ein Rechteck usw.). Um zu erkennen, wieviel Zeit ältere Probanden beim Aufschreiben der Antworten verlieren, zählte Storandt die Figuren, die sie innerhalb der verfügbaren Zeit (90 Sekunden) abzeichnen konnten. Dies wurde als Maß der physischen Antwortgeschwindigkeit zugrunde gelegt. Danach verglich die Autorin diese Meßwerte mit den eigentlichen Testergebnissen.

Es stellte sich heraus, daß die älteren Probanden hier wie dort bedeutend schlechter abschnitten. Storandt gelang also der statistische Nachweis, daß etwa die Hälfte des Unterschieds zwischen jüngeren und älteren Gruppen auf der physischen Verfassung beruht. Der Unterschied löst sich dadurch aber nicht auf. In einer späteren Untersuchung konnte Storandt zeigen, daß ein signifikanter Unterschied zwischen Altersgruppen auch dann besteht, wenn man den Probanden beliebig viel Zeit für ihre Antworten einräumt (Storandt 1977). Unterschiede in der Reaktionszeit traten auch bei den Tests zur verfestigten Intelligenz auf. Core (unveröffentlicht, zitiert in Rabbitt 1984) fand heraus, daß ältere Menschen erheblich mehr Zeit benötigen, um Fragen aus einem Test zur Messung der verfestigten Intelligenz (dem Mill Hill Vocabulary Test*) zu beantworten. Stünden auch sie unter einer Zeitbeschränkung, hätten die älteren Probanden viel schlechter als die jüngeren abgeschnitten. Ob ein Altersunterschied gefunden wird oder nicht, hängt also davon ab, ob der Versuchsleiter eine Stoppuhr einsetzt. Bei Messungen der flüssigen Intelligenz kann der Verzicht auf ein Zeitlimit den Altersunterschied allerdings nur abschwächen – er kann ihn nicht aufheben.

Das Modell des terminalen Absturzes

Die bis jetzt vorgestellten Untersuchungen betreffen (mit Ausnahme der Arbeiten Rabbitts) Veränderungen der Intelligenz, die sich in der durchschnittlichen Leistung verschiedener Altersgruppen widerspiegeln. In welchem Umfang ist aber die durchschnittliche Gruppenleistung für ein Individuum repräsentativ? Es steht fest, daß die Intelligenz nur langsam zurückgeht, wenn man die Mittelwerte der Leistungen verschiedener Altersgruppen als Maß nimmt. Jedenfalls tritt kein plötzlicher Abfall nach Erreichen eines bestimmten Alters ein. Und so ist es nicht ausgeschlossen, daß auch die individuelle Leistungskurve nur langsam nach unten weist.

Eine konkurrierende Annahme besagt jedoch, daß individuelle Veränderungen der Intelligenz eher abrupt eintreten. Das Modell des terminalen Absturzes* ist der Name, hinter dem diese Auffassung steht (Kleemeier 1962; Riegel u. Riegel 1972). Sie besagt, daß Individuen bis wenige Monate oder Jahre vor ihrem Tod ein konstantes Leistungsniveau halten; dann aber stürzen ihre geistigen Fertigkeiten ab, als ob die Psyche den baldigen Tod ankündigte.

Wenn aber der Zerfall der Intelligenz bei Individuen derart schlagartig in Erscheinung tritt, warum zeigt sich dies nicht auch bei Gruppen? Die Antwort ist einfach. Die Wahrscheinlichkeit zu sterben nimmt nach dem Erreichen des 50. Lebensjahres zu. Je älter eine Gruppe ist, desto größer ist folglich der Anteil jener, die bald sterben und sich deshalb im Zustand des terminalen Intelligenzabsturzes befinden. Das heißt also: je älter die Altersgruppe, desto geringer die durchschnittliche Intelligenzleistung. Der Anteil der Personen, die sich in der «Absturz»-Phase befinden, nimmt bei steigendem Alter langsam zu. Deshalb sinkt die Gruppenleistung entsprechend sanft, so daß kein plötzlicher Rückgang der Testergebnisse zu beobachten ist. Der besagte Absturz wird also nur sichtbar, wenn nicht Gruppen, sondern Individuen getestet werden.

In einer Längsschnittstudie hat Kleemeier (1962) herausgefunden, daß bei Probanden, die in einem Retest* plötzlich deutlich schlechter abschneiden, die Wahrscheinlichkeit eines nahen Todes hoch ist. Zu ähnlichen Ergebnissen gelangten Riegel u. Riegel (1972). Sie testeten eine Gruppe freiwilliger Probanden mittleren und höheren Alters und führten zehn bis zwanzig Jahre später Retests durch. Dabei wurde entdeckt, daß die vor dem Retest Verstorbenen beim ersten Testdurchlauf signifikant schlechter abgeschnitten hatten als die «überlebenden» Probanden, die ein zweites Mal getestet werden konnten. Jede andere Längsschnittstudie ist in ähnlicher Weise auf das «Absturz»-Phänomen gestoßen (Jarvik 1983); allerdings variiert die Einschätzung seines Ausmaßes von Untersuchung zu Untersuchung und kann bis zu einem bestimmten Grad vom jeweils verwendeten statistischen Verfahren abhängen (Palmer u. Cleveland 1976).

Jarvik u. a. haben das «Absturz»-Modell erweitert, um den kritischen Verlust* genauer zu bestimmen (z.B. Jarvik u. Falek 1963; Jarvik 1983). Wenn bei Probanden – so Jarvik – innerhalb eines bestimmten Zeitraums (zehn Jahre in der ersten Untersuchung) der Abfall der Intelligenztestergebnisse ein bestimmtes Maß überschreitet, nimmt die Wahrscheinlichkeit ihres baldigen Todes dramatisch zu. Die Festsetzung der kritischen Schwelle variiert zwischen den einzelnen intellektuellen Fertigkeiten. So meint Jarvik, daß eine Einbuße von bis zu 10 Prozent beim Erkennen von Wortähnlichkeiten unverdächtig ist. Dagegen hält er jeden Wortschatzverlust für kritisch. Blum, Clark u. Jarvik (1973) fanden in einer Längsschnittstudie mit 62 Probanden heraus, daß 15 Personen einen kritischen Verlust erfahren hatten. Innerhalb der fünf Jahre bis zum Retest starben 16 Teilnehmer – 11 von ihnen befanden sich in der Phase des kritischen Verlusts.

Andere Forscher haben zwar den Begriff des kritischen Verlusts von Jarvik und seinen Mitarbeitern übernommen, stimmen jedoch in seiner genauen Definition mit diesen nicht überein. Botwinick, West u. Storandt (1978) fanden beispielsweise heraus, daß Veränderungen des Sprachvermögens keinen terminalen Absturz vorherzusagen erlauben, ein Rückgang beim Assoziationslernen* (dem Erkennen, welche Elemente in einer vorangehenden Präsentation zusammen wahrgenommen werden) und bei den psychomotorischen Fertigkeiten* (grob gesagt: psychische Fertigkeiten mit einer physischen Komponente) dagegen schon. Ganz im Gegensatz dazu stellten Siegler, McCarty u. Logue (1982) fest, daß Veränderungen des Sprachvermögens die Wahrscheinlichkeit eines nahen Todes am besten vorherzusagen erlauben. Um die Sachlage noch undurchsichtiger zu machen: Reimanis u. Green (1971) behaupten, daß das in der WAIS-Testbatterie erzielte Gesamtresultat zur zuverlässigsten Prognose führt. Mit anderen Worten, obwohl alle Forscher darin übereinstimmen, daß irgend etwas in der Phase des terminalen Absturzes abfallen muß, weiß offenbar niemand, *was*.

Ein zusätzliches Problem ergibt sich aus dem Modell des terminalen Absturzes insofern, als es nur für jüngere Alte (75 oder darunter) gilt. Jarvik (1983) wie auch Riegel u. Riegel (1972) haben feststellen müssen, daß der Tod von Probanden, die das 85. Lebensjahr überschritten hatten, fast zufällig eintrat, also durch keinen Intelligenztest vorhergesagt werden konnte. White u. Cunningham (1988) wiesen ihrerseits nach, daß ein Absturz intellektueller Leistungen (in diesem Falle im Bereich des Sprachflusses) nur dann die Vorhersage eines baldigen Todes erlaubte, wenn (a) die Personen das 70. Lebensjahr noch nicht erreicht hatten und sie (b) innerhalb von zwei Jahren vor ihrem Tod getestet worden waren. Wie kommt es zu diesem merkwürdigen Sachverhalt? Der Tod bei Menschen unter 70 Jahren wird meistens durch Krankheit oder Unfall verursacht. Ein Unfall kann teilweise durch körperliche Schwäche mitbedingt sein, beispielsweise durch Beeinträchtigungen des Wahrnehmungsapparates. Derartige Beeinträchtigungen wirken sich vermutlich negativ auf psychische Funktionen aus. Menschen über 75 haben beides überstanden. Sie sterben seltener an einer Krankheit als an einem stetigen Funktionszerfall, bis ein physiologisches System unter das kritische Niveau sinkt. Dieser Zerfall verläuft langsam und beinahe zufällig; deshalb ist es unwahrscheinlich, daß er in einem schlagartig auftretenden Absturz psychischer Fertigkeiten sichtbar wird.

Es gibt also den terminalen Absturz. Die Interpretationen dieses Phänomens sind jedoch mit Vorsicht zu genießen, da die Wissenschaftler sich nicht einig sind, auf welche Fertigkeiten es sich bezieht, und wahrscheinlich nur Menschen unter 70 Jahren davon betroffen sind. Trotz dieser Einschränkungen aber bietet das Modell des terminalen Absturzes die aufregende (obgleich schauerliche) Möglichkeit, mit verhältnismäßig einfachen Verfahren den lebensbedrohlichen Zustand einer Person zu ermitteln und geeignete therapeutische Gegenmaßnahmen vorzuschlagen.

Veränderungen der Intelligenz

Fast jede geistige Funktion außer der verfestigten Intelligenz erleidet mit zunehmendem Alter Einbußen (Horn 1982). Fertigkeiten wie das Einprägen von Wortlisten (siehe Kapitel 3), das Erkennen kurzzeitig dargebotener visueller Reize (Walsh u.a. 1979) oder die Gestaltwahrnehmung (Walsh 1982) sind gleichermaßen altersanfällig. Die Ursachen dieser Veränderungen sind meistens leicht zu erkennen. In einem Überblick der Forschungsliteratur hält ein Autor fest:

> «...derartige altersbedingte Veränderungen der geistigen Kompetenz lassen sich mit einem einfachen, kurzen, Zeitli-

mits setzenden Test der allgemeinen Intelligenz viel besser erfassen als durch irgendeine andere bekannte Methode zur Ermittlung kognitiver Fertigkeiten» (Rabbitt 1984, S. 113).

Rabbitt übertreibt vermutlich mit Absicht. Aber die meisten altersbedingten Veränderungen der Intelligenz sind in der Tat mit dem Rückgang der allgemeinen Intelligenz verknüpft. Das wirft für einige Forscher ein schwerwiegendes Problem auf. Nehmen wir an, ein Experiment zeige, daß ältere Menschen im Kopfrechnen deutlich schlechter abschneiden als jüngere, und nehmen wir ferner an, daß sich dieses Ergebnis durch altersbedingte Beeinträchtigungen der allgemeinen Intelligenz erklären läßt. Wenn man nun wissen will, was jüngere von älteren Menschen unterscheidet, dann ist dieses Forschungsergebnis langweilig. Es vermittelt uns keine neue Erkenntnis über das Alter: Die Verschlechterung rechnerischer Fertigkeiten erweist sich als Wesensmerkmal eines bereits gut dokumentierten allgemeinen Rückgangs der Intelligenz. Unter diesem Gesichtspunkt wäre das Forschungsergebnis genauso weltbewegend wie die Erkenntnis, daß Elefanten große Fußnägel haben. Das heißt allerdings nicht, daß das Experiment gänzlich wertlos wäre. Die Forschung könnte beispielsweise auf seiner Grundlage ein genaues Modell altersbedingter Veränderungen des Kopfrechnens entwerfen und erklären, warum diese Veränderungen stattfinden. Davon abgesehen kann die Untersuchung des Kopfrechnens auch sonst von praktischem Nutzen sein und etwa zu der Empfehlung für ältere Menschen führen, beim Einkaufen den Taschenrechner mitzunehmen.

Über das ganze vorliegende Buch sind Beispiele aus dem Bereich der Intelligenzmessung verstreut; viele von ihnen bestätigen, daß die Schwächung einzelner Fertigkeiten auf das Nachlassen der allgemeinen Intelligenz zurückzuführen ist. Der Wert dieser Beispiele muß jeweils an den soeben vorgetragenen Erwägungen gemessen werden. Fälle jedoch, in denen die Gleichläufigkeit zwischen Veränderungen der allgemeinen Intelligenz und einer speziellen Fertigkeit durchbrochen wird, sind oft viel interessanter. Solchen Untersuchungen wird im folgenden entsprechend mehr Aufmerksamkeit gewidmet.

Der Einfluß der allgemeinen Intelligenz auf spezifische Leistungen läßt sich mit Hilfe verschiedener Verfahren erfassen. Die zwei einfachsten sind (a) die Bildung von Parallelgruppen* und (b) die Korrelationsrechnung*. Beim ersten Verfahren werden Gruppen von Probanden mit gleichen Fertigkeiten getestet. Stellt man also jüngeren und älteren Menschen mit gleichem Intelligenzniveau die gleiche Aufgabe und ergibt sich bei der Lösung ein altersbedingter Unterschied, dann kann mit Sicherheit ausgeschlossen werden, daß er auf das jeweilige Intelligenzniveau zurückzuführen ist. Die Korrelationsrechnung ist ein statistisches Verfahren, dessen Umsetzung zwar recht aufwendig ist, das sich aber in seinen Grundzügen leicht erklären läßt. Nehmen wir an, ein seltsames Interesse habe einen Forscher dazu getrieben, die Fußgröße von Schulkindern zu messen und sie mit ihren Mathematikleistungen zu vergleichen. Sehr wahrscheinlich besteht zwischen den Meßwerten eine hohe positive Korrelation*. Im Durchschnitt hieße das: Je größer die Füße, desto besser die Mathematikleistungen. Daß aber offensichtlich zwischen den Meßwerten keine Kausalverbindung besteht, wirft das die Frage auf, wie es zu dieser Korrelation kommt.

Die Antwort ist in einem dritten Faktor, nämlich dem Alter, zu suchen. Ältere Kinder haben größere Füße und erzielen in Mathematikprüfungen bessere Ergebnisse. Die Korrelation ist also der zufällige Effekt des Einflusses einer dritten Variablen. Das läßt sich mit mathematischen Mitteln unter Verwendung der Korrelationsstatistik beweisen. Zunächst werden die Werte für Fußgröße, Prüfungsleistungen und Alter in die Gleichung eingesetzt und dann der zufällige Einfluß des Alters mathematisch aufgehoben. Wenn danach keine signifikante Korrelation zwischen der Fußgröße und der Mathematikleistung mehr besteht, kann man mit gutem Grund annehmen, daß der Effekt auf das Alter zurückgeht. Die Berechnung von Korrelationen ist in der Gerontologie sehr bedeutsam, denn sie erlaubt es unter anderem, eine Entscheidung darüber zu treffen, ob Beeinträchtigungen einer intellektuellen Fertigkeit allein auf dem Rückgang der allgemeinen Intelligenz beruhen oder nicht. Weitere Angaben über die mathematischen Grundlagen dieses Verfahrens finden sich in jedem Lehrbuch der Statistik.

Nicht zu vernachlässigen ist darüber hinaus der Kohorteneffekt. Dieser Effekt kann sich in vielerlei Hinsicht bemerkbar machen und etweder zur Überbewertung oder zur Unterschätzung der Alterseinflüsse verleiten. Es gibt beispielsweise Hinweise auf die Tatsache, daß einige Denkfunktionen bis ins hohe Alter deswegen unbeeinträchtigt bleiben, weil zwar gewisse Leistungen (etwa das Gedächtnis) nachlassen, die größere Lebenserfahrung älterer Menschen den Mangel jedoch ausgleichen kann. Das wurde von Charness (1981) für ältere Schachspieler und in einer früheren Studie (Charness 1979) für geübte Bridge-Spieler nachgewiesen. In diesem Falle kompensierte das Erfahrungsniveau jeglichen Abfall der Denkfähigkeit.

Ein anderes Beispiel des Kohorteneffekts, der sich diesmal allerdings nicht zugunsten älterer Menschen auswirkt, findet sich in einer Studie Papalias (1972). Diese Autorin wies nach, daß ältere Probanden bei dem von Jean Piaget stammenden Versuch über Volumenkonstanz* schlecht abschneiden. Das ist ein überraschendes Ergebnis, denn fast alle 7jährigen Kinder lösen die Aufgabe mühelos. Der Versuch testet, ob Versuchspersonen gleiche Volumina als gleich erkennen, auch wenn sich ihre Form verändert. So werden z. B. zwei aus Knetmasse bestehende Kugeln gezeigt, die die Versuchspersonen als gleich groß erkennen. Der Versuchleiter gibt dann einer Kugel die Gestalt einer Wurst und stellt erneut die Frage, ob beide Gegenstände nach wie vor aus der gleichen Menge Knetmasse bestehen. Die Antwort ist natürlich «Ja» (Pedanten werden einwenden, daß beim Rollen winzige Teile der Knetmasse verlorengehen).

Überraschend ist die Tatsache, daß ältere Menschen eine derart einfache Aufgabe nicht lösen können. Eine mögliche Erklärung bietet die Tatsache, daß sie in der Regel eine schlechtere Ausbildung genossen haben (früher Schulabschluß, mangelnde Fortbildungsmöglichkeiten usw.) So kann es sein, daß einige Unterschiede darauf beruhen, daß ältere Probanden im Lösen bestimmter Probleme nie unterrichtet wurden. Folgeuntersuchungen zeigten denn auch, daß der Altersunterschied verschwindet, wenn das Bildungsniveau der Versuchspersonen berücksichtigt wird (Rebok 1987). Schließlich ist zu bedenken, daß viele Fähigkeiten erhalten bleiben, wenn ältere Menschen die Auswirkungen des Alterns aktiv bekämpfen. So haben Baltes u. Willis (1982) nachgewiesen, daß die Leistungsfähigkeit der flüssigen Intelligenz durch Training verbessert werden kann. Andere Forscher berichten über ähnlich positive Trainingseffekte (Kermis 1983; Rebok 1987).

Reaktionszeiten

Die Reaktionszeit* zeigt an, wie lange eine Person braucht, um auf die Darbietung eines Reizes zu reagieren. Je kürzer die Reaktionszeit ausfällt, desto schneller reagiert eine Person. Kürzere Reaktionszeiten zu haben ist natürlich von Vorteil. Schnelle Reaktionen verbessern beispielsweise die sportliche Leistung oder können beim Autofahren über Leben und Tod entscheiden. Andere Beispiele für Reaktionszeiten sind weniger dramatisch, für das Alltagsleben dafür um so bedeutsamer. Die Geschwindigkeit, mit der man die Antwort auf eine Frage findet, ist genauso ein Beispiel für die Reaktionszeit wie die Zeit, die man zum Erkennen einer Stimme, eines Gesichts oder eines Gegenstandes braucht. Tatsächlich wird jede gegenständliche Erfahrung durch das Zentralnervensystem verarbeitet, bevor sie wahrgenommen wird; die dafür erforderliche Zeit ist nichts anderes als die Reaktionszeit. So ist diese letztlich nur ein Maß für die Differenz zwischen der Realität und der Wahrnehmung ebendieser Realität. Die Reaktionszeitforschung hat sich in erster Linie mit einfachen Reaktionen auf einfache Reize beschäftigt.

Die klassischen Reaktionszeitexperimente schlagen zwei Wege ein. Der erste besteht in der einfachen Reaktionszeitmessung*. Gemessen wird die Geschwindigkeit, mit der eine Versuchsperson auf einen einzelnen Reiz auf nur eine zulässige Weise reagiert. Die Versuchsperson wird etwa aufgefordert, auf einen Knopf zu drücken, sobald ein Licht aufleuchtet. Die Zeit, die zwischen dem Aufleuchten des Lichts und dem Knopfdruck verstreicht, ist die Reaktionszeit.

Der zweite Weg ist die Zeitmessung bei der Wahlreaktion*. Hier werden einer Versuchsperson mehrere Reize dargeboten, und sie kann zwischen verschiedenen Reaktionsweisen wählen. Sie muß beispielsweise auf den Knopf A drücken, wenn ein rotes Licht aufleuchtet, auf den Knopf B, wenn ein grünes Licht aufleuchtet. Dieser Vorgang erfordert mehr Aufmerksamkeit als einfache Reiz-Reaktions-Versuche, wodurch Wahlreaktionen langsamer ablaufen. Je mehr Reize und Reaktionen eine Versuchsperson beachten muß, desto langsamer reagiert sie.

Viele Gerontologen sind der Überzeugung, daß ältere Menschen bei einfachen Reaktionen langsamer sind und bei Wahlreaktionen überproportional schlechter abschneiden als bei einfachen Reaktionen. Entsprechend wird behauptet, daß ihre Benachteiligung zunimmt, je zahlreicher die dargebotenen Reize bei Wahlreaktionen sind. Dies wird in Abbildung 1 schematisch dargestellt. Viele Untersuchungen scheinen diese Ansicht zu untermauern (Botwinick 1973; Kermis 1983; Salthouse 1985).

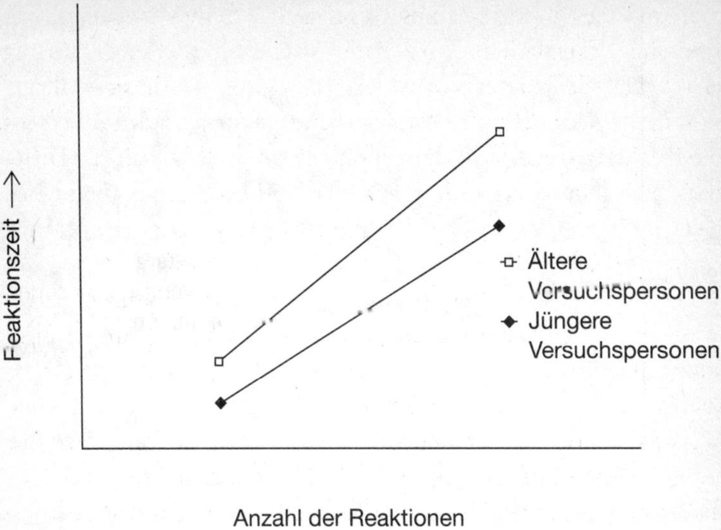

Abbildung 1: Die Wirkung zunehmend komplexer Wahlreaktionsaufgaben auf die Reaktion älterer und jüngerer Versuchspersonen (nach traditioneller Auffassung)

Die Verlangsamung der Leitung von Nervenimpulsen (vgl. Kapitel 1) erklärt, warum sich die Reaktionszeit bei älteren Menschen im allgemeinen verlangsamt. Warum aber sollten sie besonders benachteiligt sein, wenn sich die Wahlmöglichkeiten erweitern? Man hat auch hierfür eine Erklärung angeboten: Je zahlreicher die Wahlmöglichkeiten sind, desto mehr geistige Anstrengung ist erforderlich und desto mehr Nerven werden beansprucht. Weil schließlich im Alter die Leitfähigkeit der Nerven abnimmt, folgt, daß die Verarbeitungsgeschwindigkeit um so mehr sinkt, je mehr Nerven involviert sind.

Um Rabbitt (1980, S. 427) zu zitieren: «Dies wäre eine einfa-

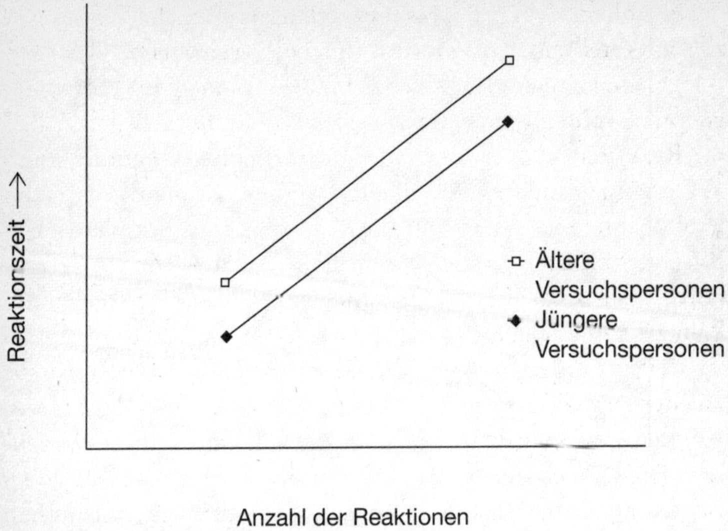

Abbildung 2: Die Wirkung zunehmend komplexer Wahlreaktionsaufgaben auf die Reaktion älterer und jüngerer Versuchspersonen nach einigen Tausend Übungsdurchgängen

che und zufriedenstellende Erklärung; leider gibt es keinen Grund zu der Annahme, daß sie stimmt.» Vermutlich besteht der gravierendste Einwand gegen die traditionelle Sichtweise darin, daß der erwähnte Effekt nur auftritt, wenn den Versuchspersonen die Übung im Umgang mit derartigen Aufgaben fehlt. Gibt man jungen und älteren Versuchspersonen die Möglichkeit, sich einige Tage lang mit den Aufgaben vertraut zu machen, dann schneiden die älteren nicht überproportional schlechter ab. Sie sind zwar nach wie vor langsamer, aber konstant in allen Aufgabentypen (Rabbitt 1980). Dies zeigt das Schema in der obigen Abbildung 2.

Die übliche Erklärung für die Verlangsamung der Reaktionszeit älterer Menschen gilt also nur bei verhältnismäßig neuen Aufgaben. Für geübte Menschen muß eine andere Erklärung angeboten werden. Die einfachste besteht vermutlich darin, daß die Reaktionen von Versuchspersonen zunehmend automatisch ablaufen. Die meisten Fertigkeiten werden automatisiert, wenn man sie nur lange genug übt. Die Definition eines automatischen Prozesses besagt, daß dieser ohne bewußte Steuerung vollzogen wird. Viele Beispiele aus dem Alltagsleben lassen sich anführen. Zunächst mußte man lernen, seine Schuhe anzuziehen, Treppen zu steigen, zu lesen usw.; inzwischen sind diese Vorgänge zur zweiten Natur geworden. Nehmen wir das Beispiel des Lesens. Anfangs mußten wir bei jedem Wort nachdenken, was es bedeutete. Inzwischen verstehen wir Wörter, ohne groß über deren Bedeutung grübeln zu müssen. Ähnliches geschieht vermutlich bei Wahlreaktionen. Sobald den Versuchspersonen die Reaktionen auf einen spezifischen Reiz vertraut geworden sind, reagieren sie mit der richtigen Handlung, ohne nachzudenken. Dadurch wird die Reaktionszeit stark verkürzt. Wie bereits ausgeführt wurde, hat Botwinick (1973) gezeigt, daß der Hauptunterschied zwischen den Reaktionszeiten ungeübter älterer und jüngerer Versuchspersonen auf die Minderung der neuralen Leitfähigkeit im Zentralnervensystem zurückzuführen ist. Übung hebt diesen Unterschied auf (vermutlich benötigen automatische Prozesse bei jungen und alten Menschen die gleiche Zeit). Der verbleibende konstante Altersunterschied beruht dann auf der Verlangsamung peripherer Prozesse, beispielsweise der weniger effizienten Steuerung der Muskeltätigkeit usw.

In den traditionellen Untersuchungen wurde jeweils die durchschnittliche Reaktionszeit analysiert. Rabbitt (1980, 1988a und 1988b) hat jedoch gezeigt, wie dieser Blickwinkel in die Irre führen kann, indem er die Vermutung nahelegt, ältere Menschen seien zu schnellen Reaktionen nicht mehr imstande.

Betrachtet man indes die Streuung der Reaktionszeiten, drängt sich eine andere Erklärung auf. Die schnellsten Reaktionen älterer Versuchspersonen entsprechen den schnellsten der jüngeren. Der Unterschied besteht darin, daß ältere Menschen diese schnellen Reaktionen nicht mehr so häufig produzieren können. Zudem schwanken die Reaktionszeiten älterer Versuchspersonen etwas mehr als die der jüngeren, die verhältnismäßig konstante Ergebnisse liefern.

Dies wird bei der Untersuchung der Reaktionen auf unterlaufene Fehler besonders deutlich (ein Fehler liegt in einem Wahlreaktionsversuch dann vor, wenn die Versuchsperson den falschen Knopf drückt). Testteilnehmer bemerken normalerweise, wenn sie einen Fehler gemacht haben. Jüngere Versuchspersonen verlangsamen ihre Reaktion bei der nachfolgenden Aufgabe, bevor sie ihre gewohnte Leistung wieder erreichen. Ältere Menschen dagegen verlangsamen ihre Reaktion über eine längere Zeit und kehren erst später zur ursprünglichen Reaktionsgeschwindigkeit zurück. Das heißt, daß jüngere Versuchspersonen ihre Fehler leichter «wegstecken», während ältere Versuchspersonen übervorsichtig reagieren. So scheint es, daß jüngere Menschen eine optimale Reaktionszeit anpeilen, um so schnell wie möglich zu reagieren, ohne zu viele Fehler zu machen. Ältere Versuchspersonen scheinen dieses Steuerungsniveau nicht mehr zu erreichen, so daß ihre Reaktionszeiten größeren Schwankungen unterliegen. Dieser Unterschied macht sich in den entsprechenden durchschnittlichen Reaktionszeiten bemerkbar.

Was bedeutet die Verlangsamung der Reaktionszeit für die Intelligenz älterer Menschen? Viele Forscher haben die Ansicht vertreten, daß die nachlassende Intelligenzleistung durch die Verlangsamung der Reaktionszeit, oder genauer: durch die Verlangsamung der neuralen Tätigkeit, bedingt ist (Eysenck 1985; Salthouse 1985). Man weiß, daß zwischen der Reaktionszeit und der Intelligenz eine negative Korrelation besteht: Je kleiner die Reaktionszeit, desto größer die Intelligenz (z.B. Eysenck 1985). Wenn aber zwei Werte miteinander korrelieren, gibt es keinen einfachen mathematischen Beweis dafür, welcher Faktor als Ursache wirkt. Man kann jedoch aufgrund logischer Überlegungen zu der Auffassung gelangen, daß Reaktionszeiten auf grundlegenderen Prozessen beruhen als die Intelligenz, daß sie in der Ursachenkette also ein früheres Stadium darstellen. Reaktionszeitmessungen beziehen sich auf die Geschwindigkeit, mit der Nerven Signale übermitteln. Sie erlauben Schlüsse auf die Geschwindigkeit, mit der das Zentralnervensystem Informationen verarbeitet. (Botwinick [1973] hat nachgewiesen, daß der größte Teil der Wahlreaktionszeit vom Zentralnervensystem beansprucht wird.) Zeigen ältere Menschen also langsamere Reaktionen, hat ihr Zentralnervensystem eine niedrigere Verarbeitungsgeschwindigkeit. Das mag eine Erklärung für die Tatsache sein, daß ältere Personen bei Intelligenztests unter Zeitdruck schlechter abschneiden – sie können nicht so schnell denken und reagieren wie jüngere Menschen, so daß sie nicht so viele Fragen zu beantworten imstande sind.

Veränderungen der Reaktionszeit sind aber keineswegs Ursache für alle Veränderungen der Intelligenz. Wie oben im Anschluß an die Untersuchungen Storandts (1976 und 1977) hervorgehoben wurde, lassen sich Unterschiede zwischen jüngeren und älteren Probanden bei Intelligenztests nur etwa zur Hälfte durch entsprechende Unterschiede der Reaktionszeiten erklären. Doch auch die andere Hälfte ist mit der Verlangsamung der Reaktionszeit in Verbindung zu bringen. Bekanntlich geht der Rückgang der neuralen Leitungsfähigkeit mit der quantitativen Abnahme der synaptischen Verbindungen zwischen den Neuronen sowie mit einer Störung der Übermittlung von Signalen Hand in Hand (siehe Kapitel 1). Das bedeutet, daß das Nervensystem eines älteren Menschen nicht nur langsamer, sondern auch weniger zuverlässig arbeitet. Gerade hierin aber könnte die Ursache für die zweite Hälfte der Leistungsdifferenz in Intelligenztests liegen: Das Gehirn älterer Menschen ist weniger leistungsfähig, selbst wenn man die für psychische Tätigkeiten benötigte Zeit außer acht läßt. Faktoren wie Erfahrung und Übung können diese Veränderungen teilweise ausgleichen (wie bei den obenerwähnten älteren Schachspielern). Das ändert jedoch nichts an der Tatsache, daß Veränderungen der Reaktionszeit ein Schlüsselfaktor für das Nachlassen der Intelligenz bei älteren Menschen sind.

Bei der kritischen Sichtung einer großen Anzahl von Untersuchungen fand Salthouse (1985) eine Korrelation von .28 zwischen Alter und einfacher Reaktionszeit und von .43 zwischen Alter und Wahlreaktionszeit. Das heißt, daß das Altern höchstens 8 Prozent der abweichenden einfachen Reaktionszeit beziehungsweise 19 Prozent der abweichenden Wahlreaktionszeit zu erklären vermag. Das scheint zunächst darauf hinzudeuten, daß das Ausmaß der Reaktionszeitveränderung keine besondere Aufmerksamkeit verdient. Aber Salthouse hält gegen diese Ansicht einen Einwand bereit. Sein Argument beruht auf einem komplexen mathematischen Gedankengang, der im wesentlichen besagt, daß der Rückgang der intellektuellen Fähigkeiten mittelbar durch die Verlängerung der Reaktionszeit bedingt wird (Salthouse 1982, besonders Kapitel 9 bis 14).

Wir haben bis jetzt vornehmlich die klassischen Verfahren zur Reaktionszeitmessung betrachtet. Wie zuvor schon hervorgehoben, sind Reaktionszeiten aber auch an anderen Prozessen zu beobachten. Wir wenden uns daher nun den altersbedingten Wirkungen auf die Geschwindigkeit komplexer intellektueller Aufgaben zu. Salthouse (1985) hat auf vorbildliche Art die Untersuchungen zu diesem Thema zusammengefaßt. Das Fazit lautet, daß ältere Menschen bei fast jedem Aufgabentypus langsamer sind. Die Aufgaben reichen vom Ordnen von Spielkarten

(Botwinick u. a. 1960) bis zum Aussprechen möglichst vieler Wörter mit dem Anfangsbuchstaben S innerhalb von zwei Minuten (Bilash u. Zubek 1960). Es gibt einige Ausnahmen von dieser Regel, aber alles in allem scheint es sich um ein bemerkenswert sicher feststellbares Phänomen zu handeln. Außerdem nimmt die Differenz zwischen jüngeren und älteren Probanden unverhältnismäßig zu, je komplexer die Aufgaben werden. Dieser Befund ist als Alter-Komplexitäts-Effekt* bekanntgeworden. So nahm beispielsweise in den von Botwinick u. a. (1960) veröffentlichten Untersuchungen über das Ordnen von Spielkarten der Altersunterschied mit der Anzahl der Anweisungen, nach denen die Karten sortiert werden sollten, zu. Nun ist es möglich, daß der Alter-Komplexitäts-Effekt den klassischen Experimenten zur Wahlreaktionszeit entspricht – bei genügender Übung müßte sich dann der Unterschied bei einem konstanten Wert einpendeln und unabhängig von der Komplexität der Aufgabe sein. Bisher jedoch hat man ältere Versuchspersonen bei komplexen Aufgaben nicht so lange üben lassen; die Frage muß daher offen bleiben.

Salthouse (1986) hat diverse Einwände gegen den Alter-Komplexitäts-Effekt erhoben. Ein erster Einwand besagt, daß die Komplexität einer Aufgabe objektiv nur schwer zu messen ist. So folgt aus der Tatsache, daß die Lösung der Aufgabe A doppelt soviel Zeit erfordert wie die der Aufgabe B, noch lange nicht, daß A doppelt so schwierig ist. Aufgabe A könnte Prozesse ansprechen, die länger dauern als die in Aufgabe B, ohne daß sie subjektiv als schwieriger erlebt würde. Ein zweiter Einwand betrifft die Tatsache, daß Forscher Ergebnisse überbetonen, die den Alter-Komplexitäts-Effekt bestätigen, und anderslautende Befunde vernachlässigen. Obgleich also der Alter-Komplexitäts-Effekt eine für die Forschung nützliche Verallgemeinerung darstellt, ist eine gewisse Vorsicht geboten, besonders wenn es um genauere Erklärungen geht.

Begriffliches Denken

Wie Reaktionszeiten die unmittelbare Reaktion der Psyche auf Reize messen, so bezieht sich das begriffliche Denken* auf die Fähigkeit, mit Objekten gemäß bestimmten Regeln und Prinzipien auf einem abstrakten Niveau umzugehen. Ein Mensch, eine Fledermaus und ein Elefant beispielsweise sind sich optisch keineswegs ähnlich; auf einer abstrakten Ebene gehören sie aber alle zur Gruppe der Säugetiere. Andererseits bildet das Sprichwort «Wer im Glashaus sitzt, soll nicht mit Steinen werfen» eigentlich nur für Besitzer von Gewächshäusern eine sinnvolle Regel, es sei denn, man versteht es auf einer symbolischen Ebene. Die Forschung hat gezeigt, daß ältere Menschen beim Übergang vom Konkreten zum Abstrakten oft Schwierigkeiten haben. Am erstaunlichsten ist wahrscheinlich das Ergebnis einer Studie von Albert u. a. (1987), wonach ältere Leute den Sinn von Sprichwörtern schlechter erfassen als jüngere Menschen, gleichgültig, ob sie den Sinn mit eigenen Worten wiedergeben müssen oder auf einem Fragebogen aus verschiedenen vorgegebenen Antworten die richtige auswählen sollen.

Dieses Ergebnis ist insofern überraschend, als man davon ausgehen kann, daß das Verstehen von Sprichwörtern zur verfestigten Intelligenz gehört, die als alterungsresistent gilt. Vielleicht beruht das Ergebnis Alberts auf einem Kohorteneffekt (so könnten die älteren Probanden weniger gebildet gewesen sein). Möglicherweise ist aber die verfestigte Intelligenz doch weniger alterungsresistent, als man dies im allgemeinen glaubt. In diesem Kapitel (und in den folgenden Teilen dieses Buches) werden wir weiteren Beispielen begegnen, die darauf hindeuten, daß Leistungen der verfestigten Intelligenz mit zunehmendem Lebensalter eben doch nachlassen.

Eine andere Möglichkeit zur Prüfung des begrifflichen Denkens ergibt sich durch Abwandlung eines bekannten Gesellschaftsspiels. Jemand erhält die Aufgabe, durch Fragen, auf die der Versuchsleiter nur mit «Ja» oder «Nein» antwortet, einen gedachten Gegenstand zu erraten. Das beste Verfahren besteht natürlich darin, durch Fragen die Zahl der Alternativen nach und nach zu reduzieren (z. B. «Ist es ein Tier?», «Ist es ein Säugetier?», «Ist es ein Haustier?» usw.). Man bezeichnet dies als Strategie der Möglichkeitsreduktion*, weil die Zahl der Möglichkeiten mit jeder Frage geringer wird. Ab einer bestimmten Stufe empfiehlt es sich dann, ein Verfahren zur Überprüfung von Hypothesen zu verwenden, das sich auf einzelne Gegenstände bezieht (z. B. «Ist es ein Hund?»). Zu früh zur Hypothesenüberprüfung* überzugehen ist unsinnig, weil die Trefferwahrscheinlichkeit äußerst gering ist (wenn man z. B. die Frage «Ist es ein Hund?» schon stellt, sobald feststeht, daß es sich um ein Säugetier handelt). Denney u. Denney (1974) fanden, daß ältere Probanden bei derartigen Aufgaben schlechter abschneiden als jüngere. Sie benötigen eine größere Anzahl von Fragen, weil sie weniger darauf bedacht sind, das Möglichkeitsfeld einzuschränken.

Ältere Personen schneiden auch dann schlechter ab, wenn sie eine Menge von Gegenständen gruppieren sollen. Eine gute Strategie besteht darin, Gegenstände nach übergeordneten Kategorien zu klassifizieren (wie «Tiere», «Möbel» usw.). Ältere Probanden bilden dagegen häufig Gruppen, bei denen die Beziehung zwischen den Gegenständen einem außenstehenden Beobachter unlogisch erscheint (Denney u. Denney 1973). Man könnte nun einwenden, daß der Rückgang der Kategorisierungsleistung durch das schlechtere Gedächtnis bedingt wird (ältere Probanden können sich nicht alle Gegenstände auf einmal merken). Es zeigt sich jedoch, daß auch bei einer Verkleinerung der Anzahl der Gegenstände keine nennenswerte Besserung eintritt (Rebok 1987). Auch Unterschiede des Bildungsgrades können für die besagte Leistungsdifferenz nicht in Anschlag gebracht werden (Cicirelli 1976; Laurence u. Arrowood 1982). Am besten lassen sich Schwächen der Kategorisierungsfähigkeit durch die Minderung der allgemeinen Intelligenz erklären.

Laurence u. Arrowood (1982) verglichen die Leistungen von Studenten der Universität Toronto mit denen früherer Studenten derselben Universität und älteren, in Heimen untergebrachten Probanden bei einem Klassifikationstest. Zwischen den Studenten und den Ehemaligen zeigte sich kein signifikanter Unterschied, aber beide Gruppen schnitten deutlich besser ab als die dritte. Obgleich keine Intelligenzmeßwerte (IQ*) angegeben wurden, liegt (ähnlich wie in anderen Untersuchungen) die Annahme nahe, daß die Intelligenz der früheren Studenten gut erhalten ist. Daraus folgt, daß die Leistungen bei Klassifikationsaufgaben vermutlich erst dann schwächer werden, wenn die Intelligenz abnimmt, wie bei den in dem Heim lebenden Personen der Fall. Laurence und Arrowood fiel zudem auf, daß die satzbedingte Gruppierung* der häufigste Fehler (43 Prozent) in der zuletzt genannten Gruppe war; er besteht darin, daß Gegenstände deshalb miteinander klassifiziert werden, weil sie in einen Satz passen (z. B. «Das *Häschen* fraß die *Möhre*»). Derartiges unterlief den Probanden der beiden anderen Gruppen kaum: Ihre Fehler ergaben sich meistens aus einer vorübergehenden Mißachtung der Regeln der Logik. So können Altersschädigungen nicht nur quantitative, sondern auch qualitative Veränderungen der Klassifikationsleistung hervorrufen. Zudem hat Arenberg (1982) in einer Längsschnittstudie nachgewiesen, daß jüngere Versuchspersonen ihre Leistungen bei Begriffsbildungsaufgaben in späteren Testwiederholungen verbessern, während bei älteren Probanden genau das Gegenteil der Fall ist.

Die Aussichten für ältere Menschen müssen jedoch keineswegs derart düster sein. Der von Arenberg beobachtete Leistungsrückgang trat erst bei Probanden auf, die das 70. Lebensjahr überschritten hatten. Labouvie-Vief u. Gonda (1976) haben sogar herausgefunden, daß ältere Personen ihre Klassifikationsleistung durch Training anheben können. Zudem schneiden sie besser ab, wenn die Aufgaben praktische Relevanz besitzen und nicht ganz so abstrakt gestellt werden. So konstatierte Arenberg z. B., daß ältere Probanden durchaus gut abschnitten, wenn sie es mit Problemen zu tun hatten, bei denen Nahrungsmittel als «eßbar» oder «giftig» klassifiziert werden sollten, dagegen eher schlecht, wenn sie es mit strukturidentischen Klassifikationsaufgaben abstrakter Elemente zu tun hatten.

Kreativität

Die Kreativität* bildet ein Zweigespann mit der allgemeinen Intelligenz. Zwar sind sich die Forscher uneinig, wie sie Kreativität am besten definieren sollen. Die meisten stimmen jedoch darin überein, daß eine Handlung sowohl neu oder neuartig wie auch der Situation angepaßt sein muß, wenn sie als kreativ gelten soll. Zur Veranschaulichung eignet sich ein typischer Kreativitäts-Test. Einer Versuchsperson wird ein Ziegelstein gezeigt, und sie erhält die Aufgabe, sich möglichst viele Verwendungsarten für ihn auszudenken. Zwei Antworttypen gelten als «nicht kreativ»: Der erste ist angemessen, aber konventionell (z. B. «Wird beim Bauen eines Hauses verwendet»). Der zweite ist neu, aber unangemessen («Kann gebraucht werden, um die Schlaflosigkeit zu bekämpfen, indem man sich damit auf den Kopf schlägt»). Eine kreative Antwort dagegen wäre: «Man schabt die Oberfläche ab, um aus dem Staub Rouge herzustellen.» Diese Antwort ist sowohl neu wie passend.

Menschen, die viele kreative Antworten finden, werden als im divergenten Denken* geschickt bezeichnet. Für eine einfache Situation schlagen sie Antworten vor, die von der üblichen Linie abweichen. Die Studien zeigen, daß ältere Menschen im divergenten Denken schlechter abschneiden als jüngere. Das könnte darauf zurückzuführen sein, daß ältere Personen geistig träger sind und deshalb die mentale Beweglichkeit nicht mehr aufbringen, die zur Lösung derartiger Aufgaben erforderlich ist. Der altersbedingte Unterschied bleibt allerdings auch bei gleichem Intelligenzniveau der jüngeren und älteren Versuchspersonen bestehen (Alpaugh u. Birren 1977).

Kreativität kann jedoch auch auf der Basis des biographischen Ansatzes* betrachtet werden. Er bezieht sich auf das Leben anerkannter Persönlichkeiten, deren intellektuelle Originalität allgemein als hoch eingeschätzt wird, um Erkenntnisse darüber zu gewinnen, was sie «schöpferischer» macht als andere Menschen. Aus derartigen Studien lassen sich einige allgemeine Schlüsse ziehen. Bildende Künstler und Musiker scheinen ihr Talent bereits in jungen Jahren zu verraten (wie etwa Mozart), wogegen Wissenschaftler gewöhnlich erst im dritten Lebensjahrzehnt außergewöhnliche Leistungen zeigen. Letztere sind zudem oft gute, aber nicht außergewöhnliche Studenten, bevor sie ihr Spezialgebiet erobern, auf dem sie sich entfalten können (Hudson 1987). Charles Darwin ist ein klassisches Beispiel. Hervorragende Persönlichkeiten erreichen den Höhepunkt des Schaffens häufig vor dem Erreichen des 40. Lebensjahres. Das gilt für so verschiedene Gruppen wie Mathematiker, Chemiker und Komponisten. Bei den meisten Hochbegabten erlischt die Kreativität in den 60ern (Rebok 1987). Das gilt zwar nicht immer und überall; so hat Butler (1967) in einer geistreichen Studie diese Annahme kritisiert und auf zahlreiche Meisterwerke verwiesen, die im hohen Lebensalter ihrer Schöpfer entstanden sind. Tizian z. B. malte noch mit neunzig Jahren, und die meisten Kunstkritiker sind sich einig, daß sein Spätwerk im Vergleich zu jüngeren Arbeiten deutlich «kreativer» ist. Aber auch Butler muß einräumen, daß dies nicht die Regel ist – für die Mehrzahl schöpferischer Menschen bedeutet das Altern unweigerlich einen Verlust an Kreativität.

Nun kann man vermuten, daß die altersbedingten sensorischen und körperlichen Veränderungen gerade schöpferische Menschen besonders hart treffen, weil sie mehr als andere auf eine genaue, scharfe und unverbrüchliche Weltsicht angewiesen sind (Rebok 1987). Dies trifft auf schöpferische Tätigkeiten, die körperliche Fitness erfordern, auch zu. Opernsänger und Balletttänzer erreichen ihren Höhepunkt nie im Alter (allerdings kennt man nur wenige Tänzer, die mit über 35 Jahren überhaupt noch auftreten). Für die meisten schöpferischen Menschen muß jedoch eine andere Erklärung gesucht werden, denn es gibt eine lange Liste innovativer Personen, die trotz (oder vielleicht sogar wegen) körperlicher Beeinträchtigungen höchst erfolgreich waren. So weiß man, daß Beethoven in späten Jahren taub wurde, was vielleicht ein Grund für die musikalischen Neuerungen in einigen seiner Spätkompositionen ist, bei denen er sich auf eine innere Welt der Töne stützen mußte. Degas war im Alter so gut wie blind; und El Grecos Augenleiden ist wahrscheinlich die unmittelbare Ursache für die langgestreckten Figuren auf seinen Bildern. Mahler war herzkrank, was mit dazu beigetragen haben mag, daß sein Spätwerk gleichsam von Angst getrieben ist (in der Tat hört man den unregelmäßigen Herzschlag aus den ersten Takten seiner Neunten Symphonie heraus).

Kurzum, es gibt genügend Hinweise darauf, daß Kreativität durch altersbedingte Veränderungen nicht mehr als üblich beeinträchtigt zu werden braucht. Umgekehrt dürfen die Wirkungen des Alters auf die Kreativität nicht mit dem Nachlassen der allgemeinen Intelligenz gleichgesetzt werden, und dies aus zweierlei Gründen. Zum einen sind – wie wir aus der obenerwähnten Studie von Alpaugh u. Birren (1977) ersehen haben – ältere Menschen weniger kreativ als jüngere, auch wenn man von identischen Intelligenzniveaus ausgeht; zum anderen erweist sich die Intelligenz als ein äußerst unzuverlässiger Prädiktor* der Kreativität (Hudson 1987). Deshalb muß in der Tat eine andere Erklärung gesucht werden.

Möglicherweise sind schöpferische Menschen Opfer ihres eigenen Erfolgs. Führende wissenschaftliche Persönlichkeiten werden schnell zu Institutsdirektoren oder zu Leitern von Forschungsgruppen gemacht. Und wenn sie einmal eine derartige Funktion bekleiden, überlassen sie die Durchführung von Experimenten ihren Assistenten, während sie selbst mehr und mehr Verwaltungsarbeiten zu erledigen haben. Die Belohnung für wissenschaftlichen Erfolg kann sich also in Form einer Reduzierung der Forschungstätigkeit und somit vermindertem schöpferischem Output auswirken.

Vermutlich ist bei herausragenden Künstlern von anderen Voraussetzungen auszugehen. Ihr Erfolg bemißt sich viel stärker als der von Wissenschaftlern an der Meinung der Kritik und der Öffentlichkeit. Deshalb hängt der Wert eines Künstlers davon ab, was zu einem bestimmten Zeitpunkt modern ist. Um als kreativ beurteilt zu werden, muß ein Künstler diesem Trend auf besondere Weise Ausdruck verleihen oder sogar selbst den Trend gesetzt haben. Ein weiterer Gesichtspunkt ist zu berücksichtigen: Nur wenige Künstler können weitermachen, wenn sich ihr Schaffen finanziell nicht auszahlt. Wenn sie also in jungen Jahren nicht erfolgreich sind, werden sie wahrscheinlich eine Nebentätigkeit aufnehmen. Daraus folgt, daß Künstler üblicherweise in einem frühen Stadium ihrer Laufbahn als Vertreter einer besonderen Stilrichtung auf sich aufmerksam machen. Natürlich versuchen sie, daraus Kapital zu schlagen, so daß sie zunehmend mit dem entsprechenden Geschmack identifiziert werden.

Aber Meinungen ändern sich, so daß ein Künstler nahezu unausweichlich irgendwann zum Vertreter einer überholten Geschmacksrichtung wird. Je erfolgreicher jemand war, desto stärker gilt er nun als unmodern. Kurzum, ein Künstler fällt in die Falle, die er sich selbst gestellt hat. Der einzige Ausweg besteht für viele darin, mit der Mode zu gehen. Da dies aber radikale Stiländerungen erfordert, leiden ihre Werke, denn die meisten Künstler kennen die neuen Techniken nicht so gut, und ihr kreativer Output geht zurück. Die Geschwindigkeit, mit der solche Veränderungen eintreten, ist von Bereich zu Bereich verschieden. Jeder Liebhaber der Popmusik weiß, daß ein Prozeß wie der soeben beschriebene alle drei oder vier Jahre stattfindet. In jedem Bereich finden sich aber jeweils nur wenige, die «zeitlose» Werke jenseits der von Marktwerten diktierten Moden schaffen. Ein Rundgang durch ein Antiquariat oder ein kurzer Blick in ein Musiklexikon liefern den Beweis dafür, wie viele «Genies» früherer Generationen inzwischen völlig vergessen sind.

So können die Veränderungen der Kreativität im Verlauf eines Lebens viel mehr mit Lebensstilen und beruflichen Zwängen zusammenhängen als mit dem Altern an sich. Die älteren Menschen mögen ihre Kreativität «verloren» haben, weil sie in jüngeren Jahren einfach zu gut gewesen sind.

Zusammenfassung

Man sagt traditionsgemäß von älteren Menschen, daß sie ihre Weisheit (verfestigte Intelligenz) behalten, ihre Verstandeskraft (flüssige Intelligenz) dagegen verlieren. Diese Ansicht wurde durch die Forschung nicht widerlegt, obgleich zu bemerken ist, daß (a) 10 bis 15 Prozent der älteren Menschen ihre flüssige Intelligenz behalten, und daß (b) das Ausmaß des altersbedingten Unterschieds zum Teil durch experimentelle Artefakte* bedingt ist. Es gibt einige Hinweise darauf, daß ein plötzlicher Rückgang der intellektuellen Leistungen zu Beginn des hohen

Alters ein Anzeichen für den nahen Tod des betroffenen Menschen ist.

Die Forschung hat allerdings keine Klarheit darüber geschaffen, welche Werte nun tatsächlich das baldige Sterben vorhersagen, und zudem ist das Modell auf sehr alte Menschen nicht anwendbar. Der altersbedingte Rückgang der Intelligenzleistung ist vermutlich auf Veränderungen der Leitungsgeschwindigkeit im Zentralnervensystem zurückzuführen sowie auf Veränderungen der allgemeinen, anhand der Reaktionszeiten meßbaren Leistungsfähigkeit. Ferner scheint auch die Informationsverarbeitung auf höheren Abstraktionsebenen beeinträchtigt zu sein. Die Kreativität nimmt während der gesamten Lebensspanne (nicht nur im hohen Alter) ab, doch dies kann ironischerweise auch an dem Erfolg liegen, mit dem kreative Tätigkeiten belohnt werden.

KAPITEL 3

Altern und Gedächtnis

Einleitung

Die Gedächtnispsychologie hat eine Vielzahl von Begriffen und technischen Ausdrücken geschaffen. Einige von ihnen kurz vorzustellen ist unumgänglich, bevor wir uns den Auswirkungen des Alterns auf die Gedächtnisfunktionen zuwenden können. Viele Laien meinen, daß das Gedächtnis eine homogene Fertigkeit darstellt und alles und jedes auf die gleiche Weise verarbeitet. Das ist jedoch ein Irrglaube, denn wie physiologische Untersuchungen gezeigt haben, gibt es unterschiedliche Gedächtnistypen (z. B. für Wörter, Bilder, körperliche Fertigkeiten usw.), die in anatomisch unterschiedlichen Hirnregionen lokalisiert sind (vgl. Kapitel 1). Zudem haben Psychologen entdeckt, daß diese Gedächtnissysteme jeweils anders funktionieren. Wenn Forscher also über «sprachliche» oder «visuelle» Erinnerungen sprechen, dann können sie sicher sein, es mit anatomisch und funktionell voneinander getrennten Systemen zu tun zu haben.

Einer der einfachsten Wege, Erinnerungen zu kategorisieren, bezieht sich darauf, wie lange sie behalten werden (Behaltensdauer). Man unterscheidet danach zwischen dem Kurzzeitgedächtnis* und dem Langzeitgedächtnis*, häufig auch als Primär- und Sekundärgedächtnis bezeichnet. Das Kurzzeitgedächtnis speichert Erinnerungen der unmittelbaren Vergangenheit, das heißt der letzten Minuten, zumeist sogar nur der letzten Sekunden.

Beim klassischen Verfahren zur Erfassung des Kurzzeitgedächtnisses zeigt man einer Versuchsperson eine Liste von Buchstaben, Zahlen oder Wörtern, die sie direkt im Anschluß wiederholen soll. Die längste Kette von Elementen, die sie zuverlässig wiederholen kann, wird als Umfang* ihres Kurzzeitgedächtnisses bezeichnet. Dieser Umfang hängt ab von der Art der zu erinnernden Elemente; deshalb gibt man üblicherweise an, um welche es sich handelt. So bezieht sich der Zahlenumfang* auf das Gedächtnis für Zahlen, der Wortumfang* auf das Gedächtnis für Wörter usw.

Ein Problem des klassischen Experiments zur Erfassung des Gedächtnisumfangs besteht zunächst darin, daß es kaum der Wirklichkeit entspricht. Menschen verbringen ihre Zeit eben nicht damit, willkürlich zusammengestellte Listen auswendig zu lernen. Ein weiteres Problem betrifft die Flüchtigkeit des Kurzzeitgedächtnisses: Ohne besondere Vorkehrungen erlischt eine Erinnerungsspur sehr rasch. Eine zügige Erklärung dafür, warum es überhaupt ein Kurzzeitgedächtnis gibt und wie es funktioniert, basiert auf dem Modell des Arbeitsgedächtnisses* von Baddeley u. Hitch (1974). Es wird definiert als:

> «zeitweilige Speicherung von Informationen, die für Tätigkeiten wie Lernen, Überlegen und Verstehen notwendig sind» (Baddeley 1986).

Typische Aufgaben, die das Arbeitsgedächtnis betreffen,

> «sind die, bei denen eine Person eine kleine Informationsmenge für kurze Zeit behalten muß, wobei sie gleichzeitig andere kognitive Operationen mit den gespeicherten oder mit anderen einfließenden Informationen ausführt» (Morris u. a. 1990, S. 67).

Das ist eine Form des Kurzzeitgedächtnisses, deren Notwendigkeit fast jedermann einleuchten wird. Um beispielsweise einer Rede folgen zu können, muß man jeweils im Kopf behalten, was gerade zuvor gesagt wurde. Das Arbeitsgedächtnis läßt sich auch am Beispiel des Kopfrechnens veranschaulichen: Alle Zahlen sind in der richten Reihenfolge zu behalten, während man die Rechenoperation auf sie anwendet. In beiden Fällen müssen Menschen sich an etwas erinnern, während sie gleichzeitig eine geistige Operation anderer Art vollziehen.

Wie das Arbeitsgedächtnis tatsächlich funktioniert, steht in allen Einzelheiten keineswegs endgültig fest (Baddeley 1986 und 1990). Man geht allerdings davon aus, daß es von der zentralen Arbeitseinheit* gesteuert wird. Diese wirkt zum Teil als Gedächtnisspeicher (mit beschränkter Kapazität), zum Teil steuert sie aber auch diverse Sklavensysteme* – eine der Computer-Sprache entlehnte Metapher. Die Sklavensysteme besitzen größere Speicherkapazitäten als die zentrale Arbeitseinheit und sind jeweils auf eine bestimmte Klasse von Gedächtnisspuren ausgerichtet. So gibt es unterschiedliche Systeme für Wörter, Bilder, räumliche Positionen usw.

Das System für Sprache wird als phonologische Schlaufe* (in älteren Texten auch als Artikulationsschlaufe*) bezeichnet. Es bezieht sich auf Wörter im weitesten Sinne, speichert also nicht nur Buchstaben und Wörter, sondern auch Zahlen. Die zentrale Arbeitseinheit steuert das Speichern und Abrufen von Erinnerungen in und aus Sklavensystemen. Werden parallele Verarbeitungsprozesse* erforderlich (muß man also etwas behalten und seine Aufmerksamkeit zugleich einer anderen Aufgabe widmen), dann hilft die zentrale Arbeitseinheit, beide Prozesse zu koordinieren. Falls das Sklavensystem durch zu viele Kurzzeitgedächtnis-Inhalte überfordert wird (falls es also nicht mehr alles behalten kann, was ihm zugeführt wird), lassen sich einige oder alle Inhalte ins Langzeitgedächtnis übertragen.

Im Kurzzeitgedächtnis bleiben Spuren deshalb nicht lange gespeichert, weil die meisten eingehenden Informationen nur kurze Zeit von Belang sind und danach redundant werden. Um zum obigen Beispiel zurückzukehren: Man möchte zwar während des Kopfrechnens alle Zahlen behalten können, sie aber nach Lösung der Aufgabe immer noch parat zu haben wäre irritierend und eine Verschwendung von Speicherkapazität. Es gibt jedoch Informationen, die länger behalten werden müssen; für sie ist das Langzeitgedächtnis zuständig.

Das Langzeitgedächtnis ist ein Dauerspeicher für Informationen. Ob es eine Obergrenze für seine Aufnahmefähigkeit gibt und wie viele Informationen letztlich doch verschwinden, läßt sich nicht beantworten. Für die meisten Menschen jedoch gehen unter Normalbedingungen «wesentliche» und «Alltags»-Informationen nie verloren. Niemand vergißt seine Muttersprache, seinen Namen, den Namen der Hauptstadt Frankreichs oder die elementaren Regeln der Körperhygiene. Das hängt aller Wahrscheinlichkeit nach damit zusammen, daß derartige Informationen entweder sehr wichtig sind oder so häufig wiederholt* (d. h. abgerufen und «verwendet») werden, daß sie feste, unerschütterliche Gedächtnisspuren* bilden. Dennoch werden einige Informationen auch im Langzeitgedächtnis gelöscht (alte Adressen, Telefonnummern usw. neigen dazu, in Vergessenheit zu geraten, wenn Freunde umziehen). Die gelöschten Erinnerungen sind entweder irrelevant und durch neue Informationen ersetzt oder kaum benötigt worden. Das klassische Verfahren zur Bestimmung des Langzeitgedächtnisses entspricht der Umfangmessung des Kurzzeitgedächtnisses, nur sollen die Versuchspersonen hier die Inhalte länger behalten (zwischen 30 Minuten und mehreren Tagen).

Man kann das Gedächtnis auch in ein episodisches Gedächtnis* und ein semantisches Gedächtnis* aufteilen (Tulving 1972). Das episodische Gedächtnis enthält Ereignisse im Leben eines Menschen: eine Art mentale Autobiographie. Das semantische Gedächtnis dagegen betrifft Dinge, die unabhängig von persönlicher Lebenserfahrung sind, ist also ein Speicher für Fakten (Allgemeinbildung, akademisches Wissen usw.).

In engem Zusammenhang mit den soeben erwähnten Gedächtnisbereichen stehen die Fertigkeiten des Planens und Vorausschauens. Sehr oft muß man sich daran erinnern, in der Zukunft etwas zu tun (man spricht dann von prospektivem Gedächtnis*). Damit einher geht das Metagedächtnis*, das Wissen über das eigene Gedächtnis enthält – wie groß die Kapazität ist, wie man sich Dinge am besten einprägt usw.

Gedächtnissysteme lassen sich auch hinsichtlich ihrer Arbeitsweise untersuchen. Wie werden Erinnerungen zur Speicherung (Kodierung*) erzeugt, und wie werden sie abgerufen? Es gibt in der Psychologie eine bedeutende Debatte darüber, ob Erinnerungen aufgrund ineffizienter Speicherung oder ineffizienter Abrufung verlorengehen. Ineffiziente Speicherung läßt sich vielleicht am besten anhand eines Bibliothekars veranschaulichen, der Bücher stets falsch einordnet, so daß ein Leser sie am logisch richtigen Platz nicht mehr finden kann. Entsprechend gehen *falsch kodierte* Erinnerungen verloren, weil sie sich nicht mehr abrufen lassen. Die Gegenhypothese macht geltend, daß Erinnerungen verlorengehen, weil man sie *falsch abruft*, obgleich sie völlig richtig gespeichert wurden – als würde man einen Menschen mit ernsthaften Lesestörungen beauftragen, ein Buch zu finden. Dieses Thema wird bei der Diskussion des Gedächtnisses von Personen mit Altersdemenz noch eine wichtige Rolle spielen (siehe Kapitel 6).

Das Gedächtnis kann in verschiedener Weise getestet werden: Dazu unterscheidet die Wissenschaft zunächst zwischen dem Abruf* und der Wiedererkennung* von Informationen. Im ersten Fall sollen Testpersonen eine Liste so gut wie möglich wiedergeben. Aufgaben zum geordneten Abruf* gelten nur dann als gelöst, wenn alle Elemente in der richtigen Reihenfolge reproduziert werden (sind die Ziffern «17654» vorgegeben, müssen die Probanden «17654» reproduzieren; die Antwort «71654» wäre also falsch). Bei Aufgaben zum freien Abruf* spielt die Reihenfolge keine Rolle (so wäre «71654» oder jede andere Permutation zulässig). Wiedererkennungsaufgaben gelten dagegen als leichter. Hier sollen Probanden Elemente, die sie kurz zuvor gesehen haben, auf einer Liste wiedererkennen, die darüber hinaus noch andere Elemente enthält. Insgesamt können sich Probanden in Wiedererkennungs-Tests besser erinnern als bei Abrufaufgaben, weil das Gedächtnis weniger belastet wird (s. u. den Abschnitt über das Kurzzeitgedächtnis). Wiedererkennungs- und Abrufprozesse werden so gut wic sicher durch unterschiedliche mentale Mechanismen gesteuert.

Dieser Abschnitt enthielt einen kleinen Überblick über Fachausdrücke, Theorien und Verfahren der Gedächtnisforschung. Nun stellt sich die Frage: Wie wirkt sich das Altern auf die mnestischen* Prozesse aus?

Kurzzeitgedächtnis

In einem klassischen Test des Kurzzeitgedächtnisses (in dem die Probanden einfach wiederholen, was ein Versuchsleiter ihnen dargeboten hat), lassen sich keine oder nur geringfügige altersbedingte Veränderungen des Gedächtnisumfangs feststellen (Craik 1977). Sobald aber zusätzliche Anforderungen gestellt werden, machen sich im allgemeinen Alterseffekte bemerkbar.

Das Testverfahren für den rückläufigen Umfang* des Kurzzeitgedächtnisses enthält eine solche zusätzliche Anforderung. Hier müssen Personen vorgegebene Listen in umgekehrter Reihenfolge wiedergeben (bei der Ziffernfolge «75123» etwa lautet die richtige Antwort «32157»). Dies fällt natürlich schwerer als das direkte Abrufen, da die Elemente in der richtigen Reihenfolge behalten werden müssen, während man sie in Gedanken umstellt. Daß ältere Menschen bei dieser Aufgabe nennenswert schlechter abschneiden als jüngere, hat neben anderen Forschern Bromley (1958) nachgewiesen. Mehrere Gründe werden diskutiert: Der eine besagt, daß es deswegen leicht zu Verwirrungen kommen kann, weil es sich jeweils um exakt dieselben Elemente handelt. Älteren Menschen könnte aber auch schlicht die erforderliche mentale Verarbeitungskapazität fehlen. Eine Verfeinerung dieser Hypothese besagt, daß die Elemente zur Neugruppierung ins Langzeitgedächtnis übertragen werden, weil die Gedächtniskapazität der Sklavensysteme nicht ausreicht; sie würden dann entweder beim Übertragungsprozeß verlorengehen, oder das Langzeitgedächtnis versagt beim Speichern.

Für diese Annahme sprechen die Ergebnisse einer Untersuchung von Morris u. a. (1990). Ältere und jüngere Probanden erhielten normale Gedächtnisaufgaben, bei denen sie eine kurze Wortliste behalten und gleichzeitig entscheiden mußten, ob ein einfacher Satz (z. B. «Ein Sperling kann ein Nest bauen») wahr oder falsch ist. Beim Abruf der Wörter unterliefen den älteren Probanden viel mehr Fehler, und die Fehlerhäufigkeit nahm zu, je mehr Wörter zu behalten waren. Nach Morris u. a. beruht dieser altersbedingte Unterschied darauf, daß jüngere Probanden Informationen nicht nur im Arbeitsgedächtnis speichern, sondern eine Kopie dieser Information an das Langzeitgedächtnis senden. Wenn nun die Gedächtnisspur im Arbeitsgedächtnis verschwindet, können jüngere Probanden auf die Ersatzkopie im Langzeitgedächtnis zurückgreifen. Ältere Probanden dagegen sind in geringerem Maße fähig, eine Kopie anzulegen, entweder weil ihnen die «geistige Kapazität» fehlt oder weil ihr Langzeitgedächtnis irgendwie nicht richtig funktioniert (siehe den nächsten Abschnitt). Wenn also Elemente nicht im Arbeitsgedächtnis behalten werden, dann werden sie überhaupt nicht oder bestenfalls unzureichend behalten. Die logische Folgerung ist, daß jüngere und ältere Menschen möglicherweise zwar gleiche Kurzzeitgedächtnis-Kapazitäten besitzen, daß die älteren jedoch Unzulänglichkeiten weniger gut kompensieren können.

Baddeley (1986) macht dagegen die zentrale Steuerungseinheit für die altersbedingten Gedächtnisschwächen verantwortlich. Zum Beleg lassen sich die oben zitierten Experimente zur Bestimmung des rückläufigen Gedächtnisumfangs einerseits, zu den parallelen Verarbeitungsprozessen andererseits nennen. Andere Studien haben gezeigt, daß die Erinnerungsleistung älterer Personen in Tests zum Arbeitsgedächtnis überproportional abnimmt, wenn die ablenkenden Aufgaben komplexer werden (z.B. Morris u.a. 1988). Nach dem Arbeitsgedächtnis-Modell werden die gleichzeitig ablaufenden Prozesse durch eine zentrale Einheit gesteuert, die aber die Koordination zwischen Gedächtnis und gleichzeitiger Informationsverarbeitung bei älteren Personen nicht mehr gewährleisten kann. Demnach wäre die Steuerung der mnestischen Prozesse und nicht zwangsläufig das Gedächtnis an sich beeinträchtigt. Bei einfachen Aufgaben läßt sich kein Altersunterschied feststellen – erst wenn ältere Personen ihre Aufmerksamkeit aufteilen und/oder Operationen mit den zu behaltenden Informationen ausführen müssen, macht sich ein altersbedingter Leistungsrückstand bemerkbar.

Das ist allerdings nicht das einzige Problem, das ältere Menschen bedrängt. Eine von Belmont u.a. (1988) dokumentierte Studie deutet darauf hin, daß sie beim Kodieren von Informationen im Kurzzeitgedächtnis nicht so leistungsfähig sind wie jüngere. Das hängt mit einem als Gruppierung* bezeichneten mnestischen Prozeß zusammen. Wird eine längere Kette von Elementen (mehr als vier) dargeboten, empfiehlt es sich, diese nicht als bloße Kette, sondern in Dreier- oder Vierergruppen zu behalten. Statt beispielsweise «345172986142» unmittelbar zu behalten, prägt man sich die Dreiergruppe «345», «172», «986» und «142» ein. Genau dieser Grundsatz wird bei Konto- und Telefonnummern befolgt. Belmont u.a. haben nachgewiesen, daß ältere Personen (anders als jüngere) lange Listen kaum gruppieren, um sie besser zu behalten. Dennoch ist hervorzuheben, daß einige dies sehr wohl taten und der Umfang ihres Gedächtnisses nicht kleiner war als der jüngerer Probanden. Perlmutter u. Mitchell (1982) vertreten ebenfalls die Ansicht, daß ältere Menschen beim Kodieren von Informationen Schwierigkeiten haben, betonen allerdings, daß das Altern auch Abruf- und/oder Speicherungsprozesse beeinträchtigt. Zur Untermauerung führen sie die Beobachtung an, daß ältere Probanden bei einigen Kurzzeitgedächtnis-Tests Wiedererkennungsaufgaben ungleich besser lösten als Abrufaufgaben. Wie oben bereits erwähnt, ist Wiedererkennen einfacher als Abrufen, weil die Erinnerung nicht so klar sein muß, um in die richtige Antwort einzufließen. Das läßt sich an folgendem Beispiel verdeutlichen (die nachstehenden Ausführungen beanspruchen in keiner Weise, reale Vorgänge im Gehirn zu beschreiben):

Angenommen, jüngeren und älteren Probanden wird folgende Liste dargeboten, die sie sich merken sollen:

Gans Uhr Tisch Glas Hörer Sack

Es sei ferner angenommen, daß beide Gruppen gleich gut kodieren und Schwierigkeiten erst im weiteren Verlauf der Informationsverarbeitung – also beim Speichern oder Abrufen – auftreten (experimentell läßt sich eine Unterscheidung zwischen diesen beiden Vorgängen kaum treffen). Schließlich sei angenommen, daß die Fehler durch das Vergessen von Buchstaben entstehen (im folgenden durch ein X angezeigt). Können ältere Personen schlechter speichern und abrufen, sehen ihre Erinnerungen vielleicht so aus:

jüngere Probanden: Gxns Uhr Tisch Gxas Hxrer Sack
ältere Probanden: Gxns Xhr Tisch Gxas Hxrer Sack

In Erinnerungsaufgaben lassen sich nur vollständig erhaltene Elemente abrufen. In diesem Falle würden sich die älteren Probanden an zwei, die jüngeren an drei erinnern. Bei Wiedererkennungsaufgaben dagegen können die Probanden die «unscharfen» Erinnerungen (z. B. Gxns) mit den dargebotenen Wörtern vergleichen. Besteht eine große Ähnlichkeit zwischen der unscharfen Erinnerung und der möglichen Antwort (z. B. Gxns und Gans), wird entweder die Erinnerung geschärft (und das x als a erkannt), oder man äußert eine fundierte Vermutung. So oder so müßten die Erinnerungsleistungen der älteren Probanden denen der jüngeren entsprechen, weil eine glasklare Erinnerung nicht erforderlich ist. Das hieße, daß das Gedächtnis älterer Menschen einzelne Elemente nicht schlechter, sondern lediglich weniger behält. Die Wiedererkennung würde nichts nützen, wenn die Personen überhaupt keine oder nur eine stark beeinträchtigte Gedächtnisspur besäßen (wenn sie beispielsweise für Gans xxnx lautete).

Belmont u. a. sowie Perlmutter u. Mitchell haben Daten vorgelegt, die darauf hindeuten, daß ältere Menschen genausogut speichern und abrufen wie jüngere, doch nicht mehr so spontan. Legt man ihnen bestimmte Prozeduren nicht nahe, dann entscheiden sie sich für weniger effiziente Kodierungs- und Abrufmethoden. Waugh u. Barr (1982) haben ferner entdeckt, daß ältere Probanden beim Speichern weniger gut abschneiden, wenn die zu behaltenden Elemente in rascher Folge dargeboten werden. Das deutet darauf hin, daß die Kodierung bei älteren Menschen langsamer und weniger effizient ist. Perlmutter u. Mitchell räumen jedoch ein, daß ihre jüngeren Probanden – und das gilt für die meisten Untersuchungen dieser Art – Studenten waren, die gegenüber älteren Probanden einen gewissen Vorteil im Gebrauch von Gedächtnishilfen haben. Deshalb muß hinter all diese Untersuchungen ein Fragezeichen gesetzt werden. Schneiden ältere Menschen aufgrund ihres Alters schlechter ab oder aufgrund eines Kohorteneffekts? Die Kontroverse über diese Frage ist nicht abgeschlossen. Aus den kombinierten Längs- und Querschnittstudien von Schaie und anderen (siehe Kapitel 2), in denen auch Gedächtnisleistungen getestet wurden, geht allerdings hervor, daß es tatsächlich einen altersbedingten

Unterschied gibt, dieser aber teilweise auf einem Kohorteneffekt beruht.

Durch Übung lassen sich einige altersbedingte Defizite wenigstens zum Teil wettmachen. Eins dieser Trainingsverfahren ist die sogenannte Methode der Örter*. Sie beruht auf dem Einprägen verschiedener Vorstellungsbilder, z. B. von Räumen des eigenen Hauses oder anderen vertrauen Szenen. Jedes zu behaltende Element wird im Geist einem Raum zugeordnet; später läßt es sich dadurch abrufen, daß man sich an den Ort erinnert, in dem es sich befindet. Nehmen wir als Beispiel die Liste «15794». Man stellt sich dann vor, etwa das eigene Haus zu betreten. Die 1 liegt im Briefkasten, und die 5 befindet sich im Schirmständer. Beim Betreten des Wohnzimmers sieht man die 7 auf der Couch sitzen, während sich die 9 in einem Nebenzimmer einen Whisky einschenkt. In der Küche schließlich schält die 4 Kartoffeln. Mit dieser Technik verfolgt man die Absicht, jedes mentale Bild so lebendig wie möglich zu gestalten, um sich besser erinnern zu können. Smith u. a. (zit. in Rebok 1987) fanden mit Probanden aus Berlin heraus, daß sie ihren Gedächtnisumfang durch «Verwendung» von Straßenbildern aus Berlin erweitern konnten. Herrmann u. a. (1988) stellten ebenfalls eine Verbesserung der Gedächtnisleistung älterer Personen durch Training fest, mußten jedoch erkennen, daß es sich nur auf die jeweilige Aufgabe auswirkte. Die Erweiterung des Zahlengedächtnisses beispielsweise befördert nicht das Bildgedächtnis. Doch dieses Phänomen zeigte sich bei allen Altersgruppen (es hat also nichts mit dem Altern zu tun).

Defizite der Aufmerksamkeit

Der Begriff der Aufmerksamkeit*, der im Zusammenhang mit dem Kurzzeitgedächtnis, speziell dem Arbeitsgedächtnis, immer wieder auftaucht, bezeichnet die Fähigkeit, sich trotz ablenkender Reize auf zu behaltende Elemente zu konzentrieren und/oder sich an sie zu erinnern. Aufmerksamkeit manifestiert sich in verschiedenen Formen. Die Fähigkeit, sich ungestört auf eine Aufgabe zu konzentriereen, ist als anhaltende Aufmerksamkeit* bekannt. Um sie zu studieren, kann man eine Versuchsperson auffordern, immer dann auf einen Knopf zu drücken, wenn ein bestimmter Buchstabe auf einem Bildschirm erscheint. Im Alter bleibt diese Form der Aufmerksamkeit im großen und ganzen erhalten. Es läßt sich zwar ein Rückgang feststellen, doch fällt er nicht ins Gewicht (Salthouse 1982). Unter selektiver Aufmerksamkeit* versteht man die Fähigkeit, sich auf eine Aufgabe trotz ablenkender Reize zu konzentrieren. Eine weitverbreitete Methode zur Erfassung der selektiven Aufmerksamkeit besteht in visuellen Suchaufgaben*: Versuchspersonen werden beispielsweise mehrere Buchstaben gezeigt, aus denen sie einen bestimmten herausfinden sollen. Rabbitt (1979) hat gezeigt, daß ältere Probanden eine solche Aufgabe um einiges langsamer lösen als jüngere. Zudem fiel den älteren eine Besonderheit im Experiment nicht auf, daß nämlich der gesuchte Buchstabe an manchen Stellen wesentlich häufiger erschien als an anderen: Sie reagierten stets gleich langsam. Jüngere Probanden dagegen reagierten deutlich schneller, wenn der Buchstabe an der häufig benutzten Position auftrat. Das hing nicht etwa damit zusammen, daß den älteren Probanden das Phänomen entgangen wäre. Nach der Sitzung konnten sie alle genau angeben, an welchen Stellen der Buchstabe häufig zu sehen war: Sie konnten die Information zwar aufnehmen, aber nicht mit ihr arbeiten. Selbst wiederholtes Training blieb wirkungslos (Rabbitt 1982).

Anderen Forschern gelang die Bestätigung der Ergebnisse Rabbitts jedoch nicht. Gilmore u. a. (1985) machten die Erfahrung, daß ältere Probanden Informationen über die Verteilung von Elementen durchaus verwerten, und Nissen u. Corkin (1985) konnten zeigen, daß ältere Versuchspersonen in den Experimenten sehr wohl schneller auf den Buchstaben reagierten, wenn er an der gleichen Stelle auftrat. Folgestudien haben dann ergeben, daß der Effekt auf eher unwesentliche Merkmale der Versuchsanordnung wie Größe, Gestalt und Helligkeit der Reize zurückzuführen ist (Albert 1988). Und dort, wo altersbedingte Unterschiede bei visuellen Suchaufgaben registriert werden, können Verlangsamung und mangelnde Genauigkeit bei älteren Probanden nicht ausschließlich auf einer verschlechterten neuralen Leitfähigkeit beruhen, wie Walsh (1982) mit statistischen Methoden nachgewiesen hat.

Geteilte Aufmerksamkeit* ist die Fähigkeit, Informationen aus mehr als einer Quelle gleichzeitig aufzunehmen und zu verarbeiten. Viele Arbeitsgedächtnis-Tests erfordern diese Form der Aufmerksamkeit. Das bekannteste Verfahren zur Bestimmung der geteilten Aufmerksamkeit ist vermutlich der dichotische Hörtest*. Über einen Stereokopfhörer wird einer Versuchsperson in jedes Ohr eine andere Botschaft übertragen. Danach muß sie beide Botschaften wiederholen. Viele Forscher haben nachgewiesen, daß ältere Versuchspersonen bei solchen Aufgaben schlecht abschneiden (z. B. Horn 1982; Salthouse 1985). Zur Erklärung werden verschiedene Theorien herangezogen. Salthouse (1985) behauptet, daß der Effekt durch das Phänomen «Alter/Komplexität» verursacht wird, und zwar aus folgenden Gründen: Erstens macht sich der Effekt bei leichteren Aufmerksamkeitsaufgaben weniger bemerkbar, und zweitens vermindert sich der altersbedingte Leistungsunterschied (Albert 1988), sobald der Informationszustrom verringert wird. Warum aber der Alter-Komplexitäts-Effekt sich überhaupt bemerkbar macht, ist weniger einfach zu beantworten. Wichens u. a. (1987) haben statistisch nachgewiesen, daß er sich nicht durch die allgemeine Verlangsamung der Informationsverarbeitung erklären läßt. Salthouse (1985) konnte seinerseits zeigen, daß ältere Personen ihre Aufmerksamkeit genausogut teilen können wie jüngere, woraus folgt, daß Alte und Junge die gleichen Verfahren anwenden. Die sparsamste Erklärung besagt, daß die Verarbeitungsressourcen bei älteren Menschen kleiner werden. Anders ausgedrückt: Durch Verlust oder Effizienzminderung der Nervenzellen haben ältere Menschen nicht mehr die gleiche Konzentrationskraft wie in früheren Jahren. Diese Erklärung scheint den verfügbaren Daten zu entsprechen. Salthouse (1985, besonders Kapitel 7) ergänzt weitere Einzelheiten und baut die Theorie auf überzeugende Weise aus.

Langzeitgedächtnis

Wie in der Einleitung zu diesem Kapitel erwähnt, besteht der Unterschied zwischen den «Grundaufgaben» des Langzeitgedächtnisses und des Kurzzeitgedächtnisses lediglich in der Zeitspanne zwischen der Darbietung der zu behaltenden Elemente und ihrem Abruf – beim Kurzzeitgedächtnis beträgt diese Zeitspanne wenige Sekunden oder Minuten, beim Langzeitgedächtnis liegt sie zwischen etwa 30 Minuten und mehreren Tagen. Während das Kurzzeitgedächtnis keinen altersbedingten Veränderungen zu unterliegen scheint, wirkt sich das Alter auf das Langzeitgedächtnis stärker aus, wobei sich der Leistungsabfall hauptsächlich im Bereich des Kodierens beobachten läßt (Albert 1987). Das ist nicht überraschend, denn viele Informationen, die ins Langzeitgedächtnis wandern, müssen zuerst im Kurzzeitgedächtnis verarbeitet werden, so daß jede Beeinträchtigung des letzteren die Leistung des ersteren mindert.

Ein beträchtlicher Teil der Altersforschung hat sich in jüngerer Zeit von der spröden Laboranalyse des Erinnerns an willkürlich zusammengestellte Listen von Wörtern und Zahlen abgewandt, um sich mit realistischeren Gedächtnisleistungen des Alltags zu beschäftigen. Ihnen gilt die Aufmerksamkeit des folgenden Kapitels.

Langfristiges Gedächtnis

Das langfristige Gedächtnis für nicht-autobiographische Ereignisse im Leben einer Person wird üblicherweise so geprüft, daß Probanden Listen mit Namen und/oder Beschreibungen von Ereignissen erhalten, die in den vergangenen 50 Jahren Schlagzeilen gemacht haben. Sie sollen dann angeben, an welche sie sich erinnern. Um Fehler zu vermeiden, streuen Forscher fiktive Namen und/oder Ereignisse in die Liste ein («Prinz Babylon», «Die Ermordung König Marvos von Ruritanien» usw.). Schwieriger zu gewährleisten ist, daß die Probanden sich tatsächlich an etwas weit Zurückliegendes erinnern und nicht an eine in jüngerer Zeit erhaltene Information. Um dies an einem Beispiel zu veranschaulichen: Die meisten Engländer über 30 erinnern sich an Englands 4:2-Sieg gegen Deutschland bei der Fußballweltmeisterschaft von 1966. Die Fernsehübertragung erzielte damals einen Einschaltrekord. Deshalb scheint die Frage «Hat England Deutschland mit 4:2 geschlagen?» testtauglich zu sein. Die meisten älteren Leute werden sie richtig beantworten, wahrscheinlich beruht aber ihre Antwort nicht auf damals gespeicherten – und seither nie abgerufenen – Informationen, und zwar einfach deshalb, weil das Ereignis im Fernsehen immer wieder zu sehen war. So ist nicht auszuschließen, daß ein Proband mit «Ja» antwortet, weil er sich an eine Fernsehsendung der vergangenen Woche erinnert. Wahrscheinlich würden auch

Engländer unter 25, die sich unter keinen Umständen an die Live-Übertragung erinnern können, die Frage richtig beantworten: Sie erinnern sich an die Wiederholung im Fernsehen. So liegt es nahe, derartige «historische» Ereignisse (etwa auch die Ermordung Kennedys) eher als semantische denn als lange zurückreichende Erinnerungen anzusehen.

Um dieses Problem zu umgehen, muß man auf weniger bekannte Namen und Ereignisse zurückgreifen. Werden aber allzu spezielle Themen gewählt, stellt sich das umgekehrte Problem, daß *niemand* sie kennt. Glücklicherweise haben Medien die Angewohnheit, manche Menschen kurzfristig berühmt zu machen, um sie danach wieder in Vergessenheit sinken zu lassen. Mit dieser Feststellung sollen die Leistungen dieser Leute nicht geschmälert werden; doch der Sensationshunger der Medien oder das Auftauchen neuer «Stars» erfordern einen Wechsel der Aufmerksamkeit. Der Berühmte-Namen-Test* (Stevens 1979) bedient sich solcher Kurzzeit-Stars. Er beruht auf einer Zusammenstellung von Namen wie Adele Sandrock, Hans Globke, «Radi» Radenkovic und Gus Backus. Alle Leser über 30 werden die beiden letzteren Namen erkennen; die beiden ersten Namen wecken vermutlich nur bei Leuten über 70 Erinnerungen. Seit ihren «großen Tagen» tauchen die Namen der obenerwähnten Personen in den Medien allerdings kaum noch auf. Wenn Versuchspersonen diese Namen erkennen, dann deshalb, weil sie an weit zurückliegende Erinnerungen rühren. Um die Tiefe des langfristigen Gedächtnisses zu prüfen, lassen sich die Test-Namen in Gruppen unterteilen: Je nachdem, ob die Personen in den 30er, 40er, 50er, 60er und 70er Jahren berühmt waren. (Die Namen berühmter Persönlichkeiten wie Winston Churchill oder Willy Brandt werden auch aufgenommen, doch nur im Hinblick auf die Prüfung des Gedächtnisses hochgradig dementer Personen; siehe dazu Kapitel 6). Einige fiktive Namen sollen verhindern, daß die Versuchspersonen schummeln.

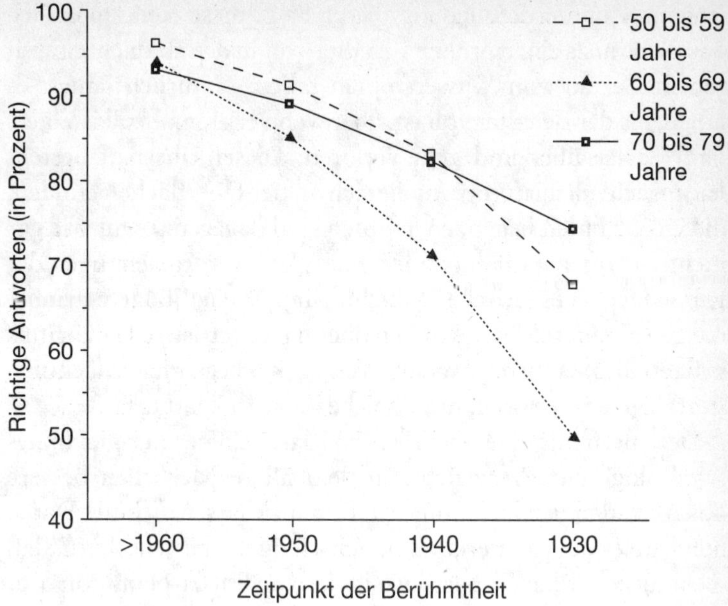

Abbildung 3: Leistungsunterschiede im Berühmte-Namen-Test (nach Steven [1979]) für weit zurückliegende Ereignisse (in Dekaden) (nach Stuart-Hamilton, Perfect & Rabbitt 1988, S. 171).

Stuart-Hamilton u. a. (1988) studierten 50- bis 80jährige Personen mit Hilfe des Berühmte-Namen-Tests; die Ergebnisse sind in Abbildung 3 zusammengefaßt. Wie ersichtlich, ist die Gedächtnisleistung aller Altersgruppen bei weniger weit zurückliegenden Namen besser als bei weit zurückliegenden. Dieses Phänomen wurde von vielen anderen Forschern ebenfalls beobachtet (z. B. Craik 1977; Perlmutter 1978; Poon u. a. 1979) und widerspricht der einst verbreiteten Ribot-Hypothese* (Ribot 1882). Danach sollten ältere Menschen sich an weit zurückliegende Ereignisse besser erinnern können als an kürzlich eingetretene. Zur Verdeutlichung dieser Hypothese stelle man sich das Gehirn als einen großen Behälter vor, in den Gedächtnisspuren in Gestalt von Wassertropfen fallen. Natürlich dauert es lange, bis der Behälter voll ist, aber wenn er einmal voll ist, läuft das Wasser über und geht verloren. Dieser Überlauf besteht hauptsächlich aus Tropfen, die sich an der Oberfläche befinden, die weiter unten liegenden Tropfen sind dagegen so gut wie gar nicht betroffen. Auf entsprechende Weise verdrängen nach der Ribot-Hypothese frische Gedächtnisinputs eher jüngere Erinnerungen als ältere. Doch Studien über das langfristige Gedächtnis stützen diese Annahme nicht: Weit zurückliegende Gedächtnisspuren gehen verloren, nicht solche jüngeren Datums.

Der Berühmte-Namen-Test ist das seltene Beispiel eines psychologischen Vergleichs, in dem ältere Menschen bessere Leistungen erzielen als jüngere. Dennoch lassen sich die Daten nur schwer interpretieren. Eine Schwierigkeit besteht darin, daß die jüngsten Versuchspersonen in der von Stuart-Hamilton u. a. 1987 durchgeführten Studie um die 50 Jahre alt waren, daß sie also die Namen aus den 30er Jahren auf der vorgelegten Liste kaum erinnern konnten: Sie mußten daher dem semantischen Gedächtnis entstammen. Diese Tatsache wird durch ein zweites Experiment verstärkt, bei dem 20jährige Versuchspersonen den gleichen Berühmte-Namen-Test machten. Ihnen konnten die Namen höchstens als «historische Persönlichkeiten» bekannt sein, und dennoch erkannten sie etwa 25 Prozent aus jedem Jahrzehnt (da sie die falschen Namen verwarfen, handelt es sich nicht um erratene «Treffer»). Anders gesagt: Tests zum langfristigen Gedächtnis erfassen gelegentlich das langfristige Gedächtnis, doch sind die Antworten durch Elemente aus dem semantischen Gedächtnis «kontaminiert». Man mag sich deshalb fragen, ob es nicht ratsam wäre, langfristiges und semantisches Gedächtnis als ein und dasselbe zu betrachten.

Außerdem ist zu bedenken, *welche Namen* am leichtesten

erinnert werden. Um dies herauszufinden, unterwarfen Stuart-Hamilton u. a. die Werte des Berühmte-Namen-Tests einer zusätzlichen Analyse. Es sollte festgestellt werden, wie oft ein Name von den Versuchspersonen wiedererkannt wurde. Auf diese Weise ließ sich eine «Berühmtheitstafel» erstellen, an deren Spitze die am meisten erinnerten Namen standen. Bildet man nun «Berühmtheitslisten» für verschiedene Altersgruppen (in der Studie von Stuart-Hamilton u. a. also für die 50-, die 60- und die 70jährigen Versuchspersonen), so ergibt sich eine bemerkenswerte Übereinstimmung der jeweiligen Listenplätze (was durch die statistische Analyse allerdings verdeckt wird). Folglich besitzen bestimmte Namen den gleichen Berühmtheitsgrad in verschiedenen Altersgruppen. Dies wiederum legt die Vermutung nahe, daß die gleichen Prozesse das langfristige Gedächtnis einer großen Zahl von Menschen steuern. Herauszufinden um welche Prozesse es sich dabei handelt, ist eher Sache der Soziologie. Dennoch drängt sich die Annahme auf, daß die scheinbar «vergessenen» Namen durch die Medien gelegentlich «wiederbelebt» werden und dieser Effekt sich auf alle Altersgruppen erstaunlich ähnlich auswirkt. Die allgemein besseren Leistungen der älteren Versuchspersonen drücken dann lediglich die Tatsache aus, daß sie den Medien länger ausgesetzt waren und dadurch mehr Gelegenheit zum «Üben» dieser Namen gehabt haben.

Obwohl die Existenz des langfristigen Gedächtnisses unbestritten ist, stößt seine Untersuchung auf Hindernisse. Das «reine», von Nebeneffekten des semantischen Gedächtnisses und Medienbotschaften unberührte langfristige Gedächtnis läßt sich vermutlich überhaupt nicht messen.

Semantisches Gedächtnis

Man darf annehmen, daß das semantische Gedächtnis ziemlich widerstandsfähig gegen Alterserscheinungen ist, denn das Gedächtnis für Tatsachen und Informationen ist Bestandteil der verfestigten Intelligenz, die bekanntlich als altersresistent gilt (siehe Kapitel 2). Und in der Tat scheint dies der Fall zu sein – ältere Menschen schneiden beim Abruf von Tatsachen und Informationen aus dem semantischen Gedächtnis nicht schlechter, manchmal sogar besser ab als als jüngere Personen (z. B. Camp 1988; Fozard 1980). Viel interessanter für die Forschung ist aber die Frage, wie ältere Menschen die Genauigkeit ihrer Antworten selbst beurteilen, eine Fähigkeit, die zum sogenannten Metawissen* gehört. In einem typischen Metawissen-Experiment werden Versuchspersonen aufgefordert, sich mit einer Frage zu befassen und anzugeben, wie sicher sie sich bei der Beantwortung dieser Frage fühlen. Ein Beispiel:

FRAGE: Was ist ein *Pangolin*?
Wie sicher fühlen Sie sich bei der Beantwortung dieser Frage?
1. Ich kann nur raten.
2. Ich habe eine begründete Vermutung.
3. Ich fühle mich ziemlich sicher.
4. Ich bin mir völlig sicher.
Ihre Antwort: ______________________________

Verschiedene Forscher haben nachgewiesen, daß Versuchspersonen sich zunächst recht gut einschätzen können. Je sicherer sie sich fühlen, desto höher die Wahrscheinlichkeit, daß sie richtig antworten. Eine altersbedingte Differenz im Metawissen verschiedener Altersgruppen scheint nicht zu bestehen (z. B. Fozard 1980; Perlmutter 1978). Demnach glauben ältere Menschen nicht, daß das so ist; Camp (1988) beispielsweise berichtet, daß sie ihr semantisches Gedächtnis selbst als nachlassend beurteilen. Andere Forscher (z. B. Botwinick 1967) weisen auf einen ähnlichen Mangel an Selbstvertrauen bei älteren Menschen hin. Ob derartige Selbsteinschätzungen sachlich begründet sind, werden wir weiter unten im Zusammenhang des Metagedächtnisses genauer untersuchen.

Autobiographisches Gedächtnis

Wer das autobiographische Gedächtnis untersucht, steht vor mehreren Schwierigkeiten. Das am häufigsten genannte Problem betrifft die Reliabilität*. Eine ältere Person mag beispielsweise ein Picknick mit ihren inzwischen verstorbenen Eltern im Jahre 1926 im Gedächtnis behalten haben. Wie aber läßt sich die Richtigkeit dieser Erinnerung überprüfen? Das heißt keineswegs, daß eine Person absichtlich lügt. Doch werden Erinnerungen im Laufe eines Lebens oft abgerufen, und bei jeder Wiederholung verändern sich Kleinigkeiten, um den Erzählfluß in Gang zu halten (Bartlett 1932). Der Bericht über ein Ereignis fünf Jahre danach kann natürlich genauso aufgebaut sein wie fünfzig Jahre später, aber die Erzählungen werden sich in einigen Einzelheiten vermutlich unterscheiden. Diese Annahme wird durch eine Längsschnittstudie von Field (1981) bestätigt. Der Vergleich von Erinnerungen 30 und 70 Jahre nach einem Ereignis ergab eine hohe Übereinstimmung in den Hauptpunkten der jeweiligen Berichte ($r = 0.88$), aber nur 16 Prozent der Details kamen zur Deckung ($r = 0.43$).

Eine andere methodische Schwierigkeit betrifft die Art, *wie* Erinnerungen geweckt werden. Befragt man Personen nach ihren lebhaftesten Erinnerungen, löst dies eine Flut von Berichten aus den ersten Lebensjahren aus. Ähnliches geschieht, wenn man Probanden ein Reizwort gibt, zu dem sie frei assoziieren sollen (z. B. Marmelade: «O ja, da erinnere ich mich, wie ich als Kind mit meiner Mutter Marmelade gemacht habe»). Das geschieht aber nur, wenn die Probanden ihre Erinnerungen datieren müssen. Entfällt dieser Zwang, richtet sich die Aufmerksamkeit auf Erinnerungen aus der jüngeren Vergangenheit (Cohen 1989). Das heißt, die Art der Fragestellung entscheidet über das Alter der produzierten Erinnerungen. Es gibt jedenfalls keinen Beweis für das Klischee, daß ältere Personen in der Vergangenheit leben.

Viele Untersuchungen belegen im Gegenteil, daß jüngere Menschen genau so viele Erinnerungen aus der frühen Kindheit produzieren wie ältere (Cohen u. Faulkner 1988). Das hat nicht unbedingt damit zu tun, daß Menschen jeden Alters so nostalgisch veranlagt wären. Rabbitt u. Winthorpe (1988) haben herausgefunden, daß Erinnerungen aus der frühen Kindheit als eher unangenehm beurteilt werden, wenn man Versuchspersonen um eine Einschätzung bittet.

Ein anderes Problem hängt mit der Selbstzensur der Probanden zusammen. Man darf wohl annehmen, daß – wie die Natur des Menschen nun mal beschaffen ist – sich viele lebhafte Erinnerungen um sexuelle Erfahrungen drehen. Doch gerade solche Erinnerungen werden seltsamerweise von älteren Menschen kaum erwähnt.

Wie gut man sich an etwas erinnern kann, hängt von der Lebendigkeit der jeweiligen Szene ab. Selbstbeobachtungen zeigen, daß einige Erinnerungen lebhafter sind als andere. Im allgemeinen werden frühe Erinnerungen als «verschwommener» beurteilt (Cohen u. Faulkner 1988). Das konnten auch Nigro u. Neisser (1983) nachweisen, die herausfanden, daß weit zurückliegende Erinnerungen eher aus der Beobachterperspektive wahrgenommen werden, während man Erinnerungen jüngeren Datums gleichsam nacherlebt. Ferner verändern sich im Laufe des Lebens die Gründe, warum etwas lebhaft in Erinnerung bleibt. Cohen u. Faulkner (1988) fanden, daß Menschen in jungen und mittleren Jahren sich stark von der Gefühlsbeteiligung leiten lassen – je stärker die Gefühle, desto lebhafter die Erinnerung.

Für ältere Menschen dagegen hängt die Lebhaftigkeit einer Erinnerung vor allem davon ab, wie oft sie in der Zwischenzeit über ein Ereignis nachgedacht haben. Cohen u. Faulkner meinen, daß das Alter Erinnerungen verblassen läßt und die Einzelheiten nur durch «häufige Anwendung» behalten werden (wie man etwa auch Silberbesteck zum Polieren aus dem Schrank holt, um zu verhindern, daß es anläuft). Warum aber Erinnerungen an Lebhaftigkeit einbüßen, ist nach wie vor ungeklärt. Da jedoch Lebhaftigkeit ein subjektives Maß ist, ist nicht auszuschließen, daß die Erinnerungen deshalb verblassen, weil ältere Leute mit zunehmender Lebenserfahrung «abstumpfen». Eine andere Annahme besagt, daß die Beeinträchtigung des Langzeitgedächtnisses die Merkfähigkeit für Details beeinflußt. So verliere die Erinnerung an Schärfe, was subjektiv wiederum als Verlust an Lebhaftigkeit erfahren werden könnte.

Rabbitt u. Winthorpe (1988) heben hervor, daß ältere Menschen ihre Erinnerungen insgesamt langsamer produzieren. Im allgemeinen sind ihre Antworten in einschlägigen Tests qualitativ schlechter und die Angaben vager (z. B. «Ich erinnere mich, als Kind im Freien gepicknickt zu haben» statt «Ich erinnere mich, daß ich an meinem 7. Geburtstag auf der Insel Amrum gepicknickt habe»). Aber die Autoren haben auch nachgewiesen, daß die Ursache dafür nicht im Altern an sich liegt, sondern in einem Leistungsabfall der flüssigen Intelligenz und des Arbeitsgedächtnisses (das notwendig ist, um einem Redefluß folgen zu können). Eine spätere Studie zeigte, daß die Genauigkeit der Erinnerung durch Alter, flüssige Intelligenz und verfestigte Intelligenz bedingt wird (Holland [geb. Winthorpe] u. Rabbitt 1990). Als Erklärung gaben die Autoren an, daß das Altern und die Schwächung der flüssigen Intelligenz zwar die Erinnerungsleistung mindern, die altersresistente verfestigte Intelligenz aber die Beeinträchtigungen kompensieren könne.

Abgesehen von der Qualität des autobiographischen Gedächtnisses ist darauf hinzuweisen, daß das Erinnern eine therapeutische Wirkung entfalten kann. Einige Forscher sind der Überzeugung, daß eine «Erinnerungs-Therapie» älteren Menschen dabei helfen kann, mit sich und ihrem Leben ins reine zu kommen, bevor sie sterben (Kermis 1983). Und in vielen Fällen diene das Erinnern als Mittel gegen Langeweile:

> «Ältere Leute machen zuweilen die Erfahrung des zunehmenden Kontrasts zwischen einer nicht erinnerungswürdigen Gegenwart und einer ereignisreichen Vergangenheit. Weit zurückliegende Ereignisse werden dann öfter zurückgeholt und im Gedächtnis erneut durchgespielt, wenn das Theater im Kopf zur einzigen Vorstellung wird» (Rabbitt u. Winthorpe 1988, S. 302).

Vorausschauendes Gedächtnis

Viele gängige Lehrbücher heben hervor, daß eine der Hauptfunktionen des Gedächtnisses nicht im Erinnern der Vergangenheit, sondern in der Zukunftsplanung besteht. Das bedeutet zum Teil, daß man aus Erfahrungen und Fehlern lernt, um sich in zukünftigen Situationen besser zu verhalten. Diese Fertigkeit gehört dann mit zur «Weisheit» oder zur verfestigten Intelligenz. Ein anderer Aspekt jedoch betrifft das vorausschauende Gedächtnis, also daran zu denken, etwas in der Zukunft zu tun. Nun könnte man annehmen, das vorausschauende Gedächtnis sei bloß eine andere Form des Langzeitgedächtnisses, da es darauf beruht, Informationen über einen längeren Zeitraum hinweg zu behalten. Gegen diese Annahme sprechen allerdings viele Forschungsergebnisse. Zum einen sind – theoretisch gesehen – diese zwei Gedächtnistypen voneinander verschieden. Beim zurückblickenden Gedächtnis gilt der Abruf eines Elements oder Ereignisses bereits als Erfolg, beim vorausschauenden Gedächtnis dagegen erst dann, wenn eine Person sich *zur richtigen Zeit* daran erinnert (West 1988). Zum anderen sind die Gedächtnistypen auch empirisch verschieden – mit wenig Überschneidungen hinsichtlich der Genauigkeit und der mnestischen Strategien (Jackson u. a. 1988; Kvaviloshvili 1987; Wilkins u. Baddeley 1978).

Die Abruf-Verfahren des vorausschauenden Gedächtnisses variieren von Individuum zu Individuum sehr stark. Dennoch lassen sich zwei Typen unterscheiden: die *inneren Strategien* und die *äußeren Strategien*. Zu den äußeren Strategien gehören Dinge wie Notizbucheintragungen oder der Knoten im Taschentuch, Gedächtnisstützen also, die eine Person in ihrer Umwelt verankert. Die inneren Strategien dagegen sind ausschließlich mental, denn man versucht, sich zur richtigen Zeit zu etwas zu veranlassen. Diese Zweiteilung ist allerdings nicht so klar, wie einige Forscher annehmen. Eine Strategie besteht beispielsweise darin, sich etwas im Zusammenhang mit einer alltäglichen Handlung zu merken, etwa dem morgendlichen Kaffeetrinken (Maylor 1990a, Appendix A.). Handelt es sich hier nun um eine reine innere Strategie (sich daran zu erinnern, etwas im Anschluß an eine gewohne Handlungssequenz zu tun) oder um eine äußere Strategie (für die der Anblick der Kaffeetasse als Eselsbrücke dient)? Umgekehrt ist auch der Eintrag im Notizbuch auf innere Strategien angewiesen, die dafür sorgen, daß man rechtzeitig ins Notizbuch blickt. So ist die funktionelle Unterscheidung zwischen diesen mnestischen Strategien nicht schnittscharf und in jedem Falle für detaillierte Analysen zu ungenau. Im folgenden werden diese Strategien nur als praktische Hilfen behandelt; auf die Frage, wie sie wirklich funktionieren, wird nicht eingegangen.

Mit ihrem vorausschauenden Gedächtnis erzielen ältere Probanden, zumal unter Versuchsbedingungen, im allgemeinen bessere Ergebnisse als jüngere (siehe unten). Eine typische Aufgabe besteht darin, daß die Versuchspersonen den Versuchsleiter zu einem vorab festgesetzten Zeitpunkt anrufen müssen. Poon u. Schaffer (1982, zit. in West 1988) und Moscovitch (1982) fanden heraus, daß ältere Probanden sich öfter an den vereinbarten Anruf erinnerten und pünktlicher waren. Das könnte aber auf einem Kohorteneffekt beruhen. Ältere Menschen führen ja ein ruhigeres Leben und werden dadurch weniger abgelenkt. Oder sie könnten zu mehr Pünktlichkeit und zum strikteren Einhalten von Verabredungen erzogen worden sein als die jüngeren Teilnehmer, so daß sie stärker *motiviert* waren anzurufen. Diese Annahme stützen Poon und Schaffer durch die Beobachtung, daß ein finanzieller Anreiz die Leistung älterer Probanden sogar noch verbesserte, nicht aber die der jüngeren.

Zur Minimierung des Kohorteneffekts kann man zum Beispiel 50- bis 60jährige Versuchspersonen, die (psychologisch gesehen) fast gleiche Leistungen erzielen wie jüngere Erwachsene, ihrer Erziehung nach aber zu den älteren gehören, der «jungen» Altersgruppe zuschlagen. Maylor (1990 a) ging so vor; zudem wählte er Versuchspersonen nach der Ähnlichkeit ihrer Lebensstile aus. Die Teilnehmer wurden aufgefordert, an fünf Tagen einmal täglich anzurufen, und zwar zu einem exakt festgelegten Zeitpunkt (Zeitpunkt-Bedingung) oder zwischen zwei Uhrzeiten (Zeitspannen-Bedingung). Maylor konnte weder hinsichtlich der Pünktlichkeit noch hinsichtlich der Anzahl der erinnerten Anrufe eine Differenz zwischen den jeweiligen Altersgruppen feststellen. Ferner entdeckte sie, daß alle nach den gleichen mnestischen Strategien vorgingen. Dieser Befund widerspricht den Ergebnissen früherer Studien, die besagen, daß ältere Personen häufiger äußere Strategien verwenden (z. B. Jackson u. a. 1988; Moscovitch 1982) – auch dies möglicherweise das Resultat eines Kohorteneffekts. An den meisten Versuchen nehmen in den jüngeren Gruppen oft Studenten und Studentinnen teil, bei denen dies häufig sogar zum Pflichtprogramm ihres Studiums gehört. Die gewohnte studentische Begeisterung für derartige Praktika vorausgesetzt, ist es nicht ausgeschlossen, daß jüngere Versuchspersonen aus Bequemlichkeit die weniger aufwendigen inneren Strategien bevorzugen. In Maylors Studie nahmen dagegen die jüngeren Versuchspersonen freiwillig im Rahmen eines großangelegten Programms zur Erforschung der Wirkungen des Alterns teil, so daß ihre Motivation vermutlich stärker war.

Maylor entdeckte allerdings einen Unterschied hinsichtlich der Effizienz, mit der die Versuchspersonen innere und äußere Strategien verwenden. Älteren Versuchspersonen unterliefen bei der Verwendung innerer Strategien mehr Fehler als jüngeren, die dagegen beim Gebrauch äußerer Strategien schlechter abschnitten. So nimmt die Leistung jener ab, die sich nur auf ihr Gedächtnis verlassen, wogegen sich die Leistung derer verbessert, die auch äußere Hilfsmittel einsetzen. Anzumerken ist allerdings, daß die Verwendung von Strategien in hohem Maße von der Aufgabe abhängt. Maylor fand in ihrer Untersuchung heraus, daß die Zeitspannen-Bedingung (siehe oben) eher zur Verwendung äußerer Strategien animierte als die Zeitpunkt-Bedingung. Sie vermutet, daß dies mit dem subjektiv empfundenen Schwierigkeitsgrad der Aufgabe zusammenhängt: Die als schwieriger wahrgenommene Aufgabe erfordert mehr Sorgfalt bei der Verwendung einer äußeren Gedächtnisstütze. West (1988) berichtet über ähnliche Zusammenhänge zwischen bestimmten Strategien und dem Anforderungscharakter der Aufgaben.

Im allgemeinen arbeitet also das vorausschauende Gedächtnis älterer Menschen gut oder sogar besser als das jüngerer Menschen, sofern es unter Laborbedingungen gemessen wird. Man tut aber gut daran, mögliche Kohorteneffekte zu bedenken und nicht zu übersehen, daß einige Studien sehr wohl einen altersbedingten Rückgang festgestellt haben. Cockburn u. Smith (1988) fanden beispielsweise heraus, daß ältere Versuchspersonen ein vereinbartes Treffen oder das Ausrichten einer Nachricht leichter vergessen. Diesen Befund bestätigt eine Studie von West (1988), aus der hervorgeht, daß ältere Versuchspersonen während einer Testsitzung signifikant häufiger die Mitteilung einer Nachricht vergaßen als jüngere. Cockburn u. Smith veranstalteten darüber hinaus Intelligenztests, die sich nicht zur Erklärung für die verhältnismäßig schwache Gedächtnisleistung heranziehen ließen. Maylor fand ebenfalls keinen Zusammenhang zwischen der allgemeinen Intelligenz und der Leistung des vorausschauenden Gedächtnisses.

Warum ältere Versuchspersonen bei der Prüfung des vorausschauenden Gedächtnisses besser abschneiden als andere, ist daher eine offene Frage. Möglich ist, daß es hier um auf langjähriger Praxis beruhende Gewohnheitshandlungen geht (telefonieren), die zum Bestandteil der verfestigten Intelligenz geworden sind. Dagegen sind Botengänge oder die Weitergabe von Mitteilungen etwas, mit dem ältere Menschen nicht so oft befaßt werden, so daß diese Fertigkeiten «aus der Übung gekommen» sein mögen. Daß das Intelligenzniveau sich auf die Leistung des vorausschauenden Gedächtnisses nicht auswirkt, ist ein Beleg für den geringen Schwierigkeitsgrad dieser Gedächtnistätigkeit. Und dies ist keineswegs erstaunlich, wenn man bedenkt, daß es den Versuchspersonen freisteht, Gedächtnisstützen zu verwenden. Vermutlich setzt sich die Leistung des vorausschauenden Gedächtnisses aus Übung, Anreiz und Motivation zusammen.

Metagedächtnis

Bis zu welchem Grad können ältere Menschen ihre Gedächtnisfähigkeit steuern? Die Antwort auf diese Frage hängt in hohem Maße von dem Gedächtnis*typ* ab. Es scheint, daß das Altern das semantische Gedächtnis und das Metawissen kaum beeinflußt (siehe oben u. Perlmutter 1978). In Studien zum Metawissen werden Versuchspersonen aufgefordert, die Richtigkeit eines bereits abgerufenen Elements zu beurteilen, d. h. ein Urteil über eine abgeschlossene mnestische Tätigkeit zu fällen. Ältere und jüngere Menschen schneiden ungefähr gleich gut ab, wenn es um die Frage geht, welche zu behaltenden Elemente am leichtesten erinnert werden und welche mnestische Strategie jeweils am besten geeignet ist (Perlmutter 1978). Dennoch lassen sich Altersunterschiede in einigen anderen Bereichen des Metagedächtnisses feststellen. Sie treten im allgemeinen dann auf, wenn (a) eine mnestische Handlung vor ihrer Vollendung beurteilt werden soll und wenn (b) vergangene und zukünftige mnestische Leistungen global zu bewerten sind. Methodologische Schwierigkeiten, die sich auf die experimentelle Erfaßbarkeit solcher Phänomene beziehen, verhindern jedoch eine eindeutige Interpretation der Forschungsliteratur zu diesem Thema, wie weiter unten gezeigt wird.

Ein Beispiel für einen unabgeschlossenen mnestischen Akt ist der «Es-liegt-mir-auf-der-Zunge»-Zustand*. Die meisten Menschen haben einen solchen Zustand (im folgenden mit dem Kürzel TOT – für tip of the tongue* – bezeichnet), schon einmal erfahren. Man kann sich an ein Wort nicht vollständig erinnern, aber doch immerhin an irgendeine Besonderheit (den Anfangsbuchstaben, die Silbenzahl, ähnlich klingende Wörter usw.). Brown u. McNeill (1966) haben dieses Phänomen als erste intensiv untersucht. Sie gaben ihren Versuchspersonen Definitionen vor und forderten sie auf, die dazugehörigen Wörter zu finden. Meist kannten die Teilnehmer entweder das Wort oder hatten schlicht keine Ahnung, worum es sich handeln könnte; doch gelegentlich ließ sich ein TOT-Zustand beobachten. Die Versuchspersonen vermochten dann eine Eigenschaft des gesuchten Wortes anzugeben (in 57 Prozent der Fälle war es der

Anfangsbuchstabe). Der TOT-Zustand ist nichts anderes als eine leichte Störung beim Definieren seltener Wörter. Wenn das Phänomen aber im Alltag überhand nimmt, wirkt es sich als Beeinträchtigung aus.

Burke u. a. (1988) machten den TOT-Zustand zum Objekt einer ihrer Studien, zum Teil auch deshalb, weil ältere Menschen, die gerade freiwillig an einer anderen gerontologischen Studie teilnahmen, über entsprechende Schwierigkeiten geklagt hatten. Tatsächlich haben ältere Menschen im allgemeinen ein schwächeres Namensgedächtnis (Crook u. West 1990). Die Forscher baten ihre Versuchspersonen, während vier Wochen Tagebuch über ihre TOT-Erfahrungen zu führen. Sie wurden aufgefordert, alle Einzelheiten eines Wortes, die ihnen im TOT-Zustand einfielen, festzuhalten und anzugeben, um welches Wort es sich handelte, falls sie es irgendwann doch fänden. So zeigte sich, daß ältere Versuchspersonen viel häufiger als jüngere über TOT-Zustände zu berichten hatten. Aber es ließ sich kein Unterschied in der Anzahl der erfolgreich abgeschlossenen TOT-Zustände feststellen (in über 90 Prozent der Fälle wurden die gesuchten Wörter schließlich gefunden). Dagegen konnten jüngere Versuchspersonen im TOT-Zustand mehr Angaben über die gesuchten Wörter machen (ein Ergebnis, das durch eine Untersuchung von Maylor [1990 b] bestätigt wird).

Je nach Altersgruppe unterschieden sich auch die Wortarten, die einen TOT-Zustand hervorriefen. Bei jüngeren wie bei älteren Versuchspersonen traten TOT-Zustände zumeist mit Eigennamen auf. Dagegen hatten die älteren Versuchspersonen vor allem Schwierigkeiten mit Namen von Alltagsgegenständen, jüngere mit abstrakten Begriffen. Schließlich zeigte sich noch, daß die Jüngeren aktiv einem Wort nachsannen oder sogar um Hilfe baten, während die Älteren zumeist darauf hofften, daß es von alleine «auftauchen» würde (obwohl einige durchaus die gleichen Strategien einsetzten wie die Jüngeren). In einer ähnlich angelegten Untersuchung baten Cohen u. Faulkner (1986) ihre Versuchspersonen, zwei Wochen lang Tagebuch über TOT-Zustände bei Eigennamen und Namen zu führen. Erstaunlicherweise betrafen 68 Prozent der Fälle Namen von Freunden oder Bekannten. Vielleicht gibt es, wie Cohen meint, «mehr Gelegenheiten, Namen zu vergessen, die oft gebraucht werden» (Cohen 1989, S. 104). Auch hier warteten die älteren Versuchspersonen ab, bis die Namen von selbst auftauchten.

In Anbetracht dieser Untersuchungsergebnisse liegt die Vermutung nahe, daß ältere Menschen beim Abruf schwacher Gedächtnisspuren Schwierigkeiten haben. Das ist daran zu erkennen, daß sie vergleichsweise oft in TOT-Zustände geraten und in diesem Zustand weniger Angaben über das gesuchte Wort machen können. Und weil dem so ist, scheint ihnen weiteres Suchen keiner Anstrengung wert zu sein (das Ergebnis einer weiteren Metagedächtnis-Strategie?). Dagegen suchen jüngere Personen vielleicht deshalb aktiv nach einem Wort, weil sie im TOT-Zustand über mehr Informationen verfügen.

Ein anderer Aspekt des Metagedächtnisses betrifft das Wissen einer Person über den allgemeinen Zustand ihres Gedächtnisses. Dieses Wissen wird üblicherweise anhand eines Fragebogens erfaßt. Dort geht es vor allem um die Beurteilung der mnestischen Kompetenz (z. B. von 1 für «schlecht» bis 5 für «ausgezeichnet») und um Einschätzungen der eigenen Vergeßlichkeit – bei wichtigen (z. B. Verabredungen) und unwichtigen Dingen (z. B. in ein Zimmer gehen, um etwas zu holen, und dann vergessen, was man wollte). Um die Sicherheit des Metagedächtnisses zu prüfen, werden normalerweise die Fragebogenergebnisse mit den Leistungen in Tests des Gedächtnisumfangs und anderer psychischer Eigenschaften verglichen.

Die Untersuchungsergebnisse sind jedoch widersprüchlich. Einige Studien behaupten, daß ältere Personen häufiger über ein schwaches Gedächtnis bei gleichzeitigem Anstieg der Vergeßlichkeit klagen (z. B. Perlmutter 1978), anderen ist das genaue Gegenteil zu entnehmen (z. B. Baddeley 1983; Rabbitt u. Abson 1990). Die Beziehungen zwischen Fragebogendaten und Messungen des Gedächtnisumfangs sind ebenfalls undurchsichtig. Viele Forscher stellten bei allen Versuchspersonen (also nicht nur bei älteren) eine *schwache* Übereinstimmung zwischen Selbsteinschätzung und tatsächlicher Gedächtnisleistung fest (z. B. Herrmann 1984; Rabbitt u. Abson 1990). Andere dagegen dokumentierten einc *starke* Übereinstimmung (z. B. Maylor 1990a).

Warum diese Unübersichtlichkeit? Der Grund liegt in der Methodenwahl. Zum einen sind Menschen bekanntermaßen schlecht in der Beurteilung eigener Fähigkeiten (deshalb die große Nachfrage nach Berufspsychologen). Rabbitt (1984) gibt zu bedenken, daß sein Gedächtnis nur beurteilen kann, wer es mit dem anderer Menschen vergleicht. Aber mit wem soll man sich vergleichen? Mit jüngeren Menschen (oder mit sich selbst, als man noch jung war)? Mit Gleichaltrigen? Oder mit einem idealisierten superklugen Wesen? Menschen weichen in ihren Werturteilen deutlich voneinander ab; deshalb liegt den Einschätzungen mnestischer Fertigkeiten kein gemeinsamer Maßstab zugrunde. Ein ähnliches Problem betrifft das Selbstbild. Ältere Menschen sind überzeugt, vergeßlich zu sein – jüngere nicht; deshalb könnten ältere auf Gedächtnislücken empfindlicher reagieren und ihre eigenen Fähigkeiten unterschätzen. Kein Wunder, daß zwischen der Selbsteinschätzung der Vergeßlichkeit und Depressivität bei älteren Menschen ein enger Zusammenhang besteht (Rabbitt u. Abson 1990).

Ein häufig geäußerter methodischer Einwand besagt ferner, daß Fragebögen die mnestischen Fertigkeiten auch der schlechtesten Versuchspersonen zu positiv widerspiegeln. Auskünfte über das Gedächtnis stammen stets von der Versuchsperson selbst – und diese Angaben lassen sich nur schwer überprüfen.

Und wie steht es um die eingestanden Vergeßlichen: Wie sollen sie wissen, was sie alles vergessen haben? Das ist ein gewitztes und nicht zu überprüfendes Argument. Es gibt allerdings einige Anhaltspunkte dafür, daß diese Kritik übertrieben ist. In verschiedenen Untersuchungen wurde nämlich herausgefunden, daß die Selbsteinschätzung der mnestischen Fertigkeiten mit der Einschätzung eines Ehepartners erstaunlich gut übereinstimmt (Cohen 1989). Doch selbst der überzeugteste Befürworter der Fragebogen-Methode wird einräumen, daß an Selbstbeurteilungen stets eine gewisse Ungenauigkeit haftet.

Die allgemein geringe Übereinstimmung zwischen der Selbstbeurteilung und dem experimentell gemessenen Gedächtnisumfang entsteht dadurch, daß Fragebögen die alltägliche Gedächtnisleistung betreffen, Tests dagegen eine künstliche Laborsituation herstellen. Die meisten Gedächtnistests laufen völlig stressfrei ab. Solche Situationen kommen im wirklichen Leben nur selten vor (Cohen 1989; Rabbitt u. Abson 1990). Zudem ist zu bedenken, daß Erinnerungslücken im wirklichen Leben unter Umständen gar nichts mit dem Gedächtnis zu tun haben. Tenney (1984) fand beispielsweise heraus, daß ältere Probanden bestimmte Elemente beim Suchen schlicht übersehen hatten. Anders gesagt, die Ursache ist oft nicht das Gedächtnis selbst, sondern mangelhafte Wahrnehmung.

Rabbitt und Abson heben zudem hervor, daß die verschiedenen Gedächtnisaufgaben ohnehin kaum zusammenhängen. Das Training einer Gedächtnisleistung verbessert in keiner Weise die anderen, wie oben bereits ausgeführt. Es wäre deshalb falsch, ein allgemeines Metagedächtnis-Maß zu suchen, das die Leistungen aller Gedächtnisformen vorherzusagen erlaubte – es gibt kein mnestisches Äquivalent für die allgemeine Intelligenz. In Studien wie derjenigen Maylors (1990 a), die einen Zusammenhang zwischen der Selbstbeurteilung und der Fehlerzahl konstatieren, beruht dies eher auf der Zusammenstellung des Fragebogens.

Zusammenfassung

Die Klagen älterer Menschen, daß ihr Gedächtnis nicht mehr so gut sei wie früher, sind zumeist gerechtfertigt. Das Gedächtnis wird im hohen Alter schwächer, wenn man von einigen Bereichen – dem Umfang des Kurzzeitgedächtnisses und gewissen Aspekten des Metagedächtnisses – einmal absieht. Trotz dieses allgemeinen Befunds scheint das Phänomen jedoch nicht auf einem einzigen mnestischen Prinzip zu beruhen, weil es kaum Zusammenhänge zwischen dem Umfang der verschiedenen Gedächtnisformen gibt. Das ist vermutlich auf die unterschiedlichen physiologischen Veränderungen des alternden Gehirns zurückzuführen. Man weiß, daß der Hippocampus vergleichsweise stark beeinträchtigt wird – und gerade dieser Hirnbereich spielt in Gedächtnisprozessen eine sehr wichtige Rolle, weil er Informationen vom Kurzzeit- zum Langzeitgedächtnis weiterleitet und die Aufmerksamkeit steuert (Winocur 1982). Schädigungen dieses Bereichs können daher viele mnestische Defizite älterer Menschen erklären. Weil die verschiedenen Gedächtnisarten aber in unterschiedlichem Maße vom Hippocampus abhängen, besteht zwischen ihnen auch kein enger Zusammenhang. Prozesse, die auf den Hippocampus in zentraler Weise angewiesen sind, werden stärker in Mitleidenschaft gezogen als solche, bei denen dieser Hirnbereich nur als Schaltstelle dient. Leider sind unsere Kenntnisse der Hippocampus-Funktionen bei älteren Menschen lückenhaft, so daß sich entsprechende Hypothesen vorerst nicht überprüfen lassen.

Eine weitere psychologische Erklärung, die der Hippocampus-Hypothese nicht widerspricht, bietet sich an. Es hat sich herausgestellt, daß viele der vom Altern nicht betroffenen Gedächtnisfunktionen Teil der verfestigten Intelligenz sind (Tatsachenwissen, Kenntnis von Gedächtnisstrategien usw.). Schwierigkeiten ergeben sich erst dann, wenn Probanden neue

Informationen verarbeiten und sich gleichzeitig mit anderen Aufgaben und ablenkenden Reizen beschäftigen müssen (wie Untersuchungen des Arbeitsgedächtnisses zeigen). Es ist anzunehmen, daß der Leistungsrückgang der flüssigen Intelligenz für die Schwächung dieser mnestischen Funktionen verantwortlich ist. Die flüssige Intelligenz hat sehr oft mit der Verarbeitung neuer Informationen zu tun; in ihr drückt sich vermutlich die allgemeine Effizienz des Zentralnervensystems genauso aus wie in den Reaktionszeiten (siehe Kapitel 2). Rabbitt (1988 b) verfügt über empirische Daten, die dies bestätigen. Er untersuchte 50 bis 79 Jahre alte Personen und veranstaltete einen Test der flüssigen Intelligenz, einen Wahlreaktionszeittest sowie verschiedene Tests des Kurz- und des Langzeitgedächtnisses. Die Korrelationen zwischen den Gedächtnismessungen waren unterm Strich nicht signifikant; einige Gedächtnistests wurden darüber hinaus durch die Reaktionszeiten der Probanden beeinflußt.

So lassen sich viele altersbedingte Gedächtnisschwächen auf Veränderungen der Informationsverarbeitung im Zentralnervensystem zurückführen. Ferner ist zu bedenken, daß das angeblich altersresistente «verfestigte» Gedächtnis vermutlich in einigen Punkten vom «flüssigen» Gedächtnis abhängt. Das ist dadurch zu erklären, daß Menschen mit hohen «flüssigen» Fertigkeiten vermutlich mehr lernen und ihren Wissensbestand erweitern. So fanden Stuart-Hamilton u. a. (1988) heraus, daß Versuchspersonen mit hoher flüssiger Intelligenz auch beim Berühmte-Namen-Test gut abschnitten. Dagegen hebt Rabbitt hervor, daß nicht jede mnestische Funktionsminderung durch Veränderungen der flüssigen Intelligenz oder der Wahlreaktionszeit verursacht wird. Wie stark das Kurzzeitgedächtnis abnimmt, läßt sich beispielsweise durch Intelligenztestergebnisse nicht vorhersagen. Veränderungen der flüssigen Intelligenz erklären nicht alle Aspekte des altersbedingten Gedächtnisverlusts, sie spielen bei diesem Prozeß jedoch eine bedeutende Rolle.

KAPITEL 4
Altern und Sprache

Einleitung

In allgemein gehaltenen gerontologischen Texten wird – wenn man von kursorischen Bemerkungen über die Veränderung der Stimme und die geschwächte Fähigkeit absieht, sich an Geschichten zu erinnern – den Auswirkungen des Alterns auf die Sprachfähigkeit kaum Aufmerksamkeit geschenkt. Das ist schade, denn es gibt zu dieser Frage eine beträchtliche Menge an Forschungsliteratur – vielleicht nicht soviel wie zu den Themen «Altern und Gedächtnis» oder «Demenz», aber dennoch genug, um nicht mit einigen wenigen Bemerkungen abgetan zu werden. Dabei umfaßt der Begriff «Sprache» in diesem Zusammenhang nicht nur das Produzieren und Verstehen sprachlicher Äußerungen, sondern selbstverständlich auch das Schreiben und Lesen. Das vorliegende Kapitel behandelt hauptsächlich das Lesen, weil dies der Punkt ist, zu dem die fortgeschrittensten Theorien entwickelt wurden und auf den sich die Forschung in erster Linie konzentriert hat.

In der Selbstbeobachtung erscheint das Lesen als ein weitgehend automatisierter und rasch ablaufender Prozeß. In Wahrheit setzt es aber die Koordinierung verschiedener einfacher bis sehr komplexer Fertigkeiten voraus. Normales Lesen beruht notwendigerweise auf mindestens den folgenden vier Tätigkeiten: Zum einen müssen die einzelnen Buchstaben erkannt und von zufälligen Tintenklecksen oder von Zeichen anderer

Schriftsysteme unterschieden werden. Zum anderen muß es ein Verfahren geben, mit dessen Hilfe sich Buchstabenfolgen als Wörter (und nicht als sinnleere Zeichenketten wie «xyllfrg») erkennen lassen. Auf diesen beiden Tätigkeiten beruht drittens die Fertigkeit, Wortfolgen als sinnvolle Sätze zu identifizieren, die sowohl *syntaktisch* wie *semantisch* wohlgeformt sein müssen. Der Satz

«Goldfische sind beliebte Haustiere»

ist, obgleich banal, sinnvoll. Der Satz

«Hypothesen sind beliebte Haustiere»

ist interessanter, aber offenkundig unsinnig und deshalb semantisch unannehmbar (die Semantik* hat es, grob gesagt, mit Bedeutungen zu tun). Seine Syntax* (wiederum grob gesagt: die Grammatik) ist regelgerecht. Im Unterschied dazu ist ein Satz wie

«Ein Goldfisch sind beliebte Haustiere»

syntaktisch unannehmbar (weil er gegen die Regeln der Grammatik verstößt).

Die vierte Tätigkeit, auf der das Lesen aufbaut, betrifft das Vermögen, Bedeutung aus Sätzen herauszulesen. Man behält nicht jedes Wort, erfaßt aber dennoch die Kernaussage einer Geschichte. Leser müssen also über Methoden verfügen, die Kernelemente eines Textes zu identifizieren.

Man sollte nicht annehmen, daß die Verarbeitung stets in einer Richtung von der einfachen Buchstabenerkennung zur relativ anspruchsvollen Bedeutungserfassung abläuft; umgekehrt können auch die komplexeren Prozesse Informationen zurückschicken, um das Lesen zu beschleunigen. Nehmen wir einen in gräßlicher Handschrift verfaßten Text, in dem einige Buchstaben völlig unleserlich sind – etwa so:

«Es ist fxaglixh, ob noxh mexr Hxlfx erfxxderlixx ist. Dxnkxn Xie xn das Sxrixhwort: Vixlx Kxche verxerben dex Bxxx.»

Die meisten Leser werden diesen Satz ohne große Mühe entziffern, und zwar aus mehreren Gründen. Erstens kann es sich bei den Wörtern «fxaglixh» und «Sxrixhwort» nur um «fraglich» und «Sprichwort» handeln. Hier greift man also auf das Wissen zurück, welche Buchstabenverbindungen wirkliche Wörter bilden, um die unleserlichen Buchstaben zu ergänzen. Ferner ist semantisches Wissen erforderlich: «xn» kann «in» oder «an» bedeuten. Sinnvoll ist aber «xn» nur in der zweiten Form. Das letzte Wort – «Bxxx» – wird deshalb sofort erkannt, weil es ein geläufiges Sprichwort beschließt. Dies ist ein Beispiel für *semantische Erleichterung*, bei der der Bedeutungsgehalt eines Textabschnitts die folgenden Wörter vorherzusagen erlaubt.

All das gilt nicht nur im Falle einer schwer lesbaren Handschrift. Auch beim Lesen gedruckter Texte erleichtert die Erwartung die Worterkennung. So wurde nachgewiesen, daß Wörter, die mit soeben Gelesenem in logischer Beziehung stehen, schneller aufgenommen werden als andere. In einer Passage über Tiere also wird man das Wort «Tiger» schneller lesen als das Wort «Lehnstuhl». Wie diese Erleichterung tatsächlich erfolgt, ist sehr umstritten. Es scheint jedoch so zu sein, daß das mentale Lexikon semantisch zusammenhängende Wörter gemeinsam aktiviert, so daß sie, wenn sie im gedruckten Text auftreten, schneller erfaßt werden.

Schließlich darf auch die Rolle des Gedächtnisses nicht außer acht bleiben. Ohne Langzeitgedächtnis zum Beispiel könnte man eine Geschichte gar nicht lesen oder verstehen, weil man ständig die Handlung vergäße. Weniger offensichtlich ist dagegen die Notwendigkeit des Arbeitsgedächtnisses, ohne das man aber auch gerade Gelesenes nicht behalten könnte und am Ende eines Satzes nicht mehr wüßte, womit er begonnen hat, was bei langen oder verschachtelten Sätzen wie diesem noch deutlicher wird als bei einfachen Kurzsätzen.

Das Lesen setzt also die gesteuerte Integration verschiedener perzeptiver, kognitiver, sprachlicher und mnestischer Fertigkeiten voraus. Und auch beim Verstehen gesprochener Sprache verhält es sich ähnlich. Hier müssen ebenfalls einzelne Buchstaben und Wörter erkannt, die Aussprache erfaßt, die Bedeutung verstanden, der syntaktische Aufbau nachvollzogen und schließlich die «Botschaft» verarbeitet werden. Selbstverständlich aber gibt es auch Unterschiede: Lesen wird visuell, Hören akustisch vermittelt; deshalb kann man beim Lesen jederzeit zurückspringen, wenn man etwas nicht verstanden hat, während es nicht immer möglich ist, einen Sprecher zu bitten, schwierige Passagen zu wiederholen.

Sprechen und Schreiben folgen zudem anderen Konventionen. Das Schreiben ist alles in allem stärker auf formale und grammatikalische Richtigkeit bedacht. Man streitet sogar darüber, ob Sprechen und Schreiben überhaupt auf gemeinsamen Prozessen beruhen (Olson u.a. 1985). Dieser Streit soll hier außer acht bleiben. Unter der Voraussetzung aber, daß Lesen und Hören auf funktionell ähnlichen Tätigkeiten beruhen, werden die altersbedingten Veränderungen untersucht: zuerst beim Lesen, dann beim Hören (soweit Erkenntnisse vorliegen). Diese Voraussetzung impliziert allerdings nicht, daß eine Veränderung der Lesefertigkeit notwendigerweise eine solche der Hörfertigkeit nach sich zöge. Zudem ist zu bedenken, daß die Einflüsse des Alterns auf die Rede- und Schreibfertigkeit verhältnismäßig schlecht erforscht sind; sofern Untersuchungsergebnisse vorliegen, werden sie an geeigneter Stelle erwähnt.

Die Bedeutung des Lesens

Weil es sich beim Lesen um eine Tätigkeit handelt, die man sitzend (oder liegend) ausführt, wird oft angenommen, daß ältere Menschen mehr lesen als jüngere. Eine Reihe von Erkenntnissen (z. B. National Council on Ageing 1975) belegt jedoch das Gegenteil. Trotz guter Absichten lesen die meisten Menschen nach dem Rückzug aus dem Berufsleben nicht mehr als früher. Wer im höheren Alter viel liest, ist in der Regel auch schon früher eine «Leseratte» gewesen. Vergleicht man aber diese älteren mit jüngeren «aktiven Lesern», zeigen sich einige unerwartete Unterschiede: Die älteren lesen zwar insgesamt mehr (z. B. Rice 1986 a), sie lesen aber auch deutlich mehr Zeitungen und Zeitschriften (z. B. Ribovich u. Erikson 1980; Rice 1986 a). Ihre Lesegewohnheiten liegen also auf niedrigerem Niveau, weil der Inhalt von Zeitungen und Zeitschriften leichter zu konsumieren ist als etwa der eines anspruchsvollen Romans. Und so wie schlechtes Training die Leistungen eines Athleten beeinträchtigt, so kann es sich negativ auf die Lesefertigkeit auswirken, wenn man zu wenig anspruchsvolle Texte liest.

Warum sich die Lesegewohnheiten ändern, ist nach wie vor unklar. Vielleicht hindern die verringerten intellektuellen Fähigkeiten einige alte Menschen daran, sich mit Romanen von Dostojewskij u. a. zu beschäftigen. Andere könnten der Meinung sein, bereits alle für sie interessanten Bücher zu kennen, und haben vielleicht wenig Lust, diese erneut zu lesen. Eine etwas zynischere Hypothese besagt, daß ältere Leute ihre wenige noch verbleibende Zeit nicht damit verschwenden wollen, daß sie sich durch Klassiker hindurchkämpfen. Jüngere Menschen läsen demnach die «schweren» Werke, um sich zu bilden, während die älteren keinen entsprechenden Druck mehr verspüren. Aus welchem Grunde auch immer: Alte Menschen bevorzugen zu über 90 Prozent «leichte» Lektüre (Zeitschriften, Zeitungen, «einfache» Literatur usw.). Sie scheinen jedoch das Lesen deshalb nicht weniger zu genießen (Bell 1980; Rice 1986a).

Körperliche Beschränkungen

Wie in Kapitel 1 bereits hervorgehoben wurde, nimmt bei älteren Menschen die Seh*kraft* genau so ab wie die Seh*schärfe*. Das wirkt sich natürlich auf die Lesegewohnheiten aus. In einer Untersuchung (Bell 1980) wird der Anteil der alten Menschen, die normale Druckschrift nicht mehr lesen können, auf 23 Prozent geschätzt. Dieses Problem ließe sich durch die Verwendung eines größeren Schriftgrads (für technisch Interessierte: 18 bis 20 Punkt) beheben. Wie eine Studie zumindest für Großbritannien gezeigt hat, weist diese Lösung jedoch gewisse Nachteile auf. Bücher im Großdruck haben einen verhältnismäßig kleinen Markt. Jüngere Menschen greifen lieber zu den verschiedenen verfügbaren Hilfsmitteln, um mit normalen Schriftgrößen umgehen zu können. Also beschränkt sich der Käuferkreis auf ältere Leser. Und er wird dadurch noch kleiner, daß nur wenige Menschen derartige Bücher *kaufen* – die meisten holen sie sich aus Leihbibliotheken. Diese Bedingungen aber zwingen Verleger dazu, sich auf Unterhaltungsliteratur zu beschränken, die möglichst viele Leute anspricht. Gegen ein solches Angebot ist an sich nichts einzuwenden; die Auswahl für schwachsichtige Leserinnen und Leser jedoch wird auf diese Weise erheblich verringert.

Viele ältere Menschen sind zudem in der Lese-Menge beschränkt: Bücher im Großdruck wiegen schwerer, so daß sich weniger von ihnen aus der Bibliothek mit nach Hause nehmen lassen (Bell 1980). Einige Studien weisen außerdem darauf hin, daß große Buchstaben zwar die Vorlesegeschwindigkeit beschleunigen, das stille Lesen aber verlangsamen können (Bouma u. a. 1982). Auch das Schriftbild hat einen Einfluß auf die Lesegeschwindigkeit (Vanderplas u. Vanderplas 1980).

Vielen älteren Menschen werden Sehschwächen gar nicht bewußt. Holland u. Rabbitt (1989) fanden heraus, daß Probanden über 50 ihre Sehschärfe als unverändert bewerten, während sie in Wirklichkeit mit zunehmendem Alter schlechter wird. Perzeptive Leistungsprobleme erfordern aber nicht nur bestimmte Hilfen (Hörgeräte, Großdruck usw.) – sie beeinflussen auch die Informationsverarbeitung selbst. Rabbitt (1989) stellte beispielsweise fest, daß ältere Personen mit einem verhältnismäßig geringen Hörverlust (30 bis 50 db) sich an vorgelesene Wörter nach einiger Zeit nur schwer erinnerten, obwohl sie sie mühelos wiedergeben konnten, kurz nachdem sie sie gehört hatten. Der Grund: Hörbehinderte ältere Menschen müssen sich mehr anstrengen, um Wörter aufzunehmen, so daß sie zum Kodieren und Verarbeiten über weniger mentale Ressourcen verfügen. Daß es sich hier nicht um ein Gedächtnisproblem handelt, geht aus der Tatsache hervor, daß die Hörfähigkeit keinen Einfluß auf die Wiedergabe *gelesener* Wortlisten hat (der Effekt hängt also davon ab, ob das Hören Teil der Verarbeitungskette ist).

Auch die Stimme verändert sich im Alter. Die Stimm*lage* zum Beispiel hängt von so verschiedenen Faktoren wie etwa Muskelkraft und Lungenkapazität ab. Andere Veränderungen basieren auf verhältnismäßig modernen Phänomenen wie schlechtsitzenden Gebissen, dem Rauchen usw. (Thompson 1988). Der Verlust an stimmlicher Effizienz zeigt sich auch an einer verlangsamten Artikulationsrate beim spontanen Sprechen und beim Vorlesen (z. B. Oyer u. Deal 1989; Ryan 1972).

Worterkennung

Die Fertigkeit im Lesen einzelner Wörter läßt sich mit Hilfe verschiedener Verfahren prüfen; die gebräuchlichsten beziehen sich auf die lexikalische Entscheidung* und auf die Worterkennungslatenz*. Im ersten Fall müssen die Probanden entscheiden, ob eine Buchstabenkette ein Wort bildet (und zwar unabhängig davon, ob sie seine Bedeutung kennen oder nicht), im zweiten Fall wird gemessen, wie schnell eine Versuchsperson ein Wort laut lesen kann. Im allgemeinen schneiden ältere Menschen in beiden Tests nicht schlechter ab als jüngere (z. B. Carella u. Fozard 1984). Erschwert man jedoch die Aufgabe, sind altersbedingte Leistungseinbußen häufiger zu beobachten. Bowles u. Poon (1981) entdeckten dies, als sie ihren Versuchspersonen einen modifizierten lexikalischen Entscheidungstest gaben: Dabei waren aus Paaren von Buchstabengruppen Wortkombinationen zu bilden, auf die sich eine «Ja»-Antwort geben ließ. Andere Veränderungen (erschwerte Lesbarkeit der gedruckten Buchstaben) scheinen dagegen keinen altersbedingten Effekt hervorzurufen (Carella u. Fozard 1984). Semantische Hilfen verbessern darüber hinaus die Leistung beider Altersgruppen in gleicher Weise. Und die Reaktionen in beiden Tests erfolgen schneller, wenn das Wort, auf das reagiert werden soll, einem semantisch verwandten Wort folgt (Craik u. Rabinowitz 1984).

So mag die Annahme naheliegen, daß auch die Aussprachefertigkeit keinen altersbedingten Veränderungen unterliegt. Ältere Studien stützten diese Annahme in der Tat. Die Aussprache wird üblicherweise dadurch gemessen, daß Versuchspersonen schwer oder unregelmäßig auszusprechende Wörter vorlesen sollen (z. B. Ski, Portier). Da die Schreibweise dieser Wörter ihre Aussprache nicht eindeutig festlegt, läßt sie sich nicht aus Regeln ableiten. Wer Kapitel 2 bereits gelesen hat, weiß, daß die Aussprachefertigkeiten zur verfestigten Intelligenz gehören – und die ist weitgehend altersresistent. Daraus folgt, daß die Aussprachefertigkeit bis ins hohe Alter erhalten bleiben sollte – worauf es in der Tat empirische Hinweise gibt.

Nelson u. O'Connell (1978) prüften die Aussprachefertigkeit bei 120 Erwachsenen im Alter von 20 bis 70 Jahren und erkannten keinen Zusammenhang zwischen dem Testergebnis und dem chronologischen Alter (Nelson u. McKenna 1973). Die von ihnen verwendete Wortliste wird in England inzwischen häufig eingesetzt und ist als *National Adult Reading Test* (oder NART*) bekannt. In einer späteren Untersuchung fanden Crawford u. a. (1988) eine schwache negative Korrelation zwischen Alter und NART-Ergebnissen. Aber dieser Effekt verschwand, sobald Ausbildungsdauer oder sozialer Status in der Gleichung berücksichtigt wurden. Daraus folgerten Crawford u. a., daß «sich das Alter überhaupt nicht oder nur sehr geringfügig auf die NART-Leistung auswirkt» (S. 182). Weil dem so ist, wird der NART sehr häufig zur Prüfung der verfestigten Intelligenz bei älteren Patienten mit Gehirnschädigung verwendet, die zwar lesen können, auf einem anderen intellektuellen Gebiet jedoch massive Schwierigkeiten haben (z. B. Brayne u. Beardsall 1990; Nelson u. O'Connell 1978; O'Carroll u. a. 1987; O'Carroll u. Gilleard 1986).

Dennoch besteht ein Problem in der Art und Weise, wie die Altersunabhängigkeit der NART-Ergebnisse belegt wurde. Die Untersuchungen von Nelson u. O'Connell und Crawford u. a. setzten die NART-Ergebnisse mit dem Alter der Versuchspersonen in Beziehung. Diese zählten zwischen 20 und 70 Jahre und waren damit in der Mehrheit noch gar nicht alt. Wie oben erwähnt, macht sich jedoch ein Leistungsrückgang zumeist nicht vor dem 65. Lebensjahr bemerkbar. Folglich konnten in den erwähnten Tests nur die ältesten Versuchspersonen schwächere Leistungen erzielen, was aber statistisch durch die Mehrheit der unter 65jährigen Versuchspersonen verdeckt wurde.

Zur Vermeidung derartiger Verfälschungen haben Stuart-Hamilton u. Rabbitt (im Druck) Personen zwischen 50 und 79 Jahren den NART vorgelegt; dabei stellte sich heraus, daß die Leistung im höheren Alter *in der Tat* abfällt (um etwa 10 Prozent). Es wäre jedoch übereilt anzunehmen, daß *das Alter an sich* diesen Leistungsrückgang bewirkt. Was also ist die Ursache?

Da die Versuchspersonen in ihrer verfestigten Intelligenz gleiche Werte aufwiesen, kam diese naheliegende Erklärung nicht in Frage. Drei andere Faktoren ließen sich jedoch identifizieren. Der erste ist die Schulbildung. Die älteren Versuchspersonen hatten eine schlechtere Schulbildung erhalten, so daß ihr Aussprache-Vokabular entsprechend geringer war. Ein Teil des Leistungsunterschieds beruht damit auf einem Kohorteneffekt. Diese Deutung wird durch Daten von Rodgers (1984) bestätigt, der aus den wenigen verfügbaren demographischen Erhebungen den Schluß zieht, daß die Lesestandards von Schulkindern bis in die siebziger Jahre hinein mit jeder Generation anstiegen. Damit hat sich der Unterricht nicht nur quantitativ, sondern auch qualitativ verbessert. Der zweite Faktor betrifft das Wissen über Schriftsteller und ihre Werke. Man geht davon aus, daß eine Person um so «belesener» ist, je mehr sie über Literatur weiß. Die älteren Versuchspersonen waren hier deutlich schlechter informiert, obwohl ihre verfestigte Intelligenz der der Jüngeren entsprach – was die obenerwähnten Aussagen von Rice u. a. über die Qualität der Lesegewohnheiten bestätigt. Der dritte Faktor schließlich, der sich auf die NART-Ergebnisse auswirkt, ist die flüssige Intelligenz. Das ist insofern überraschend, als die Aussprache eine verfestigte Fertigkeit *par excellence* zu sein scheint. Eine mögliche Erklärung wäre, daß die flüssige Intelligenz darüber bestimmt, wie gut die Aussprache eines Wortes gelernt und damit erinnert wird, wenn das Gedächtnis nachzulassen beginnt. Eine Untersuchung von Stuart-Hamilton u. Rabbitt (unveröffentlicht) weist ebenfalls darauf hin, daß die Aussprachefertigkeit älterer Personen vor allem infolge eines Rückgangs der flüssigen Intelligenz nachläßt.

Syntaktische Verarbeitung

Nur relativ wenige Studien wurden bis heute über semantische und syntaktische Verarbeitungsprozesse durchgeführt, die über den Aspekt der Erinnerung an Texte hinausgehen. Eine Ausnahme bildet eine Reihe ausgezeichneter Artikel von Susan Kemper über Veränderungen syntaktischer Verarbeitungsprozesse bei älteren Menschen. Kemper (1986) forderte junge und alte Versuchspersonen auf, vorgegebene Sätze nachzuahmen, indem sie neue Sätze mit der gleichen syntaktischen Struktur bilden ließ. Dabei zeigte sich, daß älteren Versuchspersonen dies nur mit recht kurzen Sätzen zuverlässig gelang. Lange Sätze, insbesondere solche mit verschachtelten Nebensätzen, bereiteten die größten Schwierigkeiten, obgleich zu bemerken ist, daß Stine u. a. (1986) diesen Effekt nicht feststellen konnten. Die Schwächung syntaktischer Kompetenz spiegelt sich auch im Alltagsgebrauch der Sprache. Kynette u. Kemper (1986) haben einen altersbedingten Rückgang des syntaktischen Formenreichtums beobachtet, während die Fehlerquote (Auslassung von Artikeln, Verwendung falscher Zeitformen) ansteigt. Kemper u. Rash (1988) kommen zu ähnlichen Befunden. Danach sinkt der Mittelwert für syntaktische Konstruktionen pro Satz von 2.8 für 50- bis 59jährige auf 1.7 für 80- bis 89jährige. Die gleichen Forscher untersuchten auch die Yngve-Tiefe* der Syntax. Es handelt sich dabei um ein relativ kompliziertes Verfahren, das einem Satz einen bestimmten syntaktischen Komplexitätswert zuordnet (je höher der Wert, desto ausgeklügelter die Konstruktion). Die Yngve-Werte gingen altersbedingt zurück; erstaunlicherweise hingen sie sehr eng (r = .76) mit den Werten für den Umfang des Zahlengedächtnisses zusammen.

Anders gesagt: Je besser das Gedächtnis, desto besser die Syntax. Für diesen Befund bietet sich eine verführerisch einfache Erklärung an. Syntaktisch verschachtelte Sätze sind fast ausnahmslos länger als einfach gebaute. Sie zu konstruieren oder zu verstehen stellt entsprechend größere Anforderungen an das Gedächtnis (man muß einfach mehr Wörter auf einmal behalten können). Dies ist ein plausibler Grund, weshalb ältere Personen die Syntax vereinfachen – sie wissen, daß ihr Gedächtnis nicht mehr die Leistungsfähigkeit früherer Tage besitzt. Wie aber Kemper selbst einräumt, handelt es sich hier um eine allzu simplifizierende Erklärung. Vermutlich sind Leistungseinbußen des Gedächtnisses und der Syntax gleichermaßen auf eine allgemeine Verschlechterung der flüssigen Intelligenz zurückzuführen.

Kemper (1987a und 1987b) hat Tagebücher untersucht, die sechs Personen während ihres gesamten Lebens geführt haben. Die aus Museumsbeständen stammenden Dokumente wurden zwischen 1856 und 1876 begonnen und zwischen 1943 und 1957 abgeschlossen. Die Analyse ergab, daß die Sprache mit zunehmendem Alter der Autoren einfacher wurde. Die Anzahl verschachtelter Satzkonstruktionen ging zurück, während diejenige falscher anaphorischer Beziehungen zunahm (etwa die Verwendung des Wortes «er», ohne daß aus dem Satz hervorgeht, auf welches von zwei zuvor genannten männlichen Substantiven es sich bezieht). Zugleich wurde die Narration einfacher, so daß Ereignisse häufig nur aufgelistet und nicht als «Erzählung» mit einer bestimmten Handlung und einem Abschluß behandelt wurden.

Diese Veränderung ist nicht umstandslos auf einen Intelligenzverlust zurückzuführen. Wer Tagebuch führt, weiß, daß Schreiben gelegentlich zur Qual werden kann. Je älter die Tagebuchautoren wurden, desto geringer war vielleicht ihre Motivation zum «Geschichtenerzählen». Womöglich kamen sie auch beim Lesen früherer Eintragungen zu der bitteren Einsicht, daß es mit ihrem schriftstellerischen Talent nicht allzugut bestellt war, und bemühten sich in der Folge um einen weniger blumigen Stil. Schließlich könnten die Unterschiede auch auf einem modebedingten Wandel des allgemeinen Schreibstils beruhen. Kemper (1987b) konnte in ihrer kleinen Gruppe sogar einen Kohorteneffekt beobachten. Die ältesten Tagebuchautoren verwendeten signifikant häufiger Infinitive («to go», «to do» usw.) als die jüngeren.

Alles in allem und trotz der kritischen Einschränkung ist der Schluß unabweisbar, daß es bei älteren Menschen zu qualitativen und quantitativen syntaktischen Einbußen in ihrer gesprochenen und geschriebenen Sprache kommt, die in direktem Zusammenhang mit der Verschlechterung des Arbeitsgedächtnisses und ganz allgemein der flüssigen Intelligenz stehen. Kemper (1988) bietet einen ausgezeichneten Überblick über ihre eigenen Forschungen zu diesem Thema.

Das Verstehen von Geschichten

Kein anderes Thema der gerontologischen Untersuchung der Sprache hat derart viel Aufmerksamkeit auf sich gezogen wie das Verstehen von Geschichten. Das ist nicht überraschend, denn letztlich beruht die Effizienz des Zuhörens und Lesens auf der Menge der aufgenommenen und verstandenen Informationen. In Anbetracht der großen Anzahl einschlägiger Untersuchungen empfiehlt es sich, das Gebiet nach Schwerpunkten zu untergliedern.

Allgemeine Aspekte

Der allgemeine Ansatz ist einfach: Eine Versuchsperson hört oder liest einen kurzen Text (von zumeist 300 bis 400 Wörtern) und erzählt den Inhalt so gut wie möglich nach oder beantwortet einen Multiple-choice-Fragebogen. In vielen Untersuchungen zeigte sich, daß ältere Personen weniger behalten als jüngere (z. B. Byrd 1985; Light u. Anderson 1985; Petros u. a. 1983). Das gilt jedoch nicht generell, denn die Auswahl der Versuchspersonen und/oder des Testmaterials kann, wie wir noch sehen werden, das Bild grundlegend modifizieren.

Wahl der Versuchspersonen

Waren die «alten» Versuchspersonen durchschnittlich 60 bis 70 Jahre alt, ließ sich kein altersbedingter Unterschied feststellen (z. B. Mandel u. Johnson 1984). Ein solcher trat vielmehr erst auf, wenn die entsprechenden Versuchspersonen das 75. Lebensjahr überschritten hatten (Meyer 1987). Relevant war auch der Bildungsgrad: So wurden in einigen Studien keine altersbedingten Unterschiede beobachtet, wenn die älteren Personen ein hohes sprachliches (und also auch IQ- und Bildungs-)Niveau besaßen (z. B. Taub 1979). Wie in den vorangegangenen Kapiteln erwähnt, können Personen mit «gut erhaltenem» Intellekt durchaus noch «jugendliche» Leistungen erbringen. Rice u. Meyer (1986) dagegen kritisieren diese Annahme. Sie fanden heraus, daß mit zunehmendem Alter weniger und «leichterer» Stoff gelesen wird. Das könnte bedeuten, daß die altersbedingten Unterschiede auf eine Veränderung der Lesegewohnheit und nicht der Intelligenz zurückzuführen wären. Rice u. a. (1988) zeigen immerhin, daß Qualität und Quantität der Lesegewohnheiten zwar den Grad des Textbehaltens mitbestimmen, das chronologische Alter und das Intelligenzniveau jedoch nach wie vor die sichersten Kriterien darstellen. Holland u. Rabbitt (1990) fanden heraus, daß das Alter und die Testergebnisse für flüssige und verfestigte Intelligenz die besten Vorhersagen gestatten. Cavanagh u. Murphy (1986) heben schließlich hervor, daß auch der Persönlichkeitstyp und der Ängstlichkeitsgrad die Textabrufleistung beeinflussen können.

Darbietung des Textmaterials

Cohen (1981) machte die Entdeckung, daß ältere Personen gesprochene Texte weniger gut behalten als geschriebene, während dies bei jüngeren Personen nicht der Fall ist (Zacks u. a. 1987). Genau das war aufgrund der obenerwähnten Studie von Rabbitt (1990) zu erwarten, die sich auf das Einprägen gehörter und gelesener Wortlisten bezog. Vermutlich wirken sich Hörbeeinträchtigungen bei älteren Menschen stärker aus als solche der Sehkraft. Veränderungen der Textdarbietung haben zu unterschiedlichen Ergebnissen geführt. So spielt es für die Menge der erinnerten Informationen keine Rolle, ob ein Text laut oder leise gelesen wird (Taub u. Kline 1978) oder ob die Testperson das Thema des Textes selbst auswählen darf (Taub u. a. 1982). Auch die Veränderung der Darbietungsgeschwindigkeit wirkt sich uneinheitlich aus: Versuchspersonen lassen sich zu schnellerem Lesen zwingen, indem man Zeitlimits setzt; das auditive Präsentationstempo hängt schlicht davon ab, wie schnell man den Text vorlesen läßt.

Wird ein Text schneller dargeboten, sind die zum Verständnis erforderlichen Informationen entsprechend schneller zu verarbeiten. Man darf deshalb erwarten, daß ältere Versuchspersonen in diesem Fall benachteiligt sind. Die meisten Untersuchungen stützen diese Annahme, eine beachtliche Anzahl von Studien jedoch hat einen solchen altersbedingten Unterschied nicht verzeichnen können. Zudem fanden Petros u. a. (1983)

heraus, daß ältere Versuchspersonen sich nicht stärker verschlechtern als jüngere, wenn man Darbietungsgeschwindigkeit und semantische Schwierigkeit erhöht. Dürfen Versuchspersonen ihr Lesetempo selbst bestimmen, ergeben sich zumeist keine Altersunterschiede; doch auch hier gibt es andere Befunde (Meyer 1987). Der sicherste Schluß lautet daher, daß das Problem noch offen ist und weitgehend von der jeweiligen Experimentalmethode abhängt.

Andere Manipulationen dagegen haben meßbare Auswirkungen. Im allgemeinen schneiden ältere Versuchspersonen um so schlechter ab, je komplexer die Aufgabe ist. Das macht sich auf unterschiedliche Weise bemerkbar. Byrd (1985) stellt beispielsweise fest, daß ältere Menschen schon beim einfachen Abruf eines Textes benachteiligt sind, bei dessen Zusammenfassung aber überdurchschnittlich stark. Sobald sie also einen Text gleichzeitig im Gedächtnis behalten und bearbeiten mußten, bekamen sie besonders große Probleme. Es scheint sich hier erneut um einen Alter-Komplexitäts-Effekt und um die Beeinträchtigung des für die Informationsverarbeitung wichtigen Arbeitsgedächtnisses zu handeln. So fanden Light u. Albertson (1988) heraus, daß ältere Versuchspersonen nur dann Schwierigkeiten haben, Schlüsse aus Sätzen zu ziehen, wenn diese komplex gebaut sind und/oder gleichzeitig eine andere Aufgabe zu lösen ist. Cohen u. Faulkner (1984) erbrachten ferner den Nachweis, daß ältere Versuchspersonen besonders benachteiligt sind, wenn sie sich an einen Text erinnern müssen und gleichzeitig in ihre Antworten bestimmte textbezogene Tatsachen einfließen lassen sollen. Smith u. a. (1989) prüften das Gedächtnis für drei Textarten: für Standardtexte (die aus sich heraus verständlich sind), für Mischtexte (Sätze ohne greifbaren Zusammenhang) und für Mehrfachtexte (zwei oder mehr Geschichten, die sich Satz für Satz abwechseln). Jüngere und ältere Versuchspersonen zeigten bei den beiden ersten Textarten keine Leistungsunterschiede. Im Test mit den Mehrfachtexten aber schnitten ältere Versuchspersonen wie bei den Mischtexten ab, die Jüngeren dagegen wie bei den Standardtexten. Mit anderen Worten: Die jüngeren Versuchspersonen hatten genügend Kapazitäten, die verschachtelte Textstruktur zu entwirren und wie eine normale Geschichte zu behandeln – die älteren konnten dies nicht.

Es liegt nahe, diese Veränderung auf einen mnestischen Leistungsabfall zurückzuführen. Zu bedenken ist jedoch, daß einige Forscher kaum einen Zusammenhang zwischen den Meßwerten beispielsweise für den Gedächtnisumfang und den Textabruf festgestellt haben (Light u. Anderson 1985). So könnten andere, sprachliche Faktoren eine Rolle spielen. Kemper u. Rash (1988) machten die Beobachtung, daß die Menge der behaltenen Informationen unmittelbar von der syntaktischen Komplexität des Textes abhängt. In Anbetracht der oben dargestellten Forschungsergebnisse zur Veränderung syntaktischer Kompetenzen überrascht diese Erkenntnis nicht. Bemerkenswert ist eher der Kontrast zwischen der Erinnerung an Details und an Hauptpunkte. Aus vielen Untersuchungen geht hervor, daß ältere Versuchspersonen ebenso viele Hauptpunkte einer Geschichte behalten wie jüngere, aber deutlich weniger Einzelheiten (Cohen 1989). So kann sich ein alter Mensch vielleicht daran erinnern, daß in der Geschichte ein Mädchen einen Laden betrat, um ein Kleid zu kaufen; die Farbe des Kleides aber hat er möglicherweise vergessen. Das Ganze ist kaum überraschend, wenn man voraussetzt, daß das Erinnern an Details mehr Verarbeitungsprozesse erfordert als das an Hauptpunkte (Cohen 1988; Holland u. Rabbitt 1990). Doch wie wir im nächsten Abschnitt sehen werden, stimmt auch dies nicht immer.

Zusammenhänge zwischen persönlichem Sprachniveau und Textart

In einem vorzüglichen Überblick über die Forschungsliteratur hat Meyer (1987) auf der Grundlage der Untersuchungen von Dixon u. a. (1984) hervorgehoben, daß der Unterschied zwischen dem Gedächtnis für Details und für Hauptpunkte nicht so trennscharf ist wie allgemein angenommen. Vielmehr scheint er von der (sprachlichen) Intelligenz der Versuchspersonen und von der verwendeten Textart abzuhängen. Üblicherwesie werden in Experimenten wohlstrukturierte Texte mit einem klar erkennbaren, logischen Handlungsverlauf verwendet. Prüft man jüngere und ältere Versuchspersonen mit hohen sprachlichen Fertigkeiten anhand derartiger Texte, dann fällt der altersbedingte Unterschied für Details größer aus als der für Hauptpunkte (wenn letzterer überhaupt besteht). Für Versuchspersonen mit geringerer Sprachfertigkeit ergibt sich dagegen bei gleichem Textmaterial das umgekehrte Bild (der altersbedingte

	Textart	
	strukturiert	**unstrukturiert**
hohes sprachliches Niveau	Unterschied größer bei Details	Unterschied größer bei Hauptpunkten
niedriges sprachliches Niveau	Unterschied größer bei Hauptpunkten	Unterschied größer bei Details

Tafel: Relative Unterschiede beim Erinnern von Hauptpunkten und Details eines Textes (in Anlehnung an Meyer 1987)

Unterschied betrifft besonders die Hauptpunkte). Noch einmal umgekehrt verhält es sich bei unstrukturierten Texten ohne kohärenten Erzählstrang. In diesem Fall macht sich ein altersbedingter Unterschied für Hauptpunkte bei Versuchspersonen mit ausgeprägten Sprachkompetenzen bemerkbar, für Details dagegen bei Menschen mit geringerer Sprachfertigkeit (die Tafel auf S. 130 faßt diese Ergebnisse zusammen).

Zwei weitere Erklärungen für die im Alter abnehmende Erinnerungsleistung für Geschichten sind möglich. Die erste, oben bereits gestreifte führt das Phänomen einfach auf eine Beeinträchtigung der Verarbeitungskapazitäten zurück. Das macht verständlich, warum Hauptpunkte in bestimmten Fällen besser behalten werden: Sie beanspruchen weniger geistige Ressourcen. Aber diese Theorie kann nicht erklären, wie es zu qualitativen Unterschieden bei verschiedenen Textarten kommt. Die zweite Erklärung beruht auf der Annahme, daß Unterschiede im sprachlichen Kompetenzniveau auf abweichende Lesestrategien zurückzuführen sind. Demnach schlagen Menschen mit niedrigem Sprachniveau eine grundsätzlich andere Strategie ein als solche mit hohem Niveau. Diese Theorie ist, zumal in ihrer strengen Lesart, kaum zu verteidigen, denn sie setzt voraus, daß Versuchspersonen mit niedrigem Sprachniveau ihre eigenen Prinzipien verletzen und die falsche Strategie wählen (Cohen 1988). Mit einer Kombination beider Theorien erhält man jedoch einen Einblick in die Mechanismen dieser ingesamt recht rätselhaften altersbedingten Veränderung im Erinnern an Texte.

Betrachten wir zuerst die Versuchspersonen mit ausgeprägter Sprachkompetenz. Meyer (1987) meint, daß sie eher bereit sind, auf die Absichten des Autors einzugehen. Schreibt jemand einen Text mit einer undurchsichtigen Handlung, dann erwartet er wahrscheinlich von seinen Lesern mehr Aufmerksamkeit für Details. Ein krasses Beispiel dafür ist das Telefonbuch. Viele Lehrbuchautoren folgen dieser Strategie, wenn sie ihre Leser mit einer Liste der behandelten Themen beeindrucken wollen. Kriminalromane sind ein anderes Beispiel: Wer den Mörder erraten will, muß auf jedes Detail achten – die Handlung als solche rückt eher in den Hintergrund. Basiert eine Erzählung dagegen auf einer klaren Handlung, steht sie im Zentrum der Aufmerksamkeit – die Details erweisen sich eher als schmückendes Beiwerk. Daraus folgt, daß Versuchspersonen mit hohem sprachlichem Niveau bei strukturierten Texten ihre Aufmerksamkeit vor allem auf die Hauptpunkte richten: Details werden nur verarbeitet, wenn darüber hinaus noch Kapazitäten verfügbar sind. Ist nun die Verarbeitungskapazität älterer Versuchspersonen mit ausgeprägter Sprachkompetenz kleiner als bei den jüngeren, folgt daraus, daß ihr Speicherplatz für Details ebenfalls kleiner ist. Bei unstrukturierten Texten dagegen stehen die Details im Zentrum, und jetzt sind es die Hauptpunkte, die nur im Falle verfügbarer Kapazitäten verarbeitet werden. Das Verhältnis zwischen Hauptpunkten und Details verändert sich demnach bei Versuchspersonen mit hohem Sprachniveau gemäß den jeweiligen Absichten, die sie dem Autor zuschreiben.

Für Versuchspersonen mit niedriger Sprachkompetenz ist eine andere Erklärung erforderlich, die auf der Annahme beruht, daß ihre Lesestrategien verhältnismäßig uneffektiv sind. Aus Studien über das Leseverhalten von Kindern und Jugendlichen ist bekannt, daß eine schwache Sprachkompetenz mit schlecht koordinierten Lesestrategien einhergeht (z. B. Fredericksen 1978; Stuart-Hamilton 1986). Hartley (1988) dokumentiert einige Befunde, die darauf hinweisen, daß dies auch für ältere Personen gilt. Das heißt allerdings nicht, daß schlechte Leser die Strategien guter Leser einfach auf den Kopf stellen; vielmehr sind ihre Lesestrategien einfach *weniger effizient*. Diese Personen wissen zwar auch, daß sie bei strukturierten Texten auf die Hauptpunkte, bei unstrukturierten dagegen auf die Details zu achten haben. Sie gehen jedoch bei der Auswahl und der Kodierung der Informationen weniger effizient vor, schöpfen also ihre Kapazitäten nicht aus. Da nun strukturierte Texte die Hauptpunkte stärker hervorheben, beachten diese Versuchspersonen sie entsprechend mehr. Die Differenz der Verarbeitungskapazität jüngerer und älterer Versuchspersonen bewirkt dann, daß letztere weniger Hauptpunkte kodieren. Bei unstrukturierten Texten sind die Details wichtiger, so daß sich hier das umgekehrte Bild ergibt. Gegen diese Darlegung ließe sich einwenden, daß die Zahl der Hauptpunkte in strukturierten Texten derjenigen der Details in unstrukturierten Texten entspricht. Der Einwand übersieht indes die Rolle der Pragmatik*, die auch das Verstehen der Redeabsicht im Gegensatz zur expliziten Bedeutung umfaßt. Das bloße Zusammenzählen von Hauptpunkten und Details unterschlägt somit ihre subjektive Bedeutung.

Diese Überlegungen mögen durch einen Vergleich etwas klarere Konturen gewinnen. Angenommen, Personen mit hohem beziehungsweise niedrigem Sprachniveau verhalten sich wie Leute an einem Schießstand: Die Zielscheiben klappen hoch; jeder Schütze muß innerhalb einer bestimmten Zeit möglichst oft treffen. Auf ähnliche Weise müssen Leser innerhalb einer bestimmten Zeit möglichst viele Informationen aufnehmen. Weiter angenommen, daß einige Treffer doppelt so viele Punkte bringen wie andere (so wie Hauptpunkten und Details je nach Textart unterschiedliche Bedeutung zukommt). Leser mit guter Sprachkompetenz verhalten sich wie Schützen, die zuerst auf Ziele mit hoher Punktzahl feuern und erst dann auf die anderen. Die älteren Schützen schießen langsamer, und obwohl sie ebenso oder fast so viele Ziele mit hoher Punktzahl treffen wie die jüngeren, bleibt ihnen weniger Zeit für die Ziele mit niedriger Punktzahl. Sprachkompetente ältere und jüngere Leser verhalten sich ähnlich – alle nehmen ungefähr gleich viele «wichtige» Informationen auf; dagegen unterscheiden sie sich in der

Anzahl weniger wichtiger Informationen. Leser mit geringer Sprachkompetenz sind wie schlechte Schützen: Sie zielen auf irgend etwas und kommen also auf weniger Punkte als die geübten Schützen. Noch einmal angenommen aber, daß die Ziele so aufgestellt sind, daß bei zufälligem Abdrücken einige häufiger getroffen werden als andere. Entsprechend können Texte die Aufnahme und Speicherung bestimmter Informationen erleichtern. Schlechte jüngere Schützen werden dann mehr treffen als alte, und zwar nicht etwa, weil sie besser zielten, sondern nur, weil sie innerhalb einer bestimmten Zeit häufiger abdrücken können.

Ökologische Validität

Die erwähnten Befunde sind im Hinblick darauf zu betrachten, daß die psychologischen Experimente keine ökologische Validität* besitzen, daß sie – anders gesagt – nicht besonders realitätsnah sind. Einen 300 bis 400 Wörter langen Text zu lesen, um ihn dann – wie der Standardtest vorsieht – vollständig wiederzugeben, ist kaum eine alltägliche Tätigkeit. Rice (1986 b) bemerkt dazu, daß die einzige der Testaufgabe nahekommende Handlung das Lernen für eine Prüfung ist – was ältere Menschen kaum betreffen dürfte. Diese Erfahrung ist vermutlich eher jüngeren Menschen vertraut, so daß der Test ältere Versuchspersonen benachteiligt. Doch selbst prüfungserfahrene Menschen werden nur selten vor der Aufgabe stehen, sich einen Text von 300 bis 400 Wörtern durch einmaliges Lesen einzuprägen. Eine viel bessere Strategie besteht darin, ihn Satz für Satz auswendig zu lernen (und gerade in dieser Hinsicht sind altersbedingte Leistungsunterschiede sehr zweifelhaft). Kurzum, der Textabruf-Ansatz ist realitätsfern, so daß altersbedingte Leistungsdifferenzen weitgehend auf Kohorteneffekten beruhen könnten.

Ein anderer Gesichtspunkt betrifft die Länge des dargebotenen Textes. Die Forschung verwendet üblicherweise Texte, die etwa dem Umfang eines Zeitungs- oder Zeitschriftenartikels entsprechen – dem häufigsten Lesestoff älterer Menschen (Rice 1986b). «Sehr lange Texte» werden nur in wenigen Untersuchungen benutzt und umfassen dann – wie Meyer (1987) bemerkt – zirka 1600 Wörter. Da selbst maßvoll angelegte Romane um die 60000 Wörter enthalten, liegen auch die längsten experimentell eingesetzten Texte weit unter dem Maß eines durchschnittlichen Prosastücks. Besonders Bibliothekare müssen jedoch immer wieder leidvoll erfahren, daß ältere Menschen nicht nur die Handlung eines Buches sehr schlecht behalten, sondern auch vergessen, *welche* Bücher sie bereits gelesen haben. Der Schriftsteller und Fernsehmoderator Clive James, der früher als Bibliothekar gearbeitet hat, beschreibt dies so:

«Mir gingen langsam die Antworten aus für die kleinen, alten Damen, die wissen wollten, ob sie die Bücher, die sie mitnehmen wollten, bereits gelesen hatten. Die Raffinierten verwendeten persönliche Zeichensysteme... Es gab Hunderte davon. Wenn sie ein Buch von Dorothy L. Sayers oder Margery Allingham aufschlugen und durchblätterten, fanden sie Unmengen von Punkten, Kreuzen, Kreisen usw.» (James 1983, Kapitel 8).

Dieses Phänomen scheint weit verbreitet zu sein. Der Autor des vorliegenden Buches hat mit vielen Bibliothekaren gesprochen, die Clive James' Aussagen fast Wort für Wort bestätigten. Der Aufmerksamkeit der Forscher allerdings ist diese auffällige Unfähigkeit, lange Texte in Erinnerung zu behalten, bisher entgangen.

Zusammenfassung

Altersbedingte Veränderungen des Sprachverhaltens sind derzeit noch sehr lückenhaft erforscht. Einige Bereiche wurden sehr gründlich behandelt, andere – zum Beispiel die Schreibfertigkeiten – nicht einmal gestreift. Zudem hat man kaum untersucht, wie die sprachlichen Sub-Prozesse zusammenwirken – die meisten Fertigkeiten werden einzeln analysiert. Das ist sehr bedauerlich, denn – wie oben hervorgehoben – es steht fest, daß verschiedene Prozesse ineinandergreifen. Besonders wichtig zu wissen wäre beispielsweise, ob einzelne sprachliche Fertigkeiten durch andere, vom Alterungsprozeß weniger betroffene unterstützt werden. Weil das Bild also unvollständig ist, sind alle Interpretationen mit Vorsicht zu genießen.

Zunächst ist hervorzuheben, daß Beeinträchtigungen der Sehkraft und des Gehörs, die fast jeden älteren Menschen ereilen, die Sprachfertigkeiten in Mitleidenschaft ziehen. Auch körperliche Beschwerden hindern Menschen oft daran, sich in Buchhandlungen oder Büchereien zu versorgen, was neue Leseerfahrungen blockiert. Diese soziale Isolierung beeinträchtigt natürlich auch die Konversationsfähigkeiten. Obgleich ältere Menschen unter derartigen Problemen viel mehr leiden als jüngere, handelt es sich keineswegs um Fragen, die ausschließlich die Betagten betreffen. Interessanter sind in dieser Hinsicht die Veränderungen der Lesegewohnheiten: Ältere Menschen lesen im allgemeinen lieber «leichte» Lektüre (Zeitungen, Zeitschriften) als die «schwereren Brocken» (klassische Literatur, Lehrbücher usw.).

Man könnte versucht sein, diese Veränderungen mit einer nachlassenden intellektuellen Kraft zu erklären. Für eine solche These gibt es jedoch keine zuverlässigen Belege. Ebenso möglich wäre, daß ältere Menschen die Mühe mit dicken Romanen vermeiden, weil sie niemandem mehr beweisen müssen, wie belesen sie sind. Die Veränderungen der Lesegewohnheiten könnten also motivational bedingt sein. Doch warum auch immer: Sie führen zu einer qualitativ schlechteren Lesepraxis bei älteren Menschen. Hierin mag eine Teilerklärung für die Verminderung der Lesefertigkeit liegen; wichtiger aber sind Faktoren wie das Niveau der (flüssigen und verfestigten) Intelligenz und das chronologische Alter selbst. Für einzelne Sprachfertigkeiten (Worterkennung, syntaktische Verarbeitung, Erinnerung an Geschichten usw.) lassen sich altersbedingte Leistungseinbußen feststellen; doch hängen diese eng mit anderen Faktoren wie Störreizen, Testmaterial und Kohorteneffekt usw. zusammen. Die vielleicht härteste Kritik lautet, daß viele Lesetests hochgradig unrealistisch sind. Normale Menschen beschäftigen sich nicht damit, kurze Geschichten Wort für Wort auswendig zu lernen, obskure Wörter auszusprechen oder zu entscheiden, ob eine Buchstabenkette ein Wort bildet. Die erwähnten Befunde sind also mit größter Zurückhaltung zu interpretieren, weil die gewählten Testverfahren mit Alltagserfahrungen nur sehr wenig zu tun haben.

KAPITEL 5

Altern und Persönlichkeit

Einleitung

Was eine «Persönlichkeit» ist, läßt sich auf unterschiedliche Weise definieren. Sehr nützlich ist ihre allgemeine Bestimmung als

> «individuelle Merkmale und Verhaltensweisen, die in ihrem Aufbau oder ihrem Muster die Anpassung eines Individuums an seine Umwelt erklären» (Hilgard, Atkinson u. Atkinson 1979).

Die an anderer Stelle des Buches erläuterten psychischen Fertigkeiten können üblicherweise mit relativ einfachen Verfahren gemessen werden. Das gilt für die Anzahl richtig beantworteter Fragen ebenso wie für die syntaktische Komplexität von Sprechakten oder die Menge richtig behaltener Elemente usw. Die Persönlichkeit läßt sich dagegen nicht so einfach erfassen. Wie will man etwa eine «gute» von einer «schlechten» Persönlichkeit unterscheiden? Menschen wie Mutter Theresa oder Adolf Hitler sind mühelos einzuordnen. Aber die meisten Leute liegen in einem «grauen Bereich» zwischen diesen beiden Extremen – mit einer Mischung aus attraktiven und weniger liebenswerten Eigenschaften. Und noch komplizierter: Was den einen anzieht, stößt den anderen ab. Wer in einer bestimmten Gruppe als «Stimmungskanone» gilt, kann in einer anderen als «Großmaul» verschrien sein. Daher ist es unmöglich, ein einziges, objektives Maß für den Wert einer Persönlichkeit zu entwickeln.

Bestenfalls lassen sich qualitative Unterschiede zwischen Persönlichkeiten feststellen und mit dem Verhalten im «wirklichen Leben» vergleichen.

Da Persönlichkeitsmerkmale kaum objektiv meßbar sind, sind die meisten Untersuchungen auf diesem Gebiet deskriptiv orientiert und nur schwer in Kurzform darzustellen. Die Leserinnen und Leser sollten aber bedenken, daß hinter den folgenden, oft sehr simpel erscheinenden Argumenten zumeist ausgefeilte Theorien und tiefgehende Beschreibungen stehen. Ein nicht unerheblicher Teil der Erforschung altersbedingter Einflüsse auf die Persönlichkeit erfolgt in anderen Disziplinen (besonders in der Soziologie) und fällt deshalb aus dem Rahmen dieses Buches.

Merkmals-Modelle

Der Bereich der Persönlichkeitsforschung, der sich wohl am stärksten auf die Hauptströmungen der Psychologie bezieht, ist die Untersuchung der Persönlichkeitsmerkmale*. Ein Persönlichkeitsmerkmal gilt als dauerhafte Eigenschaft einer Person, die ihrem Verhalten zugrunde liegt. Diese Formel klingt kompliziert, wird aber im Alltagsleben oft verwendet. Erfährt man zum Beispiel, daß eine Person «sehr ängstlich» ist, kann man vorhersagen, wie sie sich beim Ansehen eines Gruselfilms verhalten wird. Man nimmt also an, daß Merkmal «Ängstlichkeit» bewirke, daß die Person sich nach einem bestimmten Muster verhält. Um dieses Verhalten mit Hilfe einiger weniger determinierender Faktoren zu erklären, haben Psychologen eine Reihe von Merkmals-Modellen entwickelt. Das bekannteste ist vermutlich das *Eysenck Personality Inventory** (EPI) zur Messung der Dimensionen Extraversion/Introversion, Neurotizismus und Psychotizismus (z. B. Eysenck u. Eysenck 1969). Eysencks Theorie besagt, daß die Persönlichkeit eines Menschen von dem Grad abhängt, in dem diese Dimensionen (oder Merkmale) ausgebildet sind.

Die Merkmale Extraversion*/Introversion* bestimmen, inwieweit eine Person «aus sich herausgeht» und sich anderen öffnet. Wer dazu neigt, sich so zu verhalten, wird als extravertiert* bezeichnet. Umgekehrt heißt ein scheuer und in sich gekehrter Mensch introvertiert*; und je ausgeprägter er dieses Merkmal besitzt, desto introvertierter ist er. Eysenck geht davon aus, daß das Extraversion/Introversions-Maß ein Kontinuum bildet. Es gibt keine völlig extravertierten oder introvertierten Menschen; jeder besitzt beide Merkmale, obgleich er eher einem der beiden Pole zuneigt. So kann eine extravertierte Person, die ohne die geringste Scheu an einer Karaoke-Veranstaltung teilnimmt, dennoch in einem öffentlichen Umkleideraum verlegen sein.

Das Merkmal des Psychotizismus* mißt, wie gefühlskalt und unsozial eine Person ist; der Neurotizismus* dagegen erfaßt den Grad ihrer Ängstlichkeit und emotionalen Instabilität. Hohe Werte in beiden Gebieten bedeuten nicht, daß ein Mensch psychisch gestört ist, sondern nur, daß er unter Stress zu psychotischen beziehungsweise neurotischen Verhaltensweisen neigt.

Eysenck hat all diese Merkmale mit dem *Eysenck Personality Questionnaire** (EPQ) untersucht. Die Testpersonen müssen hier mit ja oder nein Fragen beantworten, die zeigen sollen, wie stark sie sich mit jedem einzelnen Merkmal identifizieren. Eine der Fragen zum Grad der Extraversion lautet zum Beispiel: «Sind Sie gesprächsfreudig?» (Eaves u. a. 1989, Appendix B).

Die Merkmale verändern sich mit zunehmendem Alter, und auch das Geschlecht spielt eine wichtige Rolle. Der Psychotizismus etwa geht grundsätzlich altersbedingt zurück, bei Männern jedoch viel deutlicher als bei Frauen. Im Alter von 16 Jahren ist er bei Männern fast doppelt so hoch wie bei Frauen, wogegen die Differenz im 70. Lebensjahr praktisch verschwunden ist.

Überraschender sind die Werte für Extraversion und Introversion. Männer und Frauen werden mit zunehmendem Alter immer introvertierter. Allerdings sind männliche Testpersonen um das 20. Lebensjahr herum extravertierter als weibliche; ihre Extraversion läßt aber in der Folgezeit wesentlich schneller nach, so daß sie mit zirka 60 Jahren introvertierter sind als Frauen (der Schnittpunkt mit gleichen Werten für beide Geschlechter liegt in der fünften Lebensdekade). Die Veränderungen des Neurotizismus sind weniger spcktakulär. Auch er geht altersbedingt zurück, ist jedoch bei Frauen in jeder Altersgruppe stärker ausgeprägt als bei Männern (Eysenck 1987; Eysenck u. Eysenck 1985). Eysenck (1987) schließt aufgrund dieser Daten, daß ältere Menschen nicht so starken Gefühlsschwankungen unterliegen und alles in allem ruhiger sind. Das bedeutet jedoch nicht, daß sie sich glücklicher fühlten als jüngere. Eher stehen sie der Welt gleichgültiger gegenüber.

Diese Gleichgültigkeit mag im Idealfall zu innerer Ruhe und Gelassenheit führen; sie kann sich jedoch ebensogut in Apathie und Trägheit äußern. Eysenck meint, daß altersbedingte Persönlichkeitsveränderungen vor allem auf physiologischen Modifikationen beruhen, die das Erregungsniveau im zentralen Nervensystem beeinflussen. Andere Psychologen widersprechen dieser These. So deutet beispielsweise einiges darauf hin, daß sich Veränderungen der Lebensweise auf die Werte für Extraversion/Introversion, Psychotizismus und Neurotizismus auswirken. Ältere Menschen könnten deshalb introvertiert sein, weil die Gesellschaft ihren Bedürfnissen immer weniger entspricht. Sie ziehen sich in sich selbst zurück, werden reservierter und schließlich zunehmend introvertiert. Weil Männer sich eher als Frauen über ihre gesellschaftliche Rolle definieren (siehe unten), macht sich bei ihnen der überproportionale Rückgang an öffentlicher Anerkennung in stark abfallenden Extraversions-Werten bemerkbar.

Daß sich die Lebensweise auf die Persönlichkeit auswirkt, wird teilweise durch andere Studien gestützt. Kogan (1990) hat die Ergebnisse verschiedener Längsschnittstudien über altersbedingte Veränderungen der Persönlichkeitsmerkmale zusammengetragen. Darin zeigt sich, daß auffällige Persönlichkeitsveränderungen in vielen Fällen mit einem Wechsel der Lebensgewohnheiten einhergehen (zum Beispiel beim Übergang von der Universität zum Berufsleben). Kogan fand aber auch heraus, daß solche Veränderungen in der zweiten Hälfte des Erwachsenenlebens seltener auftreten. Die meisten Studien ergaben ferner, daß die Persönlichkeitswerte eines Menschen relativ zu seiner jeweiligen Altersgruppe konstant bleiben. Mit anderen Worten: Wenn eine Frau von 20 Jahren extravertierter ist als 20 Prozent ihrer Altersgruppe, so wird sie dies wahrscheinlich auch mit 60 Jahren noch sein. Das aber heißt nicht, daß Persönlichkeitsmerkmale ein Leben lang stabil bleiben; viele Forscher haben sogar einschneidende Veränderungen entdeckt. So kann dieselbe Frau mit 20 Jahren einen Extraversionswert von 40 haben, während er mit 60 Jahren vielleicht nur bei 10 liegt; weil aber die übrigen Frauen ihrer Altersgruppe ebenfalls niedrigere Werte aufweisen, nimmt sie im Verhältnis zu ihnen nach wie vor die gleiche Stellung ein. Andere Forscher konnten keine solch einschneidenden Veränderungen erkennen. Kogan vermutet, daß diese Diskrepanz auf der Verwendung unterschiedlicher Test- und Analysemethoden beruht.

Vielleicht aber ist diese unsichere Ergebnislage gar nicht so überraschend. Immerhin sieht sich dieser Zweig der Persönlichkeitsforschung heftigen Angriffen ausgesetzt. Das wichtigste Gegenargument faßt Davis (1987, S. 614) wie folgt zusammen:

> «...die Ergebnisse in diesem Forschungsbereich haben sich auf die Entwicklung der experimentellen und der klinischen Psychologie kaum ausgewirkt. Ein Grund dafür ist die geringe Verläßlichkeit (d.h. die geringe Reproduzierbarkeit)

der Daten; ein weiterer liegt darin, daß die statistischen Verfahren äußerst umstritten sind. Erhebliche Schwierigkeiten bereitet außerdem der verallgemeinernde Schluß von der Testsituation auf das Verhalten in komplexen Alltagssituationen.»

Psychotherapie

Die ersten Versuche zur Bestimmung der alternden Persönlichkeit kommen aus der Psychotherapie*. Die genaue und umfassende Definition der Psychotherapie ist schwierig. In der Regel versteht man darunter jede Behandlung, die auf einer in sich schlüssigen Theorie der menschlichen Psyche beruht. Gelegentlich werden diese Theorien nach ihren Begründern benannt («Freudianisch» nach Sigmund Freud, «Jungianisch» nach Carl Gustav Jung usw.). Strenggenommen gehört die Psychotherapie nicht zur Psychologie, und verschiedene Psychologen bezweifeln ihre Wirksamkeit (z. B. Eysenck 1952).

Eine kurze Darstellung der Psychotherapie ist dennoch – zumal unter historischem Blickwinkel – unumgänglich. Der Begründer der Psychotherapie, Sigmund Freud, hatte Zweifel an der Anwendung psychotherapeutischer Verfahren auf ältere Menschen, weil sie nur noch kurze Zeit in den Genuß eventueller Behandlungserfolge kommen könnten. Die Crux mit Freuds Theorie besteht darin, daß sich die Persönlichkeit aus drei Komponenten – Es*, Ich* und Über-Ich* – zusammensetzt. Das Es bezeichnet die Grundtriebe; das Ich das vernunftbegabte Selbst und das Über-Ich die Gesamtheit moralischer (oft unrealistisch strenger) Gebote. Aus Gründen, die hier im einzelnen nicht dargelegt werden können, nahmen freudianische Theoretiker an, daß die Stärke des Es vom Zustand der glatten (d. h. unwillkürlichen) Muskeln abhängt, während die Ich-Stärke auf den

Zustand des Zentralnervensystems zurückgeht. Weil nun das Zentralnervensystem schneller altert als die glatten Muskeln, verliert das Ich mehr an Stärke als das Es. Nach Freuds Theorie versucht aber das Ich, das Es zu konrollieren. Um also zu verhindern, daß das Es die Oberhand gewinnt, rationiert das Ich seine Ressourcen. Psychoanalytisch ausgedrückt entwickelt das Ich verhältnismäßig stabile, unveränderliche Einstellungen, die nicht in jeder Situation, in die der ältere Mensch geraten kann, angebracht sind. Diese vermeintliche Starrheit ist jedoch, wie wir noch sehen werden, trügerisch.

Für Erikson (1963 und 1982) entwickelt sich die Persönlichkeit ein Leben lang; mit dieser Annahme hebt er sich von anderen Psychoanalytikern ab, die die Ausbildung der Persönlichkeit wesentlich an die Kindheit binden. Laut Erikson sind in unterschiedlichen Altersstufen unterschiedliche Konflikte zu lösen. In der Kindheit etwa müssen Individuen den Widerstreit zwischen Vertrauen und Mißtrauen dadurch beenden, daß sie lernen, Vertrauen zu haben. Es handelt sich nach Erikson um insgesamt acht Grundkonflikte, und nur einer davon – der zwischen Integrität* und Verzweiflung* – tritt im Alter auf. Das Ziel dieser letzten Entwicklungsstufe ist die Ich-Integration*: die Anerkennung, daß früher gesteckte Ziele erreicht worden sind und daß keine «offenen Rechnungen» mehr bestehen. Glaubt eine Person, nicht alles erreicht zu haben, kann dies Anlaß zu Verzweiflung geben; denn angesichts des nahen Todes ist es kaum möglich, noch etwas nachzuholen. Ein verzweifelter Mensch aber fürchtet den Tod und beschließt sein Leben ängstlich oder deprimiert. Man könnte gegen Eriksons Theorie einwenden, daß sie das erfolgreiche Altern allzu vereinfachend als passive Vorbereitung auf das Sterben versteht. Aber das liegt keinesfalls in Eriksons Absicht. Er versteht auch die letzte Phase der Entwicklung als Lernprozeß und nimmt damit dem Tod seinen eigentlichen Stachel (Erikson 1963, S. 268).

Peck (1968) hat Eriksons Theorie erweitert, indem er behauptet, daß im Alter drei Konflikte zu lösen seien. Der erste betrifft die Ich-Differenzierung* und die Sorge um die eigene Rolle*. Viele arbeitende Menschen (besonders Männer) beziehen ihr Selbstbild aus dem Beruf. Sie können schon deshalb ein hohes Selbstwertgefühl entwickeln, weil die Gesellschaft ihre berufliche Tätigkeit positiv bewertet. Mit dem Übergang ins Rentnerdasein bricht dieser Status zusammen. Rentner müssen daher in sich selbst etwas finden, das ihnen die zuvor im Beruf erlangte Anerkennung verschafft.

Der zweite Konflikt entspannt sich zwischen der Unabhängigkeit vom Körper* und der Fixierung auf den Körper*. Bei den meisten Menschen geht das Altern mit körperlichen und gesundheitlichen Beschwerden einher. Legt ein älterer Mensch zuviel Gewicht auf das körperliche Wohlbefinden, wird sich dies fast zwangsläufig rächen. Erfolgreiches Altern beruht auf der Fähigkeit, über körperliches Unwohlsein hinwegzugehen oder zumindest Freude an Aktivitäten zu entwickeln, für die der körperliche Zustand relativ unwichtig ist.

Der dritte Konflikt betrifft den Gegensatz zwischen Ich-Überwindung* und Ich-Bezogenheit*. Ein Mensch muß sich mit der unausweichlichen Tatsache abfinden, daß er sterben wird. Dies ist ein unangenehmer Gedanke; Peck hebt jedoch hervor, daß die Sorge um das Wohlergehen zurückbleibender geliebter Personen sowohl eine übermäßige Ich-Bezogenheit wie auch die Angst vor dem eigenen Tod überwinden helfen kann.

Levinsons Auffassung vom Altern ist den Theorien Eriksons und Pecks verwandt, betrifft aber vor allem die Rolle des alternden Individuums in Familie und Gesellschaft (z. B. Levinson 1980). Mit der Veränderung des physischen und beruflichen Status um das 65. Lebensjahr herum (dem Übergang in das späte Erwachsenenalter*) müssen sich Menschen mit der Tatsache auseinandersetzen, daß sie von nun an weder im Berufsleben noch in der Familie mehr im Mittelpunkt stehen. Es gilt daher, anderen die Führungsrolle zu überlassen und sich selbst zurücklehnen zu können. Daraus folgt aber nicht, daß nun alle Sorgen und Pflichten wegfielen, denn neben den Aufgaben eines Ratgebers für Familie und jüngere Freunde müssen alte Menschen auch mit ihrer eigenen Vergangenheit ins reine kommen (wie Erikson bereits beschrieben hatte). Levinson bezeichnet diesen Prozeß als «die Sicht von der Brücke»*.

Existieren nun diese theoretischen Persönlichkeitstypen tatsächlich außerhalb des therapeutischen Behandlungszimmers? Reichard u. a. (1962) befragten 87 Amerikaner im Alter von 55 bis 84 Jahren, je zur Hälfte Rentner und Ganztags- bzw. Halbtagsbeschäftigte (in den USA gibt es für viele Berufe kein verpflichtendes Rentenalter). Einige Ergebnisse dieser Studie bestätigen die psychoanalytischen Theorien. Probanden an der Schwelle zur Pensionierung schienen besonders reizbar und von Selbstzweifeln geplagt zu sein, was darauf hinweist, daß sie diese Lebensphase als Zeit der Veränderung und der Angst wahrnehmen. Insgesamt wurden fünf prägende Persönlichkeitsmerkmale ermittelt.

Konstruktivität* entspricht der von Erikson und Peck beschriebenen optimalen Konfliktlösung. Wer dieses Merkmal besaß, hatte sich mit seinem Leben versöhnt, war relativ frei von Sorgen und bereit, sich mit seinen Mitmenschen auseinanderzusetzen. Das Abhängigkeits-* oder «Schaukelstuhl»-Merkmal* führt zwar auch zu einer gewissen Zufriedenheit, Personen dieser Kategorie hatten aber nicht wirklich das Gefühl, an ihr Ziel gekommen zu sein; sie verließen sich auf die Hilfe anderer und betrachteten das Alter als reine Mußezeit. Das Abwehr-* oder «Panzer»-Merkmal* ist prinzipiell neurotisch. Personen mit diesem Merkmal arbeiteten einfach weiter bzw. blieben hochgradig aktiv, als wollten sie ihre Gesundheit unter Beweis stellen und zeigen, daß sie keinerlei Hilfe benötigten. Das vierte Merkmal, das der Feindseligkeit*, äußert sich darin, anderen Menschen die Schuld für das eigene Unglück zu geben. Völlig unrealistisch wird persönliches Versagen in Fragen der Lebensführung und -planung auf äußere Ursachen zurückgeführt. Selbsthaß* schließlich, die fünfte und letzte Eigenschaft, gleicht dem Merkmal der Feindseligkeit, mit dem Unterschied, daß die betreffenden Personen ihren Haß und ihre Ressentiments nach innen und damit gegen sich selbst gekehrt hatten.

Reichard gibt an, daß Personen der ersten drei Kategorien mit ihrem Alter gut zurechtkamen, während Menschen mit den letzten beiden Merkmalen weniger erfolgreich waren. In Anbetracht der Tatsache, daß die Forscher in ihre Beschreibung der Persönlichkeitseigenschaften implizite Bewertungen bestimmter Lebensstile haben einfließen lassen, ist das Ergebnis allerdings wenig überraschend.

Die Kontinuität der Persönlichkeit

Wie Reichard weiter anführt, bildet sich der Persönlichkeitstyp lange vor der Schwelle zum hohen Alter aus; dieser kann daher nicht als Ergebnis des Alterns an sich gelten. Wer sein Alter genießen will, muß sich folglich darauf vorbereiten. Dieses Argument wird in gewisser Weise durch das Ergebnis einer Längsschnittstudie von Haan (1972) gestützt. Untersucht wurden Personen von ihrem zweiten Lebensjahrzehnt an bis zum Beginn des mittleren Alters. Dabei ließen sich verschiedene Persönlichkeitstypen unterscheiden, die man allerdings wie folgt einteilen kann: stabile und selbstsichere Personen; solche, auf die Reichards Abwehr-Merkmal zutrifft; und unsichere Menschen, die anderen die Schuld am eigenen Unglück zuschreiben und oft einen unorganisierten Lebensstil pflegen. Diese Persönlichkeitstypen sind den bei älteren Menschen ermittelten sehr ähnlich; somit drängt sich der Schluß auf, daß die im hohen Alter zu beobachtenden Persönlichkeitsmerkmale sich bereits im frühen Erwachsenenalter entwickelt haben (Kermis 1986).

Womöglich ist dies jedoch nicht ganz richtig. Nach Sichtung der einschlägigen Literatur bemerkt Aiken (1989), daß sich stabile Persönlichkeitsmerkmale zwar im Laufe des Lebens kaum, die weniger stabilen jedoch sehr wohl ändern. Personen mit diesen Merkmalen werden zunehmend introvertiert (Neugarten 1977), was nicht unbedingt überrascht: Von instabilen Persönlichkeiten darf man erwarten, daß sie sich verändern, und stabile Personen sind womöglich deswegen stabil, weil ihre Lebensumstände gleichbleibend und angenehm waren. Alte Menschen schließlich ziehen sich vielleicht nicht aufgrund innerer Notwendigkeiten zurück, sondern weil sich durch den Tod von Freunden und in einer vornehmlich jugendorientierten Welt nur wenig angenehme Alternativen bieten.

Interessanterweise gibt es Persönlichkeitstypen, die besser für das frühe Erwachsenenalter geeignet sind als für das späte – und umgekehrt. Der Persönlichkeitstypus A* bezeichnet willensstarke, auf Konkurrenz eingestellte Menschen, die sich nur schwer entspannen können – modern ausgedrückt handelt es sich um bestes «Yuppie»-Material. Den Persönlichkeitstypus B* kennzeichnet das genaue Gegenteil: eine gelassene, sorglose Einstellung. Man darf erwarten, daß Typ A für das jüngere Erwachsenenalter optimal ist, wenn im Berufsleben, im Sport usw. Durchsetzungsvermögen gefordert wird. Typ B müßte dagegen besser zum höheren Alter passen. Strube u. a. (1985) haben das psychische Wohlbefinden 18- bis 89jähriger Menschen untersucht und in der Tat eine Bestätigung für diese Vorhersagen gefunden – obgleich ihr Ergebnis durch Faktoren wie die soziale Umwelt eines Individuums beeinflußt wurde.

Doch zurück zu den Untersuchungen der Persönlichkeitsmerkmale älterer Menschen. Neugarten u. a. (1961 und 1968) kamen bei Tests mit 70jährigen Personen auf vier Persönlichkeitstypen, die sich weitgehend mit den bereits dargestellten Ergebnissen decken. Am besten beurteilt wurde die integrierte Persönlichkeit*. Menschen dieses Typus waren entweder reorganisiert* (hatten einen neuen Tätigkeitsbereich gefunden, nachdem sie einen anderen physisch nicht mehr ausüben konnten), gerichtet* (indem sie sich auf einige wenige, besonders lohnende Bereiche konzentrierten), oder nicht-engagiert* (übernahmen bewußt nur noch wenig Verantwortung).

Als zweiter Typus ergab sich die gepanzert-defensive Persönlichkeit*; die entsprechenden Personen waren beharrlich* (glaubten Altersbeschwerden durch ein unverändert hohes Aktivitäts-Niveau abwehren zu können) oder verkrampft* (hielten hartnäckig an allem fest, was sie wegen ihres Alters hatten aufgeben müssen).

Defensive Persönlichkeiten waren alles in allem unzufriedener als Menschen der ersten Kategorie.

Der dritte Typus umfaßt passiv-abhängige* Personen. Wie bei Reichard u. a. beschrieben (siehe oben), verließen auch sie sich auf die Hilfe anderer Menschen (hilfesuchende Persönlichkeit*) oder zogen sich weitgehend aus der Gemeinschaft mit anderen zurück (apathische Persönlichkeit*).

Die letzte Kategorie betrifft die desorganisierte Persönlichkeit*. Vertreter dieses Typus hatten schwerwiegende Probleme (womöglich eine frühzeitig einsetzende Demenz) und konnten deshalb nicht als «normal funktionierende» Individuen bezeichnet werden.

Wie bereits bemerkt, gibt es viele Überschneidungen zwischen den verschiedenen Persönlichkeits-Studien. Alle heben hervor, daß die Persönlichkeit lange vor den ersten grauen Haaren feststeht und daß ältere Menschen ihr Verhalten zwar den Umständen anpassen, aber nicht grundlegend verändern können. Es gibt mehrere Wege, erfolgreich zu altern, doch jeder setzt die Anerkennung eingeschränkter Möglichkeiten und verminderter Verantwortung voraus, ohne daß dies als Verlust erlebt würde. Eine etwas weniger erfolgreiche Strategie besteht darin, die Auswirkungen des Alterns zu fürchten und dadurch zu bekämpfen, daß man so aktiv wie möglich bleibt. Da es hier jedoch zu keiner Versöhnung mit dem Älterwerden kommt, handelt es sich um eine wenig befriedigende Lösung. Die schlechteste Reaktion besteht jedoch in der Abwesenheit jeglicher Strategie – und also darin, äußere Faktoren für den eigenen Zustand verantwortlich zu machen.

Viele Forscher sind zu derartigen Ergebnissen gekommen (z.B. Aiken 1989; Kermis 1983 und 1986; Turner u. Helms 1987; Whitbourne 1987). Dennoch führen sie möglicherweise in die Irre. Erfolgreiches Altern basiert darauf, Einschränkungen zu akzeptieren und Verantwortung abzutreten, vielleicht jedoch aufgrund des gesellschaftlichen Drucks, die Macht an jüngere Menschen abzugeben. Wer sich diesem Druck beugt, ergibt sich womöglich einem überlegenen Gegner, um so wenig Schmerz wie möglich erleiden zu müssen. Mit anderen Worten: Menschen, die erfolgreich altern, handeln weniger gemäß philosophischen Einsichten als im Rahmen einer pragmatischen Entscheidung.

Ein anderer wichtiger Faktor betrifft die Zugehörigkeit zu sozioökonomischen Klassen. Die «erfolglosen» Alten hadern mit den äußeren Umständen vielleicht genau deshalb, weil sie nie eine privilegierte soziale Stellung einnehmen konnten (häufig wurde beobachtet, daß diese Menschen sozial «abgestiegen» waren). Dagegen kann jemand, der die Sonnenseiten des Lebens genossen hat, eher gelassen zurückblicken. Entsprechend könnte die gealterte Persönlichkeit in stärkerem Maße Produkt gesellschaftlicher und ökonomischer Umstände sein als das Ergebnis innerer Faktoren. Diese Sichtweise widerlegt keineswegs die oben angeführten Theorien; man tut jedoch gut daran, die Persönlichkeit eines Menschen nicht als ausschließlich intern motiviert aufzufassen.

Das Selbstbild im hohen Alter

Um die Persönlichkeit alter Menschen zu verstehen – soviel folgt aus dem letzten Hinweis –, sind auch äußere Einflüsse zu berücksichtigen, die das Selbstbild und die Zufriedenheit beeinflussen können. In erster Linie anzuführen ist hier das Klischee eines «typischen» alten Menschen. Wie wir in Kapitel 1 gesehen haben, erwartet die Gesellschaft altersgemäßes Verhalten. Da das Etikett «alt» jedoch in westlichen Gesellschaften üblicherweise abfällig verwendet wird, erstaunt es nicht, daß in einer Studie nur 20 Prozent der 60jährigen und nur 51 Prozent der 70jährigen Befragten sich selbst als alt bezeichneten (Ward 1984). Der Autor dieser Studie hebt hervor, daß Menschen ironischerweise oft in ihre eigene Falle tappen, denn sie selbst sind es gewesen, die in jüngeren Jahren das Stereotyp geprägt haben, das sie nun verfolgt.

Stereotype Beurteilungen wirken sich auf das Selbstvertrauen älterer Menschen aus. Je stärker sie Stereotypen vertrauen, desto geringer ist ihre Selbstachtung (Ward 1984). Könnte es aber nicht sein, daß eher introvertierte Ältere glauben, daß alle ihre Altersgenossen so sind wie sie selbst und daß ihre Selbstachtung um so geringer ausfällt, je abfälliger sie über die anderen denken? Vielleicht bestätigen sich Selbstbild und Stereotyp gegenseitig und lassen so einen Teufelskreis entstehen. Die genauen Zusammenhänge sind derzeit noch unklar. Doch fest steht, daß sich das Selbstbild im Alter bei den meisten Menschen verschlechtert (Aiken 1989). Es muß jedoch betont werden, daß diese negative Einschätzung keineswegs erst im Alter auftritt.

Graham u. Baker (1989) untersuchten kanadische Probanden: eine Gruppe von Studenten und eine Gruppe älterer Menschen (Durchschnittsalter: 67 Jahre). Sie alle wurden aufgefordert, den gesellschaftlichen Status von Menschen unterschiedlichen Alters zu bewerten. Es stellte sich heraus, daß beide Gruppen Kinder niedrig einordneten, daß ihre Status-Urteile dann anstiegen, bei 30jährigen Menschen ihren Höhepunkt erreichten, um schließlich wieder abzunehmen. 80jährige hatten dann ungefähr wieder den Status eines 5jährigen Kindes. Obwohl die jüngeren und die älteren Probanden *nach dem gleichen Muster* urteilten, war die Differenz zwischen dem höchsten und dem niedrigsten Wert bei den älteren Probanden kleiner. Mit anderen Worten: Obwohl verschiedene Generationen den Aspekt «Altern und gesellschaftlicher Status» gleich einschätzen, scheinen ältere Menschen etwas «egalitärer» zu denken (Graham u. Baker 1989, S. 255).

Mit der Frage des Stereotyps hängt auch die des Eintritts ins Alter zusammen. Alle körperlichen Veränderungen – von den eher harmlosen (z. B. graues Haar) bis zu den gravierenden (z. B. Gicht) – können eine Neubewertung des Selbstbildes bewirken (Ward 1984). Sie lassen sich zwar zum Teil durch kosmetische und medizinische Behandlungsmethoden erträglicher gestalten; andere Veränderungen (gesellschaftliche Rolle, zwischenmenschliche Beziehungen) jedoch sind unumkehrbar. Vermutlich bilden der Rückzug aus dem Berufsleben und der Tod des Lebenspartners die einschneidendsten Veränderungen. Bekannt ist, daß Menschen in der Zeit vor ihrer Pensionierung zu Ängstlichkeit und Selbstzweifeln neigen, dann aber das Rentnerdasein als durchaus angenehm erleben. In Einzelfällen treten zwar schwerwiegende seelische Krisen ein, weil Menschen sich nicht mehr nützlich fühlen; doch dies ist selten, und es kann nicht ausgeschlossen werden, daß die betreffenden Personen ohnehin psychische Probleme bekommen hätten. Für die Mehrzahl verändert sich mit dem Rückzug aus dem Berufsleben die Lebenszufriedenheit kaum. Im Gegenteil, sehr gesunde Ruheständler fühlen sich manchmal sogar deutlich besser (Parnes 1981). Beamte und Angestellte erleben ihr Rentnerdasein angenehmer als Arbeiter; das mag allerdings auf den besseren Gesundheitszustand und auf gesicherte finanzielle Verhältnisse zurückzuführen sein (Bengtson u. Treas 1980; Ward 1984).

Der Tod des Partners betrifft wegen der unterschiedlichen Lebenserwartung der Geschlechter Frauen stärker als Männer. Es gibt Hinweise darauf, daß die Auswirkungen des Verlusts von dessen Erwartbarkeit abhängen. So haben Eisdorfer u. Wilkie (1977) festgestellt, daß der Verlust besser verarbeitet wurde, wenn der Betroffene nach einer langen Krankheit gestorben war. Zudem reagieren ältere Menschen weniger stark als jüngere (Cook u. Oltjenbruns 1989), weil sie auf den Tod des Partners besser vorbereitet sind. Alles in allem wird der Verlust recht gut gemeistert, obgleich ein Teil der verwitweten Menschen (20 Prozent) angibt, sich mit dem eigenen Schicksal nicht abfinden zu können (Lopata 1973). Carey (1979) hat beobachtet, daß Männer die neue Situation besser verarbeiten als Frauen. Vermutlich hängt das damit zusammen, daß sich Frauen nach traditionellem Rollenverständnis stärker über den Mann definieren, als dies umgekehrt der Fall ist. Zudem ist ein Witwer finanziell besser abgesichert als eine Witwe und hat mehr Möglichkeiten, eine neue Lebenspartnerin zu finden. Diese Aussagen sind jedoch von anderen Forschern in Zweifel gezogen worden (Cook u. Oltjenbruns 1989), und zwar mit dem Hinweis, daß Männer weniger gut als Frauen für sich selbst zu sorgen imstande sind und daß der Verlust des Lebenspartners vor allem eine weibliche Erfahrung ist. Auf der Grundlage der verfügbaren Daten läßt sich daher nicht entscheiden, welchem Geschlecht der Verlust des Lebenspartners mehr zu schaffen macht. Die derzeit zu beobachtende gesellschaftliche Neubestimmung der Geschlechterrollen könnte darüber hinaus jeden eventuell bestehenden Unterschied endgültig aufheben.

Obwohl der Rückzug aus dem Berufsleben und der Partnerverlust die zwei wichtigsten Faktoren darstellen, haben auch andere Ereignisse – der Tod von Freunden, Spannungen mit jüngeren Verwandten usw. – Auswirkungen auf das persönliche Wohlbefinden (Kermis 1986). Allerdings hängt der Einfluß vom Persönlichkeitstypus und der sozioökonomischen Stellung ab. Eine integrierte Persönlichkeit kann mit Stress viel besser umgehen als ein unorganisierter Mensch. Umgekehrt könnten kranke und finanziell schlecht gestellte Personen mit Krankheit und Armut besser zurechtkommen, weil sie sich bereits daran gewöhnt haben (Ward 1984).

Auch Veränderungen der intellektuellen Leistungsfähigkeit können – das sollte nicht übersehen werden – die Selbstachtung mindern. Wie in Kapitel 3 dargelegt wurde, geht die negative Einschätzung der eigenen Gedächtnisleistung oft Hand in Hand mit einem depressiven Zustand. Perlmutter u. a. (1987) ergänzen, daß sich dies fatal auswirken kann: Ein älterer Mensch, der überzeugt ist, daß sein Gedächtnis nicht mehr richtig arbeitet, wird depressiv, was wiederum seine Gedächtnisleistung beeinträchtigt.

Einzelne lebensgeschichtliche Episoden können ebenfalls die Einstellung eines Menschen im Alter bestimmen. Entscheidungen über Karriere, Partnerschaften, Nachwuchs usw. üben direkten Einfluß auf die materielle Situation älterer Menschen aus, doch auch Erfahrungen anderer Art bleiben nicht folgenlos. Caspi u. Elder (1986) haben das Wohlbefinden älterer Frauen untersucht, die im Alter von ungefähr 30 Jahren die amerikanische Wirtschaftskrise unmittelbar miterlebt hatten. Mittelstands-Frauen, die damals wirtschaftliche Not gelitten hatten, waren in ihrem jetzigen Leben offensichtlich deutlich zufriedener. Umgekehrt verhielt es sich bei Frauen der Unterschicht –

sie waren weniger zufrieden. Das mag damit zusammenhängen, daß die mittelständischen Frauen sich inzwischen einen höheren Lebensstandard «erkämpft» hatten, während Frauen aus der Arbeiterschicht sich nach wie vor als sozial benachteiligt wahrnehmen.

Persönlichkeit und Krankheit

Eine der schlimmsten Persönlichkeitsveränderungen kommt in der steigenden Selbstmordrate älterer Menschen zum Ausdruck. In den USA bilden weiße ältere Männer die größte Gruppe der Suizidgefährdeten. Ferner sind Selbstmordversuche älterer Menschen im allgemeinen wesentlich «erfolgreicher» als die jüngerer Menschen (bei denen mehr als 50 Prozent aller Versuche «mißlingen»; Cook u. Oltjenbruns 1989). Es liegt nahe, diese Daten mit der verzweifelten Lage alter Menschen in Verbindung zu bringen. Diese Vermutung bestätigt sich jedoch nicht, denn die Selbstmordrate nimmt bei schwarzhäutigen Männern wie bei älteren Frauen eher ab. Die einfachste Erklärung dürfte wohl darin bestehen, daß weiße Männer eher an Macht und hohe Lebensqualität gewöhnt sind und deren Verlust zu immensen Anpassungsschwierigkeiten führen kann (z. B. Miller 1979).

In anderen Studien wurden weniger gravierende Veränderungen beobachtet. Ein Merkmal der Persönlichkeit drückt sich in der Wahl einer bestimmten Lebensweise aus – also in den Eßgewohnheiten, körperlicher Bewegung, im Rauchen usw. Der Zusammenhang zwischen Rauchen und Lebenserwartung sowie die etwas weniger eindeutige Beziehung zwischen Eßgewohnheit, sportlicher Betätigung und Gesundheit sind hinreichend bekannt, so daß sie hier nicht erneut dargelegt zu werden brauchen. Da Menschen «schlechte Gewohnheiten» selten erst im

Alter annehmen (ältere Raucher haben ihren Körper zumeist schon über mehrere Jahrzehnte mißbraucht), ist ungesunde Lebensweise keineswegs ein Problem nur der Alten. Man könnte glauben, daß älteren Menschen die Veränderung ihrer Lebensgewohnheiten schwerer fällt als jüngeren; in Wahrheit jedoch reagieren beide Altersgruppen auf gesundheitserzieherische Maßnahmen gleich gut (siehe Elias u. a. 1990 für weitere Ausführungen zu diesem Thema).

Körpertraining ist ein weiterer wichtiger Gesichtspunkt. Ohne Zweifel nehmen körperliche Spitzenleistungen altersbedingt ab. Das macht sich bei Tätigkeiten, die einen plötzlichen Energiebedarf erzeugen, stärker bemerkbar als bei Tätigkeiten auf einem niedrigeren, aber konstanten Energieniveau (Mittel- und Langstreckenläufe). Mehrere (nicht alle) Studien zeigen, daß ältere Menschen, die regelmäßig trainieren, schnellere Reaktionszeiten haben und psychomotorisch leistungsfähiger sind (Spirduso u. MacRae 1990), was keineswegs überrascht. Erstaunlich dagegen ist die Tatsache, daß trainierte ältere Menschen gelegentlich Zwanzigjährige in den Schatten stellen (siehe Spirduso u. MacRae [1990] für weitere Einzelheiten). Wenn also ein älterer Mensch wirklich will, kann er seine Lebenserwartung ebenso verbessern wie sein körperliches und (zum Teil auch sein) psychisches Wohlbefinden.

Betrachtet man den unmittelbaren Zusammenhang zwischen Persönlichkeit und Gesundheit, so scheinen psychisches und körperliches Wohlbefinden voneinander abzuhängen. Die Selbsteinschätzung ergibt sogar einen noch höheren Zusammenhang als die objektive Untersuchung des Gesundheitszustands (Whitbourne 1987). Ob aber das körperliche Wohlbefinden das psychische bedingt oder umgekehrt, ist nicht geklärt. Kermis (1986) gibt zu bedenken, daß Depressionen oder Stress den Gesundheitszustand negativ beeinflussen (etwa indem sie das Immunsystem schwächen). Umgekehrt ist klar, daß ein schlechter

Gesundheitszustand oder körperliche Behinderungen den psychischen Zustand einer Person beeinträchtigen können. Maas u. Kuypers (1974) betonen, daß sich viele Alterskrankheiten durch entsprechende Beschwerden in früheren Lebensphasen «ankündigen». Körperliche Veränderungen können also lange vor der Schwelle zum Alter erfolgen. Das bedeutet, daß in vielen Fällen eine Persönlichkeitsveränderung nicht allein Folge einer Krankheit zu sein braucht, da diese bereits früher bestanden hat. Veränderungen der Persönlichkeit lassen sich eher durch die Kombination dreier Ursachen erklären: das Altern des Körpers (der den Schmerzen womöglich nicht mehr gewachsen ist), das Bewußtsein, daß die Krankheit bis zum Tod anhalten wird, und die betreffende Krankheit selbst.

Aus all dem könnte man den Schluß ziehen, daß körperliche und psychische Veränderungen sich gegenseitig unheilvoll verstärken. Dieses Problem sollte dennoch nicht überschätzt werden. So wurde beispielsweise für den Persönlichkeitstypus A ein erhöhtes Herzinfarkt-Risiko ermittelt. Wie Elias u. a. betonen, mag dies auf jüngere Personen auch zutreffen; doch Menschen mit einer A-Persönlichkeit sind nach dem 65. Lebensjahr keiner erhöhten Gefahr ausgesetzt, einen Herzinfarkt zu bekommen (und diese Erkenntnis läßt sich nicht einfach darauf zurückführen, daß die meisten Menschen des Typus A vor dem Erreichen des hohen Alters stürben). Ältere Menschen sind sich jedoch oft ihres tatsächlichen körperlichen Zustands nicht bewußt (Costa u. McCrae 1985), was ein Hinweis darauf sein könnte, daß der Zusammenhang zwischen Krankheit und Selbstbild weniger eindeutig ist als zunächst angenommen.

Vorlieben im Lebensstil

Wir haben bisher die Persönlichkeitsveränderungen betrachtet, die *innerhalb* eines Individuums auftreten. In diesem und im folgenden Abschnitt wenden wir uns nun der Frage zu, wie ältere Menschen mit anderen interagieren. Häufig wird unterstellt, daß ein wichtiger Teil des Alterns in der Vorbereitung auf das Sterben besteht. Am deutlichsten vertreten diese Theorie Cumming u. Henry (1961). Die beiden Autoren sind der Auffassung, daß sich mit zunehmendem Alter die Bindung eines Menschen an seine Umwelt verringert. Dies sei zum einen die Folge geschwächter Sinneswahrnehmung. Zum anderen brächten auch auf gesellschaftlicher Ebene der Verlust des Lebenspartners, vieler Freunde und andere soziale Entfremdungsprozesse (beispielsweise die Pensionierung) ältere Menschen dazu, sich von der Umwelt zurückzuziehen. Nach Cumming und Henry handelt es sich dabei um einen bewußten Prozeß, der von den Betroffenen selbst in Gang gesetzt und durch soziale Konventionen unterstützt und begünstigt wird. So scheinen sich ältere Menschen auf das Sterben dadurch vorzubereiten, daß sie den Kontakt zur Welt Schritt für Schritt reduzieren. Man kann dieser Theorie vorwerfen – und das ist bereits geschehen –, daß sie das passive Warten auf das Ende als Modell empfehlen. Doch der Einwand ist vielleicht ein bißchen zu harsch, da Cumming und Henry von einem relativen, nicht vollständigen Rückzug aus der Welt gesprochen haben.

Später vertraten einige Forscher die Ansicht, daß ältere Menschen möglichst aktiv bleiben sollten. Sie argumentierten ungefähr wie folgt:

Alte Leute haben in der Regel den Wunsch, aktiv zu bleiben; ihr Wohlbefinden ist dann am größten, wenn sie sich am gesellschaftlichen Leben beteiligen können. Zurückgezogene Menschen haben wahrscheinlich bereits ihr ganzes Leben relativ isoliert geführt, so daß der Rückzug aus der Welt nicht vom Alter abhängt (Maddox 1970). Aber letztlich ist die Aktivitätstheorie* genausowenig überzeugend wie die Theorie, die sie widerlegen wollte. Das Bild ganzer Heere von Sozialarbeitern, die die Alten «zu ihrem eigenen Wohl» anhalten, aktiv zu bleiben, ist nicht sonderlich attraktiv. So herrscht inzwischen Einmütigkeit darüber, daß der Rückzug aus der Welt und die Beibehaltung eines hohen Aktivitätsniveaus für einige ältere Menschen optimal sein können, daß dies jedoch nicht für alle Menschen gilt. Welche Strategie geeignet ist, hängt von verschiedensten Faktoren ab: von den finanziellen Möglichkeiten (kann man sich beispielsweise einen aktiven Lebensstil leisten?), von der Gesundheit (ist man für verschiedene Freizeitbeschäftigungen noch fit genug?), vom Persönlichkeitstypus (ein introvertierter Mensch kann einen aktiven Lebensstil ablehnen). Von Bedeutung ist in diesem Zusammenhang auch die Erkenntnis, daß ein intensiveres soziales Engagement das subjektive Wohlbefinden nur bei Angehörigen unterer Einkommensgruppen zu verbessern scheint (Caspi u. Elder 1986; Larson 1978).

Die Rolle der Familie

Wenn sie die Wahl hätten, würden die meisten Menschen vermutlich eine Kombination aus Rückzugsstrategien und aktivem Lebensstil bevorzugen. Das geht aus Untersuchungen der Bewertung familiärer Beziehungen hervor. In westlichen Ländern zumindest scheinen ältere Menschen in ihrer Lebensführung unabhängig bleiben zu wollen – sähen es jedoch gerne, wenn ihre Kinder oder Verwandten in der Nähe lebten. Beinahe 80 Prozent der älteren Eltern wohnen nicht weiter als 30 Minuten von einem ihrer Kinder entfernt (Bengtson u. Treas 1980). Ältere Menschen bevorzugen also eine Mischung aus Kontakten mit

Familienmitgliedern und dem Rückzug in ihren privaten Wohnbereich. Diese Einstellung kann sich jedoch als zweischneidiges Schwert erweisen. In ihrem hervorragenden Forschungsbericht zu diesem Thema heben Bengtson und Treas hervor, daß ältere Menschen sich in Krisensituationen zwar bevorzugt an Familienangehörige wenden, ihre Enttäuschung jedoch um so stärker ausfällt, je größer die Erwartungen an ihre Kinder sind. Anders gesagt: Wer zu viel erwartet, wird beinahe unvermeidlich enttäuscht (allerdings gibt es nur sehr wenige ältere Menschen mit unrealistisch hohen Erwartungen).

Wie bereits in Kapitel 1 ausgeführt, hat sich der Anteil älterer Menschen an der Gesamtbevölkerung westlicher Staaten in den letzten einhundert Jahren dramatisch vergrößert. Gleichzeitig ging die Geburtenrate aus verschiedenen Gründen zurück. Das heißt, daß ältere Menschen heutzutage weniger Verwandte haben, von denen sie Hilfe erwarten dürfen, als ihre Altersgenossen um die Jahrhundertwende. Bedeutet dies aber auch, daß sich ihre Lebensbedingungen verschlechtert haben? Die Antwort muß wohl nein lauten. Zum einen haben sich die Lebensbedingungen im allgemeinen verbessert. Rentenversicherungen und andere sozialpolitische Maßnahmen geben älteren Menschen ungleich bessere Möglichkeiten als ihren Altersgenossen um 1900, selbständig zu leben. Das Armenhaus ist für alte Arbeiter längst nicht mehr die letzte Station ihres Lebensweges. Und auch die Großfamilie – in der drei Generationen unter einem Dach lebten – war im Europa vor dem 20. Jahrhundert eher die Ausnahme als die Regel (z. B. Laslett 1976). Kurzum, es gab keine «gute alte Zeit», in der alte Menschen besser versorgt waren.

Die Stellung älterer Menschen innerhalb der Familie ist nicht eindeutig bestimmbar. Man darf zwar annehmen, daß sie als Großeltern zumeist eine durchaus positive Rolle spielen. Doch diese Vermutung greift zu kurz, denn sie unterschlägt, daß viele Menschen bereits in ihren mittleren Jahren Großeltern werden.

Wenn Verwandte in der Nähe leben, sind sie es, von denen die Alten in erster Linie Hilfe erwarten. Doch Bengtson u. Kuypers (1986) haben herausgefunden, daß Situationen, in denen diese Hilfe benötigt wird, häufig zu Krisen in den familiären Beziehungen führen, weil die Jüngeren das Gefühl haben, überfordert zu sein.

Ein detailliertes Hilfe-Modell der Familie für ältere Verwandte in Krisensituationen ist das Doppel-ABCX-Modell* von McCubbin u. Patterson (1982). A bezeichnet das krisenverursachende Ereignis; B die Ressourcen, mit denen eine Familie auf die Krise reagiert; C die innerfamiliäre Einschätzung der Krise und X die Stresswahrnehmung. A, B, C und X zusammengenommen machen die Gesamtbelastung der Familie und des älteren Menschen aus. Gatz u. a. (1990) haben ein ähnliches Modell entwickelt. Es beruht auf der Reihenfolge *Ereignis – Stressor – Bewertung – Vermittler – Ergebnis*. Das *Ereignis* ist die Krise (z. B. eine schwere Krankheit), der *Stressor* die durch das Ereignis hervorgerufene Wirkung (z. B. Schmerz des oder der Kranken, Beeinträchtigungen des Familienlebens). Die *Bewertung* betrifft den Prozeß, in dem die Familie den Grad bestimmt, bis zu dem sie die Situation meistern zu können glaubt, und als *Vermittler* wird das verfügbare Maß an Hilfe und Pflege verstanden. Das *Ergebnis* schließlich bezieht sich auf die Art und Weise, wie die Familie den Stress erlebt und/oder wie sie sich an die veränderte Situation anpaßt.

Diese beiden Modelle der familiären Pflege in einer Krisensituation sind vorwiegend deskriptiv, und die verschiedenen Stufen dieser Modelle sind zudem Thema vieler Einzelarbeiten geworden, deren Tenor recht eindeutig ist: Die meisten Pflegemaßnahmen und die Anpassung an die Krisensituation lösen Stress aus und beeinträchtigen das Familienleben (siehe Kapitel 6 über die Pflege dementer Patienten). Ein detaillierter Forschungsüberblick findet sich in den Arbeiten von Gatz u. a.

(1990) und Wenger (1990). Es ist indes darauf hinzuweisen, daß ältere Personen zumeist von den Ehegatten oder Kindern gepflegt werden. Folglich sind die meisten «Helfer» ihrerseits nicht mehr jung und könnten selbst unter der Beanspruchung durch die Krankenpflege leiden – eine erhöhte Krankheitsanfälligkeit pflegender Personen ist in der Tat beobachtet worden (Gatz u. a. 1990).

Zu betonen ist außerdem, daß die familiäre Unterstützung je nach sozialer Klasse und/oder ethnischer Zugehörigkeit variiert. So hebt beispielsweise Sundstrom (1986) nach einer in Schweden durchgeführten Untersuchung hervor, daß die geographische Entfernung zwischen betagten Eltern und ihren Nachkommen in der Mittelschicht im allgemeinen größer ist als in der Unterschicht (dies mit berücksichtigt, ergeben sich jedoch wenig Unterschiede in der Hilfsbereitschaft). Unter ethnischen Minderheiten ist der Anteil der Haushalte, in denen mehrere Generationen leben, etwas höher; auch sind die Beziehungen zwischen den Familienangehörigen enger. Ferner spielt bei einigen ethnischen Minderheiten (z. B. bei den Schwarzen in den USA) die Kirche als soziale «Pflege-Agentur» eine größere Rolle (Jackson u. a. 1990). Verallgemeinerungen sind jedoch gefährlich, weil sich mitbegründende Faktoren, wie der zumeist niedrigere sozioökonomische Status, nur schwer isolieren lassen (siehe Rosenthal [1986] zur Diskussion der methodischen Probleme bei Minderheitenstudien).

Zusammenfassung

Dieses Kapitel behandelte Persönlichkeitsveränderungen älterer Menschen in ihrer ganzen Bandbreite – also nicht nur Veränderungen in den Verhaltensdispositionen, sondern auch im Zusammenleben mit anderen. Die Forschungsergebnisse zu diesem

Thema sind nicht eindeutig. Wissenschaftliche Daten deuten darauf hin, daß ältere Menschen ihre Persönlichkeit bereits im frühen Erwachsenenalter ausbilden und daß spätere Modifikationen nicht die grundlegenden Merkmale betreffen. Konsequenterweise läßt sich kein altersspezifischer Persönlichkeitstypus identifizieren. Dennoch eignen sich bestimmte Merkmale besser als andere dazu, mit dieser Lebensphase zurechtzukommen. Die Bestimmung dieser Persönlichkeitstypen basiert vorwiegend auf psychotherapeutischen Ansätzen, wird aber durch experimentalpsychologische Untersuchungen weitgehend bestätigt.

Den Persönlichkeitstaxonomien zuviel Gewicht beizumessen wäre jedoch unklug, weil sie voller impliziter Werturteile stekken. Zu einer erfolgreich alternden Person gehört demnach eine gelassene, ja stoische Lebenseinstellung. Dies wiederum stimmt mit dem Stereotyp von alten Menschen als einer ruhigen, weise Ratschläge erteilenden, vor großelterlicher Nächstenliebe strotzenden Person überein. Sind die erfolgreich gealterten diejenigen Menschen, die am wenigsten Ärger bereiten und immer für andere zur Verfügung stehen? Das mag der anständigste Weg zu altern sein; doch genauso effizient (obwohl vielleicht moralisch schwerer zu vertreten) ist es, eigennützig zu denken und sein Geld für sich selbst auszugeben, weil man es «ja doch nicht mit ins Grab nehmen kann». Noch einmal also: Altert nur der erfolgreich, der sich um die Jüngeren kümmert?

Persönlichkeiten entwickeln sich vor allem im frühen Erwachsenenalter, und einige eignen sich besser zur Anpassung ans hohe Alter als andere. Dennoch verfügen ältere Menschen über eine Reihe von Möglichkeiten, ihr Schicksal zu verbessern. Definiert man die Persönlichkeit auf der Grundlage von «Lebensstilen», so zeigt sich, daß ältere Menschen ihr Wohlbefinden durch die Ernährung, durch körperliche Bewegung und durch Rauchgewohnheiten beeinflussen können. Allerdings ist der Zusammenhang zwischen Lebensstil und Wohlbefinden viel undurchsichtiger als zunächst angenommen. Zugehörigkeiten zu sozioökonomischen und ethnischen Gruppen, Verlust des Lebenspartners und Beziehungen zu anderen Familienangehörigen sind nur einige Faktoren, die gemeinsam ein komplexes Ursachengeflecht bilden, das noch längst nicht vollständig erfaßt ist. So wird noch ein erheblicher Forschungsaufwand erforderlich sein, bevor sich diese Fragen befriedigend beantworten lassen.

KAPITEL 6

Die Demenzen

Einleitung

Als Demenz* bezeichnet man den umfassenden Zerfall geistiger Funktionen infolge einer Atrophie* des Zentralnervensystems. In vielen Lehrbüchern wird der Eindruck erweckt, daß die Demenz nur wenige Ursachen hat – in Wirklichkeit sind bereits fünfzig identifiziert worden (Haase 1977). Die meisten dieser Ursachen sind allerdings sehr selten. Laien glauben häufig, daß Demenz eine «Strafe» des Alterns ist. Das Wort «Senilität» ist zum Synonym für «Demenz» geworden. Aber das ist falsch. Eine Demenz kann sich jederzeit im Erwachsenenalter entwikkeln, lediglich die Wahrscheinlichkeit nimmt mit dem Alter zu. Wie wir noch zeigen werden, treten einige Formen der Demenz in der Regel vor dem Beginn des hohen Alters auf. Und trotzdem beschreiben die meisten Lehrbücher die Demenz als eine Krankheit der Alten.

Es ist wichtig festzuhalten, daß die Inzidenz* dieser Krankheit zu dem Schluß führt, daß die meisten Menschen von ihr verschont bleiben. White u. a. (1986) schätzen, daß alles in allem nur 1 Prozent aller nicht in Heimen untergebrachten 60jährigen Menschen Demenzsymptome entwickelt und sich der Anteil alle fünf Jahre verdoppelt (2 Prozent der 65jährigen, 4 Prozent der 70jährigen, 8 Prozent der 75jährigen usw.). Darüber hinaus sind die Symptome bei vielen Menschen eher schwach ausgeprägt, und sie werden – kein großer Trost allerdings – vermutlich an einer anderen Krankheit sterben. In westlichen Gesellschaften leben etwa 5 Prozent der alten Menschen in Heimen und ähnlichen Einrichtungen; und nur bei etwa 50 Prozent von ihnen (also 2 Prozent bis 3 Prozent aller älteren Menschen) ist der Grund eine Demenz (Kermis 1983). Die Befürchtungen vieler Älterer, «senil», «schwachsinnig» oder «verrückt» zu werden, sind also weitgehend unbegründet.

Dennoch ist und bleibt Demenz eine schwere Krankheit. Unter demographischen Gesichtspunkten stellt sie durchaus eine Herausforderung an hochentwickelte Staaten dar. Wie in Kapitel 1 erwähnt, steigt die absolute Zahl der älteren Menschen genauso konstant wie ihr Anteil an der Gesamtbevölkerung. Das gleiche gilt deshalb für Fälle von Demenz. Einige Forscher sprechen in diesem Zusammenhang von einer «Demenz-Epidemie». Diese Aussage ist jedoch irreführend, denn sie legt die Vorstellung nahe, daß die Demenz unter älteren Menschen schnell zunimmt – was nicht der Fall ist. Es gibt heute dennoch mehr demente Patienten als je zuvor; und ihre Zahl wird – mangels Heilverfahren – in dem Maße zunehmen, wie die «graue» Gesellschaft wächst. Im Ergebnis werden mehr Mittel für psychogeriatrische Behandlung, spezialisiertere medizinische Fachkräfte, mehr Pflegepersonal usw. aufzuwenden sein.

Die Hauptsorge – jenseits aller Folgen für das Gesundheitswesen – aber betrifft die Tatsache, daß ein Tod durch Altersschwachsinn äußerst häßlich verläuft. Normalerweise ist ein dementer Mensch, außer in der Frühphase der Erkrankung, sich seines wirklichen Zustandes kaum noch bewußt. Dennoch kann die Wirkung der Krankheit auf die mit der Pflege betrauten Personen verheerend sein. Zumeist leben Patienten bis zu den letzten Krankheitsstadien nicht in Heimen und Hospitälern. Das heißt, daß die Last der Pflege auf den Schultern des Lebenspartners oder der Kinder ruht. Diese mit Pflegeaufgaben betrauten Personen (die, wie gesagt, ihrerseits oft nicht mehr jung sind) umsorgen einen Menschen, der sich an nichts erinnert, unter Inkontinenz leidet und häufig völlig unkontrolliert reagiert. Demente sind zudem oft nicht mehr fähig, ihren Lebenspartner, ihre Kinder oder enge Freunde zu erkennen. So kann lebenslange Liebe belohnt werden mit der grotesken Parodie eines Menschen, der zwar äußerlich an frühere Zeiten erinnert, dessen Inneres aber empfindungs- und gefühlsmäßig längst abgestorben ist. Niemand hat verdient, derart würdelos zu sterben, und niemand sollte Zeuge des Zerfalls eines geliebten Menschen werden müssen. Ein solches Ende wäre schon tragisch, wenn es einige Wochen dauern würde – doch die meisten Patienten leben in diesem Zustand noch drei oder vier lange Jahre.

Demenz ist also ein großes Problem, und dies um so mehr, als es für ihre Hauptformen kein Gegenmittel gibt. Um sie zu bekämpfen, muß man die Krankheit deshalb zunächst verstehen. In diesem Kapitel wird es um die psychischen Aspekte der Demenz gehen. Langwierige Details der Diagnose werden deshalb übergangen, weil sie (a) den Rahmen sprengen würden, (b) zum Verständnis der psychischen Aspekte dieser Krankheit nichts beitragen und weil sich (c) ausgezeichnete Lehrbücher mit den diagnostischen Verfahren zur Genüge beschäftigen (Kermis 1986; Wasylenki 1987). Betrachtet werden dagegen einige Krankheiten, die man leicht mit Demenz verwechselt. Schließlich sollen auch der Krankheitsverlauf beschrieben und die Auswirkungen auf die mit der Pflege betrauten Personen behandelt werden.

Klassifikation

Die Beeinträchtigung erkennen

Der erste Schritt zur Diagnose der Demenz besteht darin, das Ausmaß der Beeinträchtigung festzustellen. Für den Zustand eines Patienten spielt zunächst sein Alter eine wichtige Rolle. Jüngere Patienten (zwischen dem 50. und 60. Lebensjahr) werden vermutlich eher zur Untersuchung kommen, weil die Symptome im krassen Gegensatz zu ihrem Gefühl stehen, «in den besten Jahren» zu sein. Bei älteren Patienten können die Symptome dagegen erheblich gravierender ausfallen, weil sich die Krankheit gelegentlich unbemerkt entwickelt; Gedächtnisprobleme und/oder intellektuelle Leistungsschwächen werden allzu oft als normale Begleitumstände des Alterns betrachtet. Wie bereits erläutert, erwarten ältere Menschen geradezu eine Verschlechterung ihres Zustands. Darüber hinaus können Verwandte und Freunde den Gang zur Untersuchung beschleunigen oder verzögern. Wenn sie das Verhalten des Betroffenen kritisch beobachten, wird dieser vielleicht früher einen Arzt aufsuchen. Umgekehrt kommt es vor, daß Verwandte die Probleme eines Patienten herunterspielen und alles abblocken, was sie (fälschlich) als Einmischung von außen interpretieren.

Der Grad der Beeinträchtigung eines Kranken wird üblicherweise anhand einiger einfacher Gedächtnistests und eines Fragebogens zu seinem Verhalten erfaßt. In England wird vor allem die *Dementia Scale** von Blessed (Blessed u. a. 1968) verwendet. Das Gegenstück in den USA ist der *Mental Status Questionnaire* (MSQ)* (Kahn u. a. 1960). In beiden Fällen soll der Patient Fragen der folgenden Art beantworten: «Wer ist der derzeitige Premierminister/Präsident?», «Welchen Tag haben wir heute?», «Wie heißen Sie?» – alles in allem Fragen, die keinem normalen älteren Menschen (wie dumm er auch sei) zu schwer vorkommen dürften (der Gerechtigkeit halber sei angemerkt,

Ergebnisse			
	0 bis 2 = keine oder leichte Störung	3 bis 8 = mäßige Störung	9 bis 10 = ernste Störung
1. Wo sind Sie gerade? 2. Was ist dies für ein Ort? 3. Welchen Tag haben wir heute? 4. Welchen Monat? 5. Welches Jahr? 6. Wie alt sind Sie? 7. Wann ist Ihr Geburtstag? 8. In welchem Jahr wurden Sie geboren? 9. Wer ist der Präsident der USA? 10. Wer war sein Vorgänger?			

Tabelle: Gedächtnisfragen des Mental Status Questionnaire (Kahn u.a. 1960)

daß nicht sämtliche Fragen derart simpel sind). Die zehn Fragen des MSQ finden sich in der obigen Tabelle. Der Fragebogen zum Verhalten wird üblicherweise der mit der Pflege betrauten Person vorgelegt, und zwar einfach deshalb, weil der Kranke zumeist nicht mehr weiß, was er in der letzten Zeit erlebt oder unternommen hat. Die Fragen betreffen die Selbständigkeit des Kranken, seine Hilfsbedürftigkeit bei einzelnen Handlungen, etwa beim Ankleiden. Dieses Vorgehen ist insofern vorteilhaft, als es sowohl den Zustand wie auch den Grad einer eventuellen Pflegebedürftigkeit des Patienten erfaßt. Fragebögen wie die von Blessed und der MSQ lassen sich auch in späteren Stadien verwenden, um den Verlauf der Krankheit, den jeweiligen Zustand und die Bedürfnisse eines Kranken zu prüfen.

Gedächtnisschwächen und funktionale Beeinträchtigungen allein sind jedoch kein zureichendes Kriterium für die Diagnose einer Demenz (obwohl sie zweifellos von zentraler Bedeutung sind). Die *American Psychiatric Association* veröffentlicht in regelmäßigen Abständen eine Taxonomie aller Geisteskrankheiten. Eine kürzlich erschienene Neufassung dieser Taxonomie ist die dritte Auflage des *Diagnostic and Statistical Manual of Mental Disorders* (DSM III-R*), einer auch außerhalb der USA sehr einflußreichen Publikation. Das DSM III-R stellt fest, daß Demenz sich in folgenden Symptomen äußert:

(1) Verlust der für alltägliche Verrichtungen notwendigen intellektuellen Leistungsfähigkeit.
(2) Gedächtnisverlust (obwohl hervorzuheben ist, daß Gedächtnisverlust nicht immer unmittelbarer Grund für die Untersuchung ist).
(3) Beeinträchtigung mindestens einer der folgenden Funktionen: abstraktes Denken, Urteilskraft, Sprache, Persönlichkeit, Gegenstandserkennung durch Sehen oder Tasten.
(4) Das fragliche Verhalten zeigt sich, wenn der Patient völlig wach ist und keinerlei Rauschmittel zu sich genommen hat.
(5) Es gibt kein Anzeichen für eine andere auslösende Ursache (z. B. ein Gehirntumor).

Zwar wurden die verschiedenen Formen der Demenz (manchmal auch als Demenzen unterschiedlicher Ätiologie* bezeichnet) durch diese allgemeine Definition erfaßt. Aber jede Form besitzt ein spezifisches Muster. Im folgenden werden die allgemeinen Merkmale der am häufigsten zu beobachtenden Demenzen beschrieben.

Demenz vom Alzheimer-Typ (DAT)

Dies ist die geläufigste Form des Altersschwachsinns; 50 bis 70 Prozent aller Fälle sind ihr zuzurechnen (Cohen u. Dunner 1980). Sie findet sich erstmals um 1900 beschrieben, und zwar von Alois Alzheimer, nach dem sie auch benannt wird. Die Krankheit ist unter mehreren ähnlichen Namen bekannt – beispielsweise als «Alzheimer-Krankheit», oder als «Demenz vom Alzheimer-Typ» (DAT)*. Im vorliegenden Buch wird der Einfachheit halber nur der zuletzt genannte Name verwendet. Einige ältere Lehrbücher benutzen DAT für eine vor dem 60. Lebensjahr, Altersdemenz* dagegen für eine nach dem 60. Lebensjahr auftretende Demenz. Und zwar mit dem Grund, daß die präsenile und die senile Form der Krankheit so unterschiedlich verlaufen, daß sie auch unterschiedliche Namen erfordern. Inzwischen hat sich diese Ansicht als nicht haltbar herausgestellt (z.B. Sulkava 1982; Sulkava u. Amberia 1982), obwohl die Krankheit bei jüngeren Patienten rascher fortschreitet (Kermis 1986). Heute geht man davon aus, daß die jüngeren und älteren Patienten an ein und derselben Krankheit leiden.

Es scheint mehrere Ursachen für die DAT zu geben. Viele Forscher beschäftigen sich mit der Frage, welche Erklärung die «richtige» ist. Dies könnte ein relativ fruchtloses Unternehmen sein, da nicht auszuschließen ist, daß die Krankheit von völlig unterschiedlichen Faktoren abhängt. Jede andere Aussage wäre so glaubwürdig wie die Behauptung, daß rote Flecken nur durch das Rötelnvirus verursacht werden. In einigen DAT-Fällen ist eine genetische Komponente nicht zu leugnen. Der Grund liegt vermutlich eher in einer unglücklichen Verbindung mehrerer Gene als in einem einzigen abnormen Gen (Kindson u. Chen 1986). Auch wenn die DAT innerhalb einer Familie aufgetreten ist, ist das nicht zwangsläufig auf Vererbung zurückzuführen. Wenn aber das Kind eines DAT-Patienten selbst eine Demenz entwickelt, liegt die Wahrscheinlichkeit, daß seine/ihre Nachkommen ebenfalls an DAT erkranken, bei etwa 50 Prozent. Zudem wird die Krankheit dann vermutlich im vorsenilen Alter (von unter 60 Jahren) ausbrechen und rascher fortschreiten (Heston u. a. 1981). So kann es sein, daß sich die DAT nur bei Menschen mit besonderer genetischer Veranlagung entwickelt.

Daraus zu schließen, daß Menschen mit «DAT-Genen» unvermeidlich dement werden, wäre jedoch falsch. Man kann mit statistischen Mitteln zeigen, daß in Familien mit hoher DAT-Inzidenz mehr Menschen «DAT-Gene» besitzen, als tatsächlich dement werden. Einen Beleg für diese These liefert die Tatsache, daß bei eineiigen Zwillingen manchmal nur ein Geschwister eine DAT entwickelt. Da in diesem Fall identische Gene vorliegen, müssen also andere als nur genetische Ursachen bestehen, damit sich die Krankheit entwickelt. Die plausibelste Erklärung lautet, daß die genetische Ausstattung eine Person für die Krankheit «anfällig» macht, daß aber ein zusätzlicher Auslöser in der Umwelt erforderlich ist.

Verschiedene Umweltfaktoren sind als auslösende Krankheitsursache in den Blick geraten. In den vergangenen Jahren stand das Aluminium unter Verdacht – und zwar deshalb, weil in Hirnzellen von DAT-Patienten kleinste Aluminiumpartikel gefunden wurden, die zum Funktionsverlust oder sogar zum Absterben dieser Zellen geführt hatten. Das war für einige besorgte Menschen Anlaß genug, ihr Aluminiumbesteck abzuschaffen – eine vermutlich zwecklose Maßnahme, denn dieses Metall ist ein häufig vorkommendes Element, das in vielen «natürlichen» Zusammenhängen und Nahrungsmitteln steckt.

Warum DAT-Patienten besonders auf Aluminium ansprechen, ist nach wie vor ungeklärt. Es kann aber sein, daß die Aluminium-Aufnahme eher Symptom als Ursache ist. Mit anderen Worten: Das Gehirn absorbiert Aluminium, weil seine Abwehrmechanismen nicht mehr ordnungsgemäß funktionieren. Und wäre Aluminium nicht derart reichhaltig vorhanden, würde das Gehirn eben ein anderes Metall aufnehmen.

Ein anderer Erklärungsvorschlag besagt, daß die Krankheit durch ein langsam wirkendes Virus verursacht wird. Man weiß, daß einige Formen, zum Beispiel Kuru* (eine Demenz, die bei Eingeborenen in Papua-Neuguinea auftritt), schon durch die Berührung erkrankten Nervengewebes übertragen werden.

All diese Erklärungen mögen stimmen (die genetische, die Aluminium- und die Virus-Theorie brauchen sich übrigens nicht auszuschließen). Aber was sich auch immer als wirkliche Ursache herausstellen wird, es wird wohl keine einfache sein. Wie wir weiter unten sehen werden, beschränkt sich die Schädigung des Gehirns von DAT-Patienten auf einige wenige Regionen. Es ist schwer vorstellbar, wie und warum ein Virus oder Aluminium nur einige Teile des Nervengewebes angreifen, andere dagegen aussparen sollten. Kurzum, gefragt ist eine etwas komplexere Erklärung.[1]

Auch die Neuropathologie der DAT ist vielschichtig. Doch das Hauptmerkmal dieser Krankheit ist Atrophie. Nervenzellen sterben in großer Zahl ab; senile Plaques und Neurofibrillenklumpen (siehe Kapitel 1) finden sich in größerer Anzahl als im normal alternden Gehirn. Der Zellverlust erfolgt eher selektiv: Er betrifft vornehmlich den Kortex (der Stirnlappen bleibt jedoch weitgehend verschont) sowie einige subkortikale Bereiche, vor allem die Amygdala, den Hippocampus und den Hirnstamm (Moss u. Albert 1988). Einige Bereiche des Zentralnervensystems bleiben verschont, insbesondere das Kleinhirn, die Basalganglien und das Rückenmark (Petit 1982). Der Ausstoß von

[1] Lesern, die sich in der Anatomie des menschlichen Gehirns nicht auskennen, wird die Lektüre der einschlägigen Abschnitte in Kapitel 1 dieses Buches empfohlen.

Neurotransmittern im cholinergen System ist ausgeprägt rückläufig (Kermis 1986; Moss u. Albert 1988). Da die experimentell herbeigeführte Aufhebung der cholinergen Tätigkeit bei Mensch und Tier zu einer Minderung der mnestischen Leistungsfähigkeit führt, liegt es auf der Hand, die Ursache der Beschwerden von DAT-Patienten in einem Mangel an diesem Neurotransmitter zu suchen. Diese Theorie wird als Acetylcholin-Defizit-Hypothese* bezeichnet.

Es gibt aber bedeutende Belege dafür, daß nicht jede mit der DAT auftretende Form des Gedächtnisschwunds auf verminderter Freisetzung von Acetylcholin beruht (Moss u. Albert 1988). Zudem werden auch andere Neurotransmitter in geringerem Maße freigesetzt (Rossor u. Iversen 1986). Daher kann die besagte Hypothese keine zureichende Erklärung liefern.

Nachdem wir kurz die Ursachen der DAT besprochen haben, stellt sich die Frage: Was sind die Symptome dieser Krankheit? Es folgt daher eine Beschreibung der Hauptkriterien, mit deren Hilfe sich die DAT diagnostizieren läßt. (Die Angaben entstammen der in diesem Kapitel erwähnten Literatur sowie Aufzeichnungen des Autors über verschiedene DAT-Patienten.)

Die Krankheit kann irgendwann nach dem 50. Lebensjahr ausbrechen, obwohl die DAT-Gefährdung nach dem 75. Lebensjahr stark zunimmt. Etwa 25 Prozent aller Menschen über 85 entwickeln DAT-Symptome; in einigen wenigen Fällen erkranken Patienten bereits um das 45. Lebensjahr herum. Im allgemeinen aber gilt: Je älter die Patienten sind, desto fortgeschrittener ist die Krankheit zu dem Zeitpunkt, an dem die Behandlung beginnt (die Gründe wurden in der Einleitung zu diesem Kapitel bereits genannt). Ein Patient mit schwach ausgeprägter DAT verhält sich, oberflächlich betrachtet, normal; seine sozialen Fertigkeiten bleiben in der Regel intakt. Oft sind die einzigen Anzeichen einer Störung ein starrer, glasiger Blick oder eine gewisse Leere in den Augen. Die Patienten klagen zumeist über außergewöhnliche Gedächtnisschwächen, etwa über Orientierungsverlust in vertrauter Umgebung (im Einkaufszentrum, im eigenen Viertel usw.). Ihr Gedächtnis wird von nahestehenden Personen im allgemeinen als schwach oder beängstigend schlecht bezeichnet.

Tests zeigen, daß der Kranke zumeist unfähig ist, sich an Dinge zu erinnern, die vor wenigen Minuten oder sogar Sekunden stattgefunden haben (die Verbindung zwischen Kurz- und Langzeitgedächtnis ist unterbrochen). Auch Tests zum Kurzzeitgedächtnis deuten gelegentlich auf eine Beeinträchtigung dieser Funktion hin. Manchmal sind darüber hinaus Störungen des Wahrnehmungsvermögens zu beobachten. Viele Patienten entwickeln eine Apraxie* (Unfähigkeit, einen Gegenstand zu ertasten) oder eine visuelle Agnosie* (Unfähigkeit, Gegenstände zu erkennen). Und manchmal sind gerade diese Symptome der Grund, einen Arzt aufzusuchen. Die Sprachfertigkeit kann erhalten bleiben, obwohl der Wortschatz zu verarmen scheint. Patienten haben dann Probleme, den richtigen Ausdruck zu finden oder den Sinn eines Sprichworts zu verstehen. Ihre Reaktion auf die Ausfälle ist von Fall zu Fall verschieden. Einige werden depressiv, andere apathisch und gleichgültig; wieder andere entwickeln eine leichte Paranoia und behaupten, andere Menschen würden ihr Eigentum absichtlich verstecken. Schließlich versuchen viele beharrlich, die Symptome zu ignorieren. All diese Reaktionen kommen vor. Im allgemeinen zeigen sie, daß die Patienten sich und ihre Umgebung nicht mehr adäquat wahrnehmen.

Mit fortschreitender Krankheit verschärfen sich die erwähnten Symptome. Das Gedächtnis für neue Ereignisse bricht zusammen, oft funktioniert das Kurzzeitgedächtnis nur sehr schlecht; auch die Erinnerungen an Dinge, die zeitlich vor dem Krankheitsbeginn liegen, läßt nach; häufig können Patienten – sehr zum Leidwesen ihrer Verwandten – nicht einmal mehr Familienangehörige und Freunde wiedererkennen. Die Sprachfähigkeit wird ebenfalls schwer beeinträchtigt; Aphasie* (Sprachausfall) entwickelt sich im späteren Krankheitsverlauf zum Hauptsymptom. Die Patienten leiden entweder unter Broca-Aphasie* (Unfähigkeit zu sprechen) oder unter Wernicke-Aphasie* (Unfähigkeit zu verstehen) oder unter beiden gleichzeitig. Der Wortschatz verkümmert weiter, es bleiben nur noch wenige Wörter übrig; und oft werden auch korrekte Wörter völlig sinnlos miteinander verknüpft. Erstaunlicherweise bleibt in vielen Fällen die Fähigkeit, einen Text laut zu lesen, unbeeinträchtigt, wobei die Kranken richtig betonen und die Satzzeichen beachten – sie haben jedoch nicht die geringste Ahnung, was sie gelesen haben (demente Dyslexie*).

Das äußere Erscheinungsbild der Patienten spiegelt ihren inneren Zerfall wider. Ohne die Hilfe pflegewilliger Personen würden sie verwahrlosen. Ihre Bewegungen werden immer auffälliger; bald zeigt sich die vom Parkinsonismus* bekannte unkoordinierte Gangart. In der Endphase der Krankheit verfallen die Patienten zumeist in Apathie. Inkontinenz wird zur Regel; manche Menschen entwickeln außerdem das Kluver-Bucy-Syndrom*, eine Reihe von bizarren Verhaltensformen: unter anderem Hyperoralität* (der Zwang, alles mögliche in den Mund zu stecken) und Bulimie* (der Zwang, Eßbares jeder Art in großen Mengen in sich hineinzustopfen), ferner visuelle Agnosie, Hypermetamorphose* (der Zwang, alles anzufassen) und Affektverlust*. Der Tod tritt im Schnitt fünf Jahre nach den ersten Symptomen ein (wobei große Abweichungen von diesem Mittelwert möglich sind). Todesursache ist normalerweise der Zusammenbruch einer Organfunktion oder eine Infektion.

Die Beschreibung der Krankheitsstadien läßt sich kaum genauer fassen, weil die Schwere der Symptome, der Ausfall bestimmter Funktionen und die Dauer der einzelnen Stadien von

Patient zu Patient hochgradig variieren. Dennoch hat ein Patient, wenn er das Endstadium erreicht, alle genannten Stadien durchlaufen.

Infarktbedingte Demenz

Wie in Kapitel 1 festgehalten, erleiden fast alle älteren Menschen Hirninfarkte («Mini-Schlaganfälle», die zum Absterben des umliegenden Gewebes führen). Im Falle der infarktbedingten Demenz (IBD)* kommt es jedoch zu einer starken Häufung derartiger Schlaganfälle, die bewirken, daß der betroffene Patient dement wird. Die Infarkte sind gleichmäßig über das ganze Gehirn verteilt, obwohl der Kortex und andere, für «höhere» Funktionen zuständige Zentren besonders in Mitleidenschaft gezogen werden. Die IBD als selbständiges Syndrom anzusehen, das sich vom Schlaganfall* (bei dem eine oder einige größere Hirnblutungen* auftreten) deutlich abhebt, wurde erst in jüngerer Zeit vorgeschlagen (Hachinski u. a. 1977). Dennoch sind Fehldiagnosen nicht selten (Funkenstein 1988). Man kennt noch nicht alle Ursachen der IBD. Patienten leiden aber oft an kardiovaskulären* Beschwerden. Ferner ist nicht auszuschließen, daß die Disposition zur IBD oder zu Hirnblutungen vererbt wird. Die Krankheit tritt zumeist irgendwann nach dem 55. Lebensjahr auf; das Durchschnittsalter zum Zeitpunkt der Erkrankung liegt bei 65 Jahren – also zehn Jahre unter demjenigen der DAT (Kermis 1986).

IBD-Patienten erleiden quasi-zufällige Infarkte; daher läßt sich der Krankheitsverlauf kaum vorhersagen. Das hängt damit zusammen, daß die für psychische Funktionen zuständigen Hirnregionen in verschiedenem Ausmaß in Mitleidenschaft gezogen werden (je nachdem, wo die Hirnblutungen am häufigsten auftreten). Demnach variieren die Beeinträchtigungen der psychischen Funktionen zwischen den Patienten erheblich. Nehmen wir zum Beispiel an, daß die Hirnregionen A, B, C, D und E jeweils für die Funktionen X, Y, Z, P und Q zuständig sind. Nun können bei dem einen IBD-Patienten die Regionen A, B und C gestört und daher die Funktionen X, Y und Z beeinträchtigt sein. Bei einem anderen Patienten sind vielleicht die Regionen A und B intakt, nicht aber C, D und E, die für die Funktionen Z, P beziehungsweise Q zuständig sind. So können Patienten mit derselben Krankheit völlig verschiedene Symptome entwickeln. Weil Infarkte nach dem Zufallsprinzip «zuschlagen», betreffen sie gelegentlich Regionen, die durch Atrophien anderer Demenzformen bereits beeinträchtigt sind. Damit kann die IBD Effekte von Demenzen anderer Ätiologie «nachahmen». Breiten sich die Infarkte vor allem im Kortex und im Hippocampus aus, wird die IBD wahrscheinlich wie eine DAT erscheinen. So stößt die Diagnose unentwegt auf Schwierigkeiten; Schätzungen besagen, daß sie bei 5 bis 15 Prozent aller dementen Personen auftritt (Moss u. Albert 1988).

Durch bestimmte Merkmale kann sich die IBD allerdings deutlich abheben. So beginnt die Krankheit oft völlig unvermittelt und nicht schleichend wie Demenzen anderer Ätiologie. Als eindeutiges Merkmal kann auch dies freilich nicht gelten, weil sie bei einigen Patienten eben doch schleichend verläuft. In anderen Fällen wird die Intelligenz lediglich punktuell beeinträchtigt: Einige Fertigkeiten werden zerstört, andere bleiben intakt. Da die IBD aber andere Demenzen «nachahmen» kann, ist auch der punktuelle Funktionsausfall kein verläßliches diagnostisches Anzeichen.

Der Hauptunterschied beruht auf der Entwicklung der Krankheit selbst: Während sich andere Formen der Demenz kontinuierlich verstärken, entwickelt sich die IBD stufenweise. Die Patienten bleiben wochen-, wenn nicht monatelang auf einem bestimmten Niveau, bevor plötzlich eine Verschlechterung eintritt. Der Vorgang wiederholt sich; mit jedem Schritt büßt der Kranke etwas mehr von seinen intellektuellen Fähigkeiten ein. Das hängt wahrscheinlich damit zusammen, daß die Infarkte fortwährend Hirngewebe zerstören, bis ein kritischer Punkt erreicht ist, an dem eine Region «zusammenbricht» (weil das Nervengewebe quantitativ oder qualitativ nicht mehr funktionsfähig ist). Und weil die Infarkte mal hier, mal dort auftreten, läßt sich nicht vorhersagen, welche psychische Funktion wann ausfallen wird. Mit dem Fortschreiten der Krankheit nimmt jedoch die Zahl der intakten Funktionen ab. Das Gedächtnis gehört in der Regel zu den frühen Opfern. Auch Lähmungserscheinungen treten bei der IBD häufiger auf als bei anderen Formen der Demenz. Todesursache ist normalerweise eine kardiovaskuläre Erkrankung (z. B. ein Herzanfall) oder eine Infektion; der Patient stirbt meist vier Jahre nach Krankheitsbeginn.

Pick-Krankheit

Die nach ihrem Entdecker benannte Pick-Krankheit* wird nicht als Alterskrankheit angesehen. Sie tritt bei Personen über 60 kaum auf und fast nie bei über 70jährigen. Das Durchschnittsalter bei Ausbruch der Krankheit beträgt 47 Jahre. Da Pick-Patienten in experimentellen Studien über im hohen Alter auftretende Demenzen als Vergleichsgruppe herangezogen werden, ist eine kurze Betrachtung dieser Krankheit unumgänglich (genau wie die folgende Untersuchung der anderen Demenzen, die bereits in jüngeren Jahren ausbrechen).

Der Verlauf der Pick-Krankheit ist verhältnismäßig gut dokumentiert. Die Atrophie des Nervengewebes beginnt in den Stirnlappen und breitet sich unaufhaltsam «nach hinten» über das ganze Gehirn aus, mit allen Auswirkungen auf die entsprechenden psychischen Funktionen. Die Neuronen degenerieren oft zu Pick-Körperchen, die man an ihrem geschwollenen Aussehen erkennt. Bei einigen Patienten läßt sich zwar die allgemeine, charakteristische Atrophie beobachten (Schädigungen vorwiegend der Stirn- und Schläfenlappen), Pick-Körperchen finden sich bei ihnen jedoch nicht. Ob sie dennoch an der Pick-Krankheit leiden oder an einem anderen Syndrom, läßt sich derzeit nicht entscheiden (Moss u. Albert 1988).

Pick-Patienten zeigen, wie zu erwarten, zunächst Ausfälle der mit dem Stirnhirn zusammenhängenden Funktionen (Handlungsplanung, abstraktes Denken usw.). Das Kluver-Bucy-Syndrom macht sich im Gegensatz zur DAT in aller Regel bereits in der Frühphase der Krankheit bemerkbar. Zu beobachten ist ferner zwanghaftes Sexualverhalten ohne Rücksicht auf gesellschaftliche Normen. Nach und nach entwickeln sich dann Symptome, die denen der DAT gleichen. Die Sprache wird zumeist mehr in Mitleidenschaft gezogen als das Gedächtnis. Pick-Patienten neigen eher zu Konfabulationen (versuchen also, ihre Schwierigkeiten zu leugnen) als IBD- und DAT-Kranke. In der Endphase der Krankheit vegetieren die Patienten nur noch vor sich hin – wie bei anderen Formen der Demenz. Sie sterben in der Regel vier Jahre nach Beginn der Krankheit.

Jakob-Creutzfeldt-Syndrom

Das Jakob-Creutzfeldt-Syndrom ist eine außerordentlich selten auftretende Krankheit; nur einer von einer Million Menschen ist von ihr betroffen. Sie wird durch ein Virus verursacht und gilt damit (neben dem weiter oben erwähnten Kuru) als einzige ansteckende Demenz. Derzeit schüren besonders die Medien die Befürchtung, daß das Fleisch von Rindern, die am «Rinderwahnsinn» erkrankt waren, den Erreger übertragen könnte. Für diese Annahme gibt es aber keinen wissenschaftlich gültigen Beleg. Das Jakob-Creutzfeldt-Syndrom ist, wie die Pick-Krankheit, nicht ans hohe Alter gebunden. Die meisten Patienten erkranken nach dem 50. oder 60. Lebensjahr; doch auch wesentlich früher aufgetretene Fälle sind bekannt. Die Anfangssymptome bestehen in der Regel in motorischen Störungen (des Ganges, des Gleichgewichts usw.); ihnen folgen später die klassischen Demenz-Symptome. Die Krankheit schreitet rasch fort; die Patienten sterben im Schnitt neun Monate nach Auftreten der ersten Anzeichen.

Chorea Huntington

Die Chorea Huntington* wird nicht von allen Forschern als Demenz anerkannt. Wie das Jakob-Creutzfeldt-Syndrom tritt auch sie verhältnismäßig selten auf. Aber sie entwickelt sich vornehmlich innerhalb bestimmter Familien, was auf einen starken genetischen Anteil schließen läßt (der übrigens kürzlich identifiziert worden ist). Die ersten Symptome dieser Krankheit betreffen (ebenfalls wie beim Jakob-Creutzfeldt-Syndrom) die Motorik; die Bewegungen nehmen einen verwundenen, zuckenden Charakter an. Später sind allgemeine Demenz-Symptome zu beobachten, die zuweilen einer Schizophrenie sehr ähnlich sein können (Kermis 1986). Die Lebenserwartung der Chorea-Patienten liegt höher als bei anderen Dementen: Der Tod tritt in der Regel erst 15 Jahre nach dem ersten Symptom ein. Die Krankheit befällt zwar auch ältere Menschen, doch meistens bricht sie im mittleren Lebensalter aus; selbst Kinder können von ihr betroffen sein.

Andere Formen der Demenz

Wie in der Einleitung zu diesem Kapitel hervorgehoben wurde, gibt es etwa 50 verschiedene Demenz-Formen. Die meisten sind sehr selten. Bestimmte Krankheiten können jedoch eine Demenz oder entsprechende Symptome hervorrufen. Unter ihnen ist an erster Stelle die Parkinson-Krankheit* zu nennen, die sich auf die Motorik auswirkt (Tremor*, trippelnder Gang usw.). Die Wahrscheinlichkeit, daß Parkinson-Kranke eine Demenz entwickeln, ist relativ groß – 10 bis 15 Prozent aller Parkinson-Patienten sind davon betroffen (Moss u. Albert 1988). Ebenfalls zu bedenken ist, daß viele DAT-Patienten mit der Zeit Parkinson-ähnliche Symptome entwickeln (Parkinsonismus).

Auch die Syphilis spielt eine Rolle. Wird die Krankheit nicht behandelt, kann sie einige Jahrzehnte nach der Infektion eine allgemeine Atrophie des Zentralnervensystems verursachen, die zur Demenz führt. Syphilitische Demenzen werden in Zukunft vermutlich seltener zu beobachten sein, wegen der effektiveren Behandlung von Geschlechtskrankheiten, dem wachsenden öffentlichen Gesundheitsbewußtsein usw. Demenz-Syndrome können ferner durch Tumore, langfristigen Kontakt mit Lösungsmitteln und anderen toxischen Substanzen sowie durch unbehandelten Hydrozephalus* hervorgerufen werden (bei dem infolge einer Liquorzirkulationsstörung* Gewebe des Zentralnervensystems zerstört wird).

Kortikale und subkortikale Demenzen

Demenzen lassen sich unterteilen in kortikale Demenzen*, bei denen vorwiegend der Kortex atrophiert wird, und in subkortikale Demenzen*, bei denen die Atrophie vor allem in subkortikalen Bereichen zu finden ist. Danach sind die DAT, die IBD und die Pick-Krankheit als kortikale Demenzen, die Parkinson-Krankheit und die Chorea Huntington als subkortikale Demenzen zu bestimmen. Da der Kortex vornehmlich für höhere psychische Funktionen, subkortikale Regionen dagegen für die Motorik, das Gefühlsleben usw. (siehe Kapitel 1) zuständig sind, treten auch im funktionellen Bereich charakteristische Unterschiede auf. Hauptmerkmal der DAT, der IBD und der Pick-Krankheit ist der Zerfall der geistigen Funktionen, wogegen die Parkinson-Krankheit zuerst die Motorik betrifft. Es fällt auf, daß subkortikale Demenzen eher bei Menschen im mittleren Lebensalter zu beobachten sind und einige Forscher sie daher nicht für «echte» Demenzen halten. Einen ausgezeichneten Überblick über subkortikale Demenzen bietet die Publikation von Peretz u. Cummings (1988).

Den Demenzen ähnliche Krankheiten

Zwei für ältere Menschen charakteristische Krankheitsbilder gleichen gelegentlich dem der Demenz. Da sie aber beide – im Unterschied zur Demenz – behandelt werden können, ist eine genaue Diagnose besonders wichtig.

Die erste der beiden Krankheiten ist die Pseudodemenz*. Sie entwickelt sich bei älteren Menschen, die an schwerer Depression leiden, und beeinträchtigt deren motivationalen Grundlagen. Dies äußert sich in einer Abnahme der Gedächtnisleistung und anderer geistiger Funktionen. Dies und die allgemeine Gleichgültigkeit der Kranken gegenüber ihrer Umgebung ist eine beinahe perfekte Nachahmung der Demenz.

In dreifacher Hinsicht unterscheiden sich pseudodemente von wirklich dementen Patienten. Zum einen ist das raum-zeitliche Orientierungsvermögen pseudodementer Patienten intakt (sie wissen, wer sie sind; kennen den Wochentag; verstehen, warum sie getestet werden, usw.). Zum anderen ist ihre allgemeine Leistungsfähigkeit mitten am Tag höher als am Morgen. Schließlich ist ihnen zumeist bewußt, daß sie in Tests schlecht abschneiden (während demente Patienten ihre Ausfälle überhaupt nicht bemerken). Die geistigen Leistungen verbessern sich normalerweise, sobald die Depression behandelt wird (Jenike 1986; Kermis 1986). Es ist jedoch zu bedenken, daß nach einer Studie von Reding u. a. (1985) 57 Prozent aller älteren Patienten, die wegen einer Depression behandelt werden, später eine echte Demenz entwickeln. So kann die Depression in einigen Fällen eher eine Reaktion auf den Zerfall geistiger Fertigkeiten darstellen als umgekehrt.

Das andere Krankheitsbild, das dem der Demenz verblüffend ähnelt, wird als akuter Verwirrtheitszustand* oder auch als Delirium* bezeichnet. Ein Delirium entwickelt sich zumeist schnell (innerhalb von Stunden oder Tagen) und vor allem bei Kindern und älteren Menschen. Mnestische und andere intellektuelle Leistungen der Patienten sind stark vermindert; sie neigen ferner entweder zu Apathie oder, umgekehrt, zu Hyperaktivität. In dieser Hinsicht gleichen sie vielen Dementen. Der Hauptunterschied zwischen beiden Patientengruppen besteht aber darin, daß Verwirrte unter Wahrnehmungstäuschungen leiden, die bei Demenzen sehr selten sind. Die Aufmerksamkeitsfähigkeit verwirrter Patienten ist beängstigend schlecht. Ein Delirium wird durch eine allgemeine Stoffwechselstörung des Zentralnervensystems hervorgerufen, wofür es verschiedene Ursachen gibt: Fieber, Medikamentenvergiftung (weil der Körper eines älteren Menschen legal verschriebene Drogen nicht schnell genug abbaut), falsche Ernährung (insbesondere Mangel an Vitamin B_{12}). Die meisten Delirien lassen sich durch entsprechende Behandlung heilen. Das Syndrom dürfte – wegen seines plötzlichen Auftretens – eigentlich nicht mit Demenz verwechselt werden. Da die verfügbaren Informationen über einen Patienten aber nicht immer vollständig vorliegen (wenn er zum Beispiel bewußtlos auf der Straße gefunden und zu einem Arzt gebracht wird), ist es zuweilen schwer, eine richtige Diagnose zu stellen.

Diagnostische Probleme

Es besteht bei praktischen Ärzten die Neigung, Demenzen negativ zu diagnostizieren, nämlich erst, nachdem alle anderen Möglichkeiten (Depression, Fieber, Tumor usw.) ausgeschlossen worden sind. Noch schwieriger ist die Bestimmung der jeweiligen Demenz-Form, und so ist es mit der Genauigkeit nicht immer zum besten bestellt (30 bis 50 Prozent aller Diagnosen sind Fehldiagnosen; Gurland u. Turner [1983]). Das Zeitproblem ist hierbei der wichtigste Faktor. Die Hauptformen der Demenz zeigen alle die gleichen Merkmale: Gedächtnisverlust, Herabsetzung des geistigen Leistungsvermögens, seltsames Verhalten usw.; sie unterscheiden sich vor allem durch den Krankheits*verlauf*. Nur die IBD entwickelt sich stufenweise, die Pick-Krankheit beginnt fast immer mit einer Veränderung der Persönlichkeit, bevor sich Gedächtnisstörungen bemerkbar machen usw.

Will man nun entscheiden, an welcher Demenz ein Patient leidet, muß man ihn über viele Monate beobachten. Die Angehörigen eines Patienten können zwar unter Umständen hilfreiche Aussagen beisteuern, doch zumeist sind diese zu vage, um ein exaktes Urteil zu erlauben. Nicht alle sind schließlich mit dem Demenzproblem hinreichend vertraut; darüber hinaus können auch die Gefühle gegenüber dem Patienten das Urteilsvermögen der Angehörigen trüben.

So weiß ein praktischer Arzt häufig nur, daß das Verhalten eines Patienten schon seit längerer Zeit «merkwürdig» war, und muß mit seiner Untersuchung bei Null beginnen. Doch gerade dies ist schwierig, da die verschiedenen Formen der Demenz gleiche Symptome zeigen. Angenommen also, ein Patient hat Sprachschwierigkeiten. Handelt es sich dann um das Anfangsstadium der Pick-Krankheit oder um ein späteres DAT-Stadium? Ein anderer Patient wiederum zeigt deutliche Symptome einer DAT. Könnte es sich aber nicht auch um eine als DAT «verkleidete» IBD handeln? Zur Diagnose einer bestimmten Demenz sucht man daher zumeist nach Symptomen, die in einer Demenz-Form häufiger auftreten als in anderen. In Anbetracht dieser Schwierigkeiten verwundert es kaum, daß Fehldiagnosen an der Tagesordnung sind.

Vermutlich werden in naher Zukunft zuverlässige diagnostische Verfahren (und hoffentlich auch Behandlungsmethoden) entwickelt werden. Doch schon heute wäre einiges gewonnen, wenn man sich stärker auf die psychologischen Aspekte der Demenz konzentrierte – gerade sie könnten bessere Bestimmungskriterien liefern. In jüngster Zeit sind viele Untersuchungen zu diesem Thema (besonders an DAT-Patienten) durchgeführt worden, vor allem mit dem Ziel, bestimmte psychische Defizite zu identifizieren, die jeweils nur einer Demenz-Form entsprechen, um nicht allein auf allgemeine Kategorien wie Intelligenz, Gedächtnis und Sprache angewiesen zu sein. Ein weiteres Ziel bestand darin, die geistigen Funktionen bei dementen Patienten besser zu verstehen. Im folgenden Abschnitt werden einige dieser spezifischen geistigen Ausfälle vorgestellt.

Spezielle psychische Defizite

Studien über spezifische Aspekte der geistigen Funktionen dementer Patienten beziehen sich vor allem auf die DAT als die häufigste Demenz-Form. Deshalb betrifft der folgende Überblick primär diese Krankheit; andere Formen der Demenz werden immer nur dann berücksichtigt, wenn sich die Forschung direkt auf sie bezieht.

Allgemeine Testbatterien

Einige Forscher haben für demente Probanden verschiedene Testbatterien entwickelt, die die Annahme stützen sollten, daß verschiedene Demenzformen mit charakteristischen Funktionsausfällen einhergehen. Nehmen wir an, daß bei DAT- und IBD-Patienten die Fertigkeiten A, B, C, D, E und F beeinträchtigt sind, daß DAT-Patienten aber besonders schlechte Leistungen in A zeigen, IBD-Patienten dagegen in E. Dies wäre für die Diagnose nicht unerheblich, weil sich mit Hilfe solcher Muster Patienten besser einordnen ließen. Vitalino u. a. (1984) haben in einer Untersuchung DAT-Patienten mit geringen oder mittelschweren Behinderungen und zum Vergleich «normale» ältere Probanden getestet und in der Tat solche Muster gefunden. Geprüft wurden verschiedene Funktionen wie Aufmerksamkeit, Rechnen, Erkennen, Gedächtnis und Orientierung. Es stellte sich heraus, daß sich Patienten im DAT-Frühstadium von normalen älteren Probanden am besten hinsichtlich ihres Gedächtnisvermögens und Orientierungssinns abgrenzen lassen, während fortgeschrittene DAT-Patienten die auffälligsten Leistungsunterschiede beim Erkennen und bei der Aufmerksamkeit zeigten.

Die meisten Studien hingegen haben kein derart klares Muster der Dysfunktionen ergeben. So stellten verschiedene Forscher fest, daß DAT-Patienten bei vielen Intelligenztests insgesamt schlechter abschneiden als normale ältere Probanden (z. B. Brinkman u. a. 1983; Leli u. Scott 1982; Rosen u. a. 1984). Ferner wurde herausgefunden, daß DAT-Patienten beim WAIS-Test schlechtere Leistungen erbringen als IBD-Patienten (Perez u. a. 1975). Bucht u. Adolfsson (1983) dagegen mußten erkennen, daß sich *ihre* IBD-Patienten durch ein *geringeres* Leistungsniveau als die DAT-Patienten auszeichneten. Daraus folgt, daß die intellektuelle Leistung von DAT-Patienten schlechter ist als die der normalen Kontrollgruppe (was nicht verwundert), und daß sie besser *oder* schlechter sein kann als die von IBD-Patienten. Dies hängt vermutlich von der Wahl der dementen Probanden ab. Ob eine Probandengruppe besser oder schlechter abschneidet als eine andere, liegt vor allem daran, in welchem Krankheitsstadium sich die Patienten der jeweiligen Gruppe befinden. Geht es um DAT-Patienten im Anfangs- und um IBD-Patienten in einem späteren Stadium, dann werden erstere vermutlich besser abschneiden als letztere. Umgekehrt ergibt sich wahrscheinlich das gegenteilige Ergebnis.

Quantitative Unterschiede zwischen verschiedenen Gruppen dementer Patienten, die sich auf ihre allgemeine geistige Leistungsfähigkeit beziehen, sind folglich nicht sehr aufschlußreich. Andere Faktoren erschweren die Situation zusätzlich. So haben Bucht u. Adolfsson (1983) festgestellt, daß sich die Symptome der DAT-Patienten – zumal im Vergleich mit IBD-Kranken – durch hochgradige Variabilität auszeichnen. Das wurde durch eine andere Studie bestätigt (Breen u. a. 1984) – außerdem zeigte sich aber, daß eine die Demenz begleitende Depression die kognitive Leistung zusätzlich beeinträchtigt.

So zeigen also die meisten Arbeiten, die auf der Auswertung von Testbatterien beruhen, daß DAT-Patienten schlechter abschneiden als normale Menschen. Das aber ist vollkommen uninformativ, weil es genau wiederholt, was aus der Definition der Demenz bereits hervorgeht. Versuche, festzustellen, welche Demenz-Kranken am stärksten beeinträchtigt sind, sind theoretisch so gut wie wertlos, weil ein gemeinsames Vergleichskriterium praktisch nicht besteht (es ist unmöglich zu bestimmen, ob sich zwei Gruppen im gleichen Krankheitsstadium befinden und ob sie in ihrer Krankheitsdauer übereinstimmen). Vitalianos Ergebnisse zu den Leistungsdifferenzen zwischen Dementen in verschiedenen Krankheitsstadien und normalen Kontrollgruppen sind gewiß interessant, diagnostisch aber nicht sonderlich belangvoll. Es ist zwar möglich, Differenzen der *durchschnittlichen* Leistungen verschiedener *Gruppen* nachzuweisen. Das besagt jedoch gar nichts darüber, wie sich ein Patient im jeweiligen Einzelfall verhält.

Physiologische Zusammenhänge

Vorausgesetzt, daß Demenz durch eine Schädigung des Hirngewebes entsteht, muß sich die Forschung für die möglichen Zusammenhänge zwischen dem Ausmaß der Atrophie (oder anderen Zeichen körperlicher Funktionsstörungen) und der Beeinträchtigung psychischer Fähigkeiten interessieren. Es ist hinreichend bekannt, daß demente Patienten ausgeprägte Hirnschädigungen aufweisen. Der Zusammenhang zwischen der psychischen Beeinträchtigung, die Patienten zu Lebzeiten offenbaren, und den anatomischen Befunden *post mortem* (Infarkte, senile Plaques usw.) ist empirisch gut belegt (z. B. Blessed u. a. 1968). Diese Untersuchungen betreffen aber *tote* Patienten, sind also in der Praxis von begrenztem Wert.

Atrophie bei lebenden Patienten läßt sich auf zweierlei Art erfassen. Zum einen kann man durch einen chirurgischen (und nicht ungefährlichen) Eingriff ein Stück Hirngewebe herausschneiden. Zum anderen kann das Gehirn eines Patienten mit Hilfe eines Scanners «abgetastet» werden. Bis vor einigen Jahren reichte das Auflösungsvermögen der Scanner nicht aus, um eine Atrophie erkennen zu lassen, bevor sie bereits weit fortgeschritten war. Deshalb ergaben Studien überhaupt keinen oder einen nur geringen Zusammenhang zwischen den im Scanner erfaßten Veränderungen und dem geistigen Zustand der Patienten (z. B. Berg 1984; Feher u. a. 1984).

In letzter Zeit hat sich die Scanner-Technologie stark verbessert, so daß auch die gesuchten Zusammenhänge eher erkannt werden (Moss u. Albert 1988). Vermutlich wird es schon in absehbarer Zeit möglich sein, Veränderungen der geistigen Funktionen auf scharf umrissene Atrophiebereiche zu beziehen. Eine Warnung ist jedoch angebracht: Neuropsychologische Untersuchungen zeigen, daß bestimmte Hirnregionen weitaus gravierendere Schädigungen vertragen, bevor sie «zusammenbrechen», als andere. Die Scanner-Daten, die einen Zusammenhang zwischen Atrophie und dem Ausmaß des Funktionsausfalls herzustellen erlauben, sind daher mit großer Vorsicht zu interpretieren.

Psychomotorische Fertigkeiten

Demente Patienten zeigen starke Beeinträchtigungen ihrer psychomotorischen Fertigkeiten*, die sich darin äußern, inwieweit und in welcher Zeit sie ihre Bewegungen kontrollieren können. Geprüft werden die psychomotorischen Fertigkeiten häufig mit Hilfe des Spiralen-Tests nach Gibson*. Bei diesem Test wird ein Patient aufgefordert, mit einem Bleistift so schnell wie möglich einer spirallinienförmigen Figur nachzufahren. Gilleard (1979) hat nachgewiesen, daß demente Probanden bei diesem Test langsamer sind und häufiger Fehler machen als depressive und normale ältere Testpersonen. In einer späteren Studie hat Gilleard (1984) darüber hinaus gezeigt, daß verhältnismäßig junge Patienten (60 bis 70 Jahre) vor allem durch ihre Langsamkeit, ältere Personen (70 bis 89 Jahre) dagegen eher durch Ungenauigkeit auffallen.

Das zweite, oft gebrauchte Hilfsmittel zur Prüfung psychomotorischer Fertigkeiten ist das Keilbrett*. Es existieren verschiedene Varianten dieses Tests, die alle auf dem gleichen Prinzip beruhen: Probanden sollen so schnell wie möglich Keile in bestimmte Löcher auf einem Brettchen stecken. Miller (1974) entdeckte, daß präsenile Demente langsamer sind als Probanden der Kontrollgruppe. Die Hauptursache dieser Verlangsamung lag jedoch in der Bewegungs*geschwindigkeit*, nicht in der Entscheidung, wann und wohin die Bewegung erfolgen sollte. Ein ähnlicher Effekt wurde von Vrtunski u. a. (1983) bei der Prüfung der Reaktionszeit dementer Patienten gefunden. Auch dort zeigte sich, daß die Reaktionszeit in jeder Hinsicht länger war, was die Autoren auf eine «psychomotorische Desintegration» zurückführten. In jedem Fall war die Bewegungsgeschwindigkeit der Patienten besonders stark beeinträchtigt.

So interessant diese Ergebnisse im einzelnen sein mögen – zum umfassenden Verständnis der Demenz tragen sie wenig bei. Das hängt damit zusammen, daß sich die Probanden keiner speziellen Form der Demenz zuordnen lassen. Die Entdeckung jedenfalls, daß demente Patienten im Vergleich zu normalen Personen langsamer und ungenauer reagieren, folgt bereits aus der allgemeinen Definition dieser Krankheit.

Gedächtnis

Da massive Gedächtnisstörungen zu den Hauptmerkmalen der Demenz gehören, verwundert es nicht, daß sich die Forschung hauptsächlich mit diesem Thema beschäftigt hat. Gedächtnisprüfungen lassen normalerweise erkennen, ob eine Demenz vorliegt oder nicht, und geben auch erste Hinweise auf das Ausmaß der Beeinträchtigung (z. B. Blessed u. a. 1968; Branconnier u. a. 1982; Whelihan u. a. 1984). Selbst bei einfachen Tests, die den Umfang des Kurzzeitgedächtnisses messen, schneiden die meisten dementen Patienten deutlich schlechter ab. Und die Diskrepanz wird um so größer, je schwieriger der Test angelegt ist – je länger sie beispielsweise die Elemente im Gedächtnis behalten sollen. Sie zeigen außerdem erheblich schwächere Leistungen beim Erinnern als beim Wiedererkennen (Moss u. Albert 1988)[2].

Auch die Weiterleitung von Informationen aus dem Kurz- ins Langzeitgedächtnis ist gestört. Dies hat Miller (1973) unter Verwendung einer Extra-Umfang-Lerntechnik* gezeigt. Er ging dabei wie folgt vor:

Zuerst untersuchte er den Gedächtnisumfang jeder Versuchsperson. Nehmen wir an, bei einem Patienten beträgt dieser genau 5 Zahlen. Danach wird die Versuchsperson aufgefordert, eine Reihe von 6 Zahlen zu lernen (Gedächtnisumfang + 1). Diese Aufgabe übersteigt die Kapazität des Kurzzeitgedächtnisses; man kann aber davon ausgehen, daß die Versuchsperson mit ein wenig Übung die Zahlenreihe trotzdem lernt. Hierbei leitet sie die Zahlen zum Langzeitgedächtnis weiter (von dem man annimmt, daß es praktisch unbegrenzte Speicherkapazitäten besitzt), um sie später von dort abzurufen. Je mehr Zahlen sie lernen soll (Gedächtnisumfang + 1; Gedächtnisumfang + 2 usw.), desto schwerer wird die Versuchsperson die Aufgabe lösen. Nach dem Erreichen einer Obergrenze schließlich (Gedächnisumfang + n) wird kein noch so langes Üben mehr helfen (vermutlich weil das Gehirn die Verarbeitungsprozesse nicht mehr bewältigen kann).

Miller stellte einer Gruppe von DAT-Patienten derartige Aufgaben und verglich ihre Leistungen mit denen von Patienten, die unter einer spezifischen Schädigung des Hippocampus litten. Solche Personen entwickeln bekanntlich eine ausgeprägte Amnesie (siehe Kapitel 1). Der durchschnittliche Gedächtnisumfang beider Probandengruppen war ungefähr gleich. Hippocampus-Geschädigte benötigten durchschnittlich jedoch nur

[2] Leser, die mit den psychologischen Gedächtnistheorien nicht vertraut sind, sei vor der weiteren Lektüre Kapitel 3 (besonders die Einleitung) empfohlen.

zwei Versuche, um eine «Gedächtnisumfang + 1»-Kette zu lernen, und vier für eine «Gedächtnisumfang + 2»-Kette. DAT-Patienten mußten dagegen im ersten Fall bis zu siebenmal üben und hatten sich die «Umfang + 2»-Kette zumeist auch nach zehn Anläufen noch nicht gemerkt. Bekanntlich weisen DAT-Patienten Schädigungen des Hippocampus auf; das kann jedoch nicht der einzige Grund ihrer Krankheit sein, da sonst die durchschnittliche Leistung beider Probandengruppen ungefähr gleich sein müßte.

Verschiedene Forscher meinen, daß die Gedächtnisprobleme bei DAT-Patienten vornehmlich auf einem Kodierungsproblem beruhen (z.B. Kopelman 1985; Miller 1973; Wilson u.a. 1983). Kopelman (1985) hat dies untermauert, indem er DAT-Kranke mit normalen älteren Probanden und Korsakoff-Patienten verglich. Beim Korsakoff-Syndrom (es wird zumeist durch jahrelange falsche Ernährung in Verbindung mit übermäßigem Alkoholkonsum ausgelöst) ist das Kurzzeitgedächtnis verhältnismäßig gut erhalten, das Langzeitgedächtnis dagegen ernsthaft beeinträchtigt (die Weiterleitung neu erworbener Informationen aus dem Kurz- ins Langzeitgedächtnis ist also gestört). Zunächst stellte Kopelman fest, daß der Gedächtnisumfang von DAT-Patienten erheblich geringer ist als der der Vergleichsprobanden. Dieser Unterschied machte sich auch beim Arbeitsgedächtnis bemerkbar, wenn es darum ging, sich eine Reihe von drei Wörtern einzuprägen und gleichzeitig von 100 in Zweier- oder Dreierschritten rückwärts zu zählen (diese Aufgabe wird gelegentlich nach ihren Erfindern als Brown-Peterson-Aufgabe* bezeichnet). Die Wiedererkennungs-Prüfungen ergaben bei Korsakoff- wie bei DAT-Patienten deutlich niedrigere Werte als bei der Kontrollgruppe normaler älterer Probanden. Aus diesem Grunde gab man ihnen die Möglichkeit, so lange zu üben, bis sie sich genau so viele Bilder gemerkt hatten wie die Kontrollgruppe. Kopelman wollte nun wissen, wie viele Bilder die Probanden noch nach 10 Minuten, nach einem Tag und nach einer Woche wiedererkennen konnten. Dabei stellte sich heraus, daß alle drei Gruppen im Schnitt gleich gut abschnitten. Mit anderen Worten: Gab man den Patienten mehr Zeit zum Einprägen, konnten sie ihre Gedächtnisinhalte genausogut abrufen wie die normalen Vergleichspersonen.

Aus all dem folgt, daß das Langzeitgedächtnis von DAT-Patienten beeinträchtigt ist, weil ihre Kodierungsmechanismen nicht mehr funktionieren, sie also mehr Zeit zur Verarbeitung der Informationen benötigen. Die zum Abruf der Gedächtnisspuren erforderlichen Mechanismen dagegen bleiben erstaunlicherweise weitgehend intakt. Kopelman führte allerdings seine Untersuchung mit DAT-Patienten durch, die sich noch im Frühstadium der Krankheit befanden. Wahrscheinlich nimmt die Leistungsfähigkeit der Abrufmechanismen mit fortschreitender Krankheit ebenfalls ab, worauf die weiter unten behandelte Analyse des Gedächtnisses für weit zurückliegende Ereignisse hindeutet (auch Miller 1975). Kodierungsprobleme sind auch von anderen Formen der Demenz bekannt. Eine von Martone u. a. (1984) durchgeführte Untersuchung des Chorea Huntington und des Korsakoff-Syndroms führte zu vergleichbaren Daten. Dagegen verhalten sich pseudodemente Patienten wie normale Vergleichspersonen, obwohl auch ihre Gedächtnisleistung im ganzen eingeschränkt ist (z. B. Gibson 1981; Miller u. Lewis 1977).

Einigen Forschern ist aufgefallen, daß Aspekte des Arbeitsgedächtnisses von DAT-Patienten beschädigt sein können, während andere Systemkomponenten weitgehend funktionsfähig bleiben. Der Hauptspeicher für sprachliche Gedächtnisinhalte beispielsweise ist die phonologische Schlaufe, von der man annimmt, daß sie wie eine «Stimme im Kopf» ein inneres Tonband bespricht. Wie nun das Sprechen etwa durch eine Reihe ähnlich klingender Wörter «durcheinandergebracht» werden kann (beispielsweise durch Zungenbrecher wie «In Ulm und um Ulm und um Ulm herum»), so läßt sich auch die phonologische Schlaufe manchmal verwirren. Demnach müßte die Buchstabenfolge «B T C P D» schwieriger zu behalten sein als «H W J Y E» – was Tests mit normalen Versuchspersonen in der Tat belegen (Baddeley 1986). Wenn nun die phonologische Schlaufe durch die DAT beeinträchtigt wird, dann dürfte der genannte Unterschied eigentlich nicht mehr ins Gewicht fallen, und die Patienten müßten ähnlich klingende Buchstaben genausogut (oder schlecht) behalten wie unähnlich klingende. Dennoch lassen sich DAT-Patienten genau wie normale Versuchspersonen besonders durch ähnlich klingende Buchstaben verwirren (Morris 1984). Wenn jedoch die für das Arbeitsgedächtnis zuständigen Systeme normal funktionieren – und Baddeley (1986) nimmt an, daß das so ist –, stellt sich die Frage, was die gravierenden Gedächtnisausfälle der DAT-Patienten verursacht.

Die Antwort liegt wahrscheinlich in der zentralen Arbeitseinheit. Um das zu belegen, gaben Baddeley u. a. (1986) dementen und normalen Versuchspersonen die Aufgabe, sich Zahlenreihen einzuprägen, während sie auf einem Bildschirm mit einem Stift den zufallsgenerierten Bewegungen eines kleinen Quadrats folgen sollten. Die Leistungen der DAT-Patienten waren überproportional schlechter, weil sie beide Aufgaben gleichzeitig zu lösen hatten. Morris (1986) fand heraus, daß der Gedächtnisumfang von DAT-Patienten nochmals rapide abnimmt, wenn man die ablenkende Aufgabe weiter erschwert. Diese Ergebnisse deuten darauf hin, daß die zentrale Arbeitseinheit, die die geistigen und mnestischen Prozesse steuert und koordiniert, gestört ist (Morris u. Kopelman 1986). Nicht auszuschließen ist ferner, daß auch die Intelligenz-Defizite bei DAT-Patienten weitgehend auf eine Schädigung der zentralen Arbeitseinheit zurückzuführen sind (Baddeley 1986; Morris u. Kopelman 1986). Einige empirische Daten erhärten die Vermutung, daß die zentrale Arbeitseinheit anatomisch in den Stirnlappen lokalisiert ist (Baddeley 1986, Kapitel 10), also in einer Gegend, die bei DAT-Patienten schwer geschädigt ist. Diese Theorie liefert indes keine Erklärung für die Tatsache, daß Pick-Patienten, bei denen ebenfalls vorwiegend das Stirnhirn geschädigt ist, unter weit geringeren Gedächtnisstörungen leiden als DAT-Patienten.

Altersbedingte Störungen betreffen das Arbeitsgedächtnis sowohl bei dementen wie bei normalen Personen. In beiden Fällen scheint der Grund in der zentralen Arbeitseinheit zu liegen. Deshalb könnte man versucht sein, die DAT als besonders starke Form des Alterns aufzufassen. Doch Baddeley (1986) und andere Forscher heben hervor, daß es sich beim normalen Altern um einen rein *quantitativen* Gedächtnisverlust handelt – das bedeutet, daß alle Systeme wie bei jüngeren Menschen funktionieren, nur etwas weniger effizient. Bei DAT-Patienten ist dagegen die Veränderung quantitativer *und qualitativer* Natur, so daß sich die betroffenen Personen *anders verhalten*. Dieser qualitative Unterschied zeigt sich besonders in Untersuchungen zum visuell-räumlichen Kurzzeitgedächtnis.

Eines der gebräuchlichsten Verfahren zur Prüfung des visuell-räumlichen Kurzzeitgedächtnisses ist der Würfel-Test nach Corsi* (Corsi 1980). Er besteht aus einer Reihe von Holzwürfeln, die der Versuchsleiter in einer bestimmten Reihenfolge antippt, die die Versuchspersonen behalten sollen. Bei jedem Durchgang wird die Anzahl um einen Würfel erhöht, bis die Obergrenze dessen erreicht ist, was der Proband behalten kann. Bei diesem Test schneiden DAT-Patienten außerordentlich schlecht ab, selbst im Vergleich zu amnestischen Personen und zu Probanden, die an anderen Demenz-Formen leiden (z. B. Cantone u. a. 1978; Grossi u. a. 1977).

Stuart-Hamilton, Rabbitt u. Huddy (1988) haben die visuell-räumlichen Funktionen mit einem etwas veränderten Verfahren geprüft. Sie ersetzten die Würfel durch acht geometrische Figuren auf einem großen weißen Hintergrund. Es gab zwei Testbedingungen:

1. *schwarze Quadrate*: Alle Figuren sehen gleich aus;
2. *farbige Figuren*: An die Stelle der schwarzen Quadrate treten in Form und Farbe unterschiedliche Figuren (z. B. ein gelbes Dreieck, ein türkisfarbener Stern usw.).

Wie beim Corsi-Test erhöhte sich die Zahl der angetippten Figuren, bis die Kapazitätsobergrenze der Versuchspersonen erreicht war. Geprüft wurden drei Probandengruppen: 1. ältere, nichtdemente Personen mit einem niedrigen IQ; 2. IBD-Patienten; 3. DAT-Patienten. Die DAT-Patienten schnitten schlechter ab als die Probanden beider Vergleichsgruppen. Bei IBD-Patienten und normalen Probanden wurde interessanterweise ein größerer Gedächtnisumfang für farbige Figuren als für die schwarzen Quadrate festgestellt, wogegen es sich bei den DAT-Patienten genau umgekehrt verhielt: Sie konnten sich die schwarzen Quadrate besser einprägen. Man kann leicht erkennen, warum der Test mit farbigen Figuren leichter fällt: Sie lassen sich leicht voneinander unterscheiden. Im Falle der schwarzen Quadrate dagegen ist die Reihenfolge allein auf Grundlage der Handbewegungen des Versuchsleiters zu behalten. Was aber in den beiden Vergleichsgruppen helfen konnte, schien die DAT-Patienten zu behindern. Dieses Phänomen ist nicht leicht zu erklären. Vermutlich verhält es sich so, daß die DAT-Patienten durch die Zusatzreihe (Form und Farbe) von den Zeigebewegungen abgelenkt werden, so daß ihnen bei der Kodierung Fehler unterlaufen.

Dies wurde durch ein weiteres Experiment der genannten Autoren bestätigt. Bei diesem Versuch ging es darum, auf die Abbildung eines benannten Gegenstandes (Zielobjekt) inmitten anderer geometrischer Figuren (ablenkende Reize) auf einem DIN-A 4-Blatt zu zeigen. Beim Zielbild handelte es sich stets um ein vertrautes Objekt (Kerze, Apfel usw.). Die ablenkenden geometrischen Figuren waren entweder dem Objekt jeweils sehr ähnlich (Kerze mit langgestreckten Vierecken; Apfel mit Kreisen) oder sehr unähnlich (Apfel mit Kreuzen, Rechtecken usw.). Normale Versuchspersonen und IBD-Patienten lösten die Aufgabe fehlerfrei, während die Leistung der DAT-Patienten schlecht war. Ihnen unterliefen sogar noch mehr Fehler, wenn die gesuchte Abbildung von *unähnlichen* geometrischen Figuren umgeben war. Folglich hatten diese Patienten keine Schwierigkeiten, Zielobjekt und ablenkende Figuren zu unterscheiden, sonst hätten sie bei ähnlichen Figuren schlechter abgeschnitten als bei unähnlichen. Vielmehr konnten sie mit den zusätzlichen Verarbeitungsanforderungen nicht zurechtkommen und wurden von der «Mehr-Information» überfordert, was sich in schlechten Leistungen niederschlug. Da die Leistung im visuell-räumlichen Test der zuvor behandelten Gedächtnisleistung entspricht, scheint es sich in beiden Fällen um ein und dieselbe Störung zu handeln.

So bezieht sich das Hauptdefizit des visuell-räumlichen Gedächtnisses bei DAT-Patienten nicht auf das Gedächtnis an sich, sondern auf die Prozesse, die es mit Informationen füttern. Gestört ist die Fähigkeit, sich auf Zielobjekte zu konzentrieren und ablenkende Reize auszublenden. Dies scheint wiederum auf eine Beeinträchtigung der zentralen Arbeitseinheit hinzuweisen. Allerdings besteht nur eine schwache Korrelation zwischen der visuellen und der sprachlichen Gedächtnisleistung bei DAT-Patienten (vgl. Cantone u. a. 1978). Im Test mit Gesichtern und sprachlichem Material kamen Wilson u. a. (1982) zu entsprechenden Ergebnissen. Ohne zusätzliche Untersuchungen wird man daher nicht entscheiden können, ob es sich in beiden Fällen um eine Störung der zentralen Arbeitseinheit handelt. Abgesehen davon haben Stuart-Hamilton u. a. gezeigt, daß DAT-Patienten sich qualitativ anders verhalten und die DAT daher keineswegs als verstärktes Altern anzusehen ist.

Ein anderer Aspekt der mnestischen Tätigkeit betrifft weit zurückliegende Ereignisse. Ein verbreitetes Vorurteil besagt, daß demente Patienten durchaus glücklich in ihrer Vergangenheit leben und nur die Gegenwart ihnen Schwierigkeiten bereitet. Bis zum Zerfall ihrer Sprachfertigkeiten können demente Patienten in der Tat lange Erinnerungsketten produzieren. Aber diese Menge täuscht über die Tatsache hinweg, daß vieles «erdichtet» sein kann oder einige wenige Themen immer neu variiert werden. Laborexperimente stützen diese These. Das Gedächtnis für weit Zurückliegendes erweist sich bei DAT-Patienten speziell hinsichtlich berühmter Namen und Ereignisse als viel schwächer als bei normalen älteren Vergleichspersonen (Corkin u.a. [1984]; Stuart-Hamilton u.a. [unveröffentlicht]; Wilson u.a. [1981]).

Bei genauerer Betrachtung erweist sich die Erklärung als vielschichtig. Stuart-Hamilton u.a. (1988) verwendeten den Berühmte-Namen-Test. Wie in einer früheren Studie mit nicht-dementen älteren Personen berechneten sie die Wahrscheinlichkeit, mit der nun DAT-Patienten die Namen auf der Liste erkennen müßten (siehe den Abschnitt über das Gedächtnis für weit zurückliegende Ereignisse in Kapitel 3). Daraus ergab sich eine Rangliste berühmter Namen. Es stellte sich heraus, daß die von DAT-Patienten erkannten Namen den gleichen Berühmtheitsrang besaßen wie bei nicht-dementen Personen (und IBD-Patienten). Das bedeutet, daß die demenzbedingte Beeinträchtigung weniger komplex ist als vielfach angenommen. Vereinfacht gesagt: Die Demenz zerstört alle Namensspuren, mit Ausnahme der berühmtesten, und zwar unabhängig davon, wann diese Namen in den Medien auftauchten (siehe die methodischen Erörterungen zu diesem Test in Kapitel 3).

Die Forschungsergebnisse über das Gedächtnis für weit zurückliegende Ereignisse widersprechen auch der These, daß die Speicherungs- und Abrufmechanismen dementer Patienten intakt bleiben und nur die Kodierung gestört ist. Es gibt keinen plausiblen Grund für die Annahme, daß die Kodierung dementer Patienten vor Beginn der Krankheit sich in irgendeiner Weise von der anderer Menschen unterscheidet. Daraus folgt, daß die Namen berühmter Personen angemessen kodiert worden sein müssen; der «Erinnerungswert» scheint jeweils der gleiche zu sein. Da aber demente Personen bei den besagten Tests ungleich schlechter abschneiden, müssen entweder ihre Gedächtnisspuren inzwischen verblaßt und/oder der Abrufmechanismus selbst geschädigt sein. Deshalb gilt: Das Gedächtnis dementer Personen ist gestört, weil sich alte Gedächtnisspuren nicht mehr abrufen und neue nicht mehr anlegen lassen.

Nun stellt sich die Frage, ob die mnestischen Beeinträchtigungen dementer Patienten gelindert werden können. In Anbetracht der Forschungsergebnisse zeichnen sich zwei Möglichkeiten ab. Hinsichtlich des visuell-räumlichen Gedächtnisses folgt aus den obigen Erörterungen, daß das Gesichtsfeld von DAT-Patienten möglichst langweilig, also mit möglichst wenig Ablenkungsmöglichkeiten versehen werden sollte. Zudem sollten Aufgaben möglichst einfach gestellt sein, da Demente mit vielen gleichzeitigen Reizen schlecht zurechtkommen.

Eine zweite Möglichkeit könnte im Ködern* bestehen. Unter «Ködern» ist in diesem Zusammenhang gemeint, der Person einen Hinweis auf das abzurufende Element zu geben (beispielsweise den Anfangsbuchstaben eines Wortes – der Anfangsbuchstaben-Köder*). Sowohl demente wie normale Versuchspersonen verbessern aufgrund eines solchen Köders ihre Leistungen. Mitunter gleicht der Gedächtnisumfang dementer Patienten sogar dem normaler Personen (z. B. Davis u. Mumford 1984; Miller 1975). Andere, weniger «auffällige» Köder (z. B. semantische Eselsbrücken) verbessern zwar die Leistung normaler Probanden, weil begriffliche Ähnlichkeiten zwischen Köder und Gedächtnisspur das Erinnern erleichtern; demente Testpersonen dagegen konnten diese Hilfe nicht verwerten (Davis u.

Mumford 1984; Weingartner u. a. 1981 und 1982). Diesfeldt (1984) fand heraus, daß semantische Ähnlichkeiten dementen Patienten nur dann helfen, wenn man ihnen die «Spielregel» erklärt und zusätzlich einen offensichtlichen Köder anbietet.

Warum dementen Patienten nur mit offensichtlichen Ködern geholfen werden kann, ist eine noch offene Frage. Einige Forscher (z. B. Miller 1975) meinen, daß darin eine Störung der Abruffunktionen zum Ausdruck kommt. Demente Personen könnten demnach eine Gedächtnisspur nicht finden, wenn man ihnen nicht sagt, welche es ist. Andere (z. B. Martin u. a. 1985) vermuten dagegen, daß das Problem beim Kodieren entsteht. Das hieße, daß demente Personen nicht genügend Informationen kodieren, so daß nur der offensichtliche Köder den mnestischen Prozeß anregt. Ein ausgezeichneter Überblick über die Kontroverse findet sich in der Publikation von Morris u. Kopelman (1986).

Visuell-räumliche Fertigkeiten

Es wurde bereits erwähnt, daß DAT-Patienten bei visuellen Suchaufgaben (und bei Aufgaben, die das visuell-räumliche Gedächtnis betreffen) besonders schlecht abschneiden. Ursache dafür ist mangelnde Aufmerksamkeit. Andere schwerwiegende Beeinträchtigungen visuell-räumlicher Fertigkeiten wurden ebenfalls erforscht. So haben Grossi u. Orsini (1978) festgestellt, daß demente Patienten acht räumlich verteilte Kreuze schlecht nachzeichnen können. Aber unter allen dementen Probanden waren es allein die DAT-Patienten, die auch beim zweiten Versuch ihre Leistung nicht verbesserten. Brouwers Untersuchung (1984) hat ergeben, daß DAT-Patienten im Vergleich zu Probanden, die an Chorea Huntington leiden, in einer Reihe visuell-räumlicher Tests schlechtere Ergebnisse erzielten. Die DAT scheint zudem das ikonische Gedächtnis* nachhaltig zu beschädigen. Dieses Gedächtnis bezieht sich auf Reize, deren Darbietungszeit sehr kurz ist (Bruchteile einer Sekunde), die also aus dem Blickfeld verschwinden, bevor sie vollständig verarbeitet und erkannt werden können. Wenn eine Versuchsperson diese Reize später richtig erkennt, so ist das lediglich auf die Speicherung des Reiz-*Erscheinungsbildes* zurückzuführen, da zur weiteren Analyse keine Zeit zur Verfügung stand.

Das ikonische Gedächtnis wird üblicherweise mit Hilfe einer Technik geprüft, die man als rückläufige Maskierung* bezeichnet. Ein zu behaltendes Element (zumeist ein Buchstabe) wird während eines Sekundenbruchteils auf einem Computerbildschirm dargeboten und unmittelbar danach durch eine Maske* ersetzt, die dazu bestimmt ist, die mnestische Verarbeitung des zu behaltenden Elements zu stören. Als Maske kommen in Frage: einfaches Flimmern oder komplexe Formen usw. Daß die Maskierung das Einprägen erschwert, geht daraus hervor, daß das Element, um richtig erkannt zu werden, länger dargeboten werden muß, wenn ihm eine Maske folgt. Die Zunahme der Darbietungszeit wird als Reizanfangs-Asynchronie* bezeichnet. Man weiß auch, daß verschiedene Masken sich auf verschiedene Teile des visuellen Verarbeitungssystems auswirken. So hat man mit einigen ausgeklügelten Experimenten (Morris u. Kopelman 1986) nachgewiesen, daß die Maskierung durch einen Lichtblitz die Anfangsphase des Verarbeitungsprozesses stört (bevor das Signal den Kortex erreicht), während Buchstabenteile (die Maske sieht aus, als bestünde sie aus «zerschnittenen» Buchstaben) eine spätere Phase der Reizverarbeitung im Kortex behindern.

Es gibt einige empirische Belege dafür, daß das ikonische Gedächtnis von DAT-Patienten verhältnismäßig schlecht ist (z. B. Coyne u. a. 1984; Moscovitch 1982; Schlotterer u. a. 1984). DAT-Patienten sind auf eine erheblich längere Darbietungszeit angewiesen, wenn sie die dargebotenen Elemente mit der gleichen Genauigkeit erkennen sollen wie normale Vergleichspersonen. Beide Gruppen weisen die gleichen Werte zur Reizanfangs-Asynchronie auf, wenn die Maske in einem einfachen Lichtblitz besteht (Moscovitch 1982), was den Schluß nahelegt, daß die Anfangsphase der visuellen Verarbeitung bei DAT-Patienten nicht beeinträchtigt ist. Dies wurde durch entsprechende Untersuchungen von Schlotterer u. a. (1984) bestätigt. Wird dagegen eine figürliche Maske verwendet, nimmt die Reizanfangs-Asynchronie bei DAT-Patienten überproportional zu (z. B. Coyne u. a. 1984; Moscovitch 1982). Das deutet darauf hin, daß das Defizit in der kortikalen Verarbeitung des ikonischen Gedächtnisses besteht. Man darf davon ausgehen, daß der Ausfall nichts mit dem basalen visuellen Verarbeitungsprozeß zu tun hat, denn bei der DAT werden die Okzipitallappen – die für die visuelle Wahrnehmung verantwortlich sind (siehe Kapitel 1) – weitgehend verschont.

Vermutlich hat die Beeinträchtigung also mit der *Interpretation* des visuellen Reizes zu tun. Diese Ansicht kann sich auf einige empirische Befunde stützen. Moss u. Albert (1988) fanden heraus, daß DAT-Patienten Schwierigkeiten haben, etwas auf eine Aufforderung hin zu zeichnen. Die Aufgabe beispielsweise «Zeichnen Sie eine Uhr, deren Zeiger auf 10 nach 11 stehen» stellt sie vor erhebliche Probleme. Den gleichen Patienten gelingt es aber ohne große Mühe, eine derartige Uhr von einer Vorlage abzuzeichnen. Andere Forscher bestätigen diese Beobachtungen (z. B. Hécaen u. Albert 1978; Rubens u. Benson 1971). Kurzum, DAT-Patienten sehen, was sich ihren Augen darbietet, doch sie erkennen nicht, worum es sich handelt. Was diesen Ausfall (visuelle Agnosie) verursacht, ist nach wie vor umstritten. Warrington (1975) hat einen engen Zusammenhang zwischen dieser Störung und einer allgemeinen Beeinträchtigung des semantischen Gedächtnisses entdeckt (darauf wird im nächsten Abschnitt näher eingegangen). Es wäre jedoch vorschnell zu schließen, daß die visuellen Verarbeitungsprozesse bei DAT-Patienten völlig unbeeinträchtigt sind. Es sind Fälle bekannt, in denen Sehschwäche, Teilatrophie der Okzipitallappen und verringerte Kontrastempfindlichkeit (siehe Kapitel 1) auftraten (Nissen u. a. 1985).

Sprachfertigkeiten

Wie schon bemerkt wurde, entwickeln demente Patienten im allgemeinen und DAT-Patienten im besonderen Sprachschwierigkeiten. Diese nehmen mit fortschreitendem Krankheitsverlauf zu, bis die Kranken im Spätstadium der Demenz schließlich ganz verstummen. Die Krankheit verläuft außerdem bei DAT-Patienten, die bereits zu Beginn der Demenz gravierende Sprachprobleme haben, erheblich schneller (Berg u. a. 1984). Die Demenz betrifft zwar viele Sprachfertigkeiten – zuerst gestört wird jedoch normalerweise die Wortfindung (Wortfindungsstörung) (Appell u. a. 1982). Und gerade dieser Aspekt ist bei DAT-Patienten besonders beeinträchtigt (Bayles u. Tomoeda 1983). Martin u. Fedio (1983) haben beobachtet, daß DAT-Patienten in besonderem Maße an Wortfindungs- wie an Sprachflußstörungen leiden. Es wurde auch entdeckt, daß DAT-Patienten ein gesuchtes Wort oft mit einem semantisch ähnlichen verwechseln («Liege» statt «Bett» oder «Hocker» statt «Stuhl»). Zudem verwenden sie häufiger abstrakte Bezeichnungen (z. B. «Hund», «Katze» usw.) als konkrete Namen (z. B. «Schäferhund», «Perser»).

Martin und Fedio deuten dies als Beleg dafür, daß der Wortschatzverlust bei DAT-Patienten vornehmlich spezifische Begriffe betrifft und zunehmend abstrakte Bezeichnungen übrigläßt. Ein ähnliches Phänomen ist in einer Einzelfallstudie beschrieben worden (Schwartz u. a. 1979): Es sieht so aus, als würde die Sprache ihre Feinauflösung verlieren. Die meisten Daten lassen darauf schließen, daß die Wortfindungsstörung eher auf einer durcheinandergeratenen semantischen Klassifikation beruht, als mit Wahrnehmungsausfällen zu tun hat (z. B. Bayles u. Tomoeda 1983; Martin u. Fedio 1983). Wortfindungsstörung und visuelle Agnosie weisen somit einige Parallelen auf, die Warrington (1975) zu der These führten, daß Wortfindungsstörungen auf einem Ausfall des Sprachgedächtnisses und/oder des visuellen Gedächtnisses beruhen. In ihrer Studie führten dagegen Martin u. Fedio (1983) Wortfindungsstörungen auf die mißglückte Verbindung zwischen dem gesuchten Wort und dem entsprechenden semantischen Begriff zurück.

Ein anderes Merkmal der demenzbedingten Beeinträchtigung der Sprache ist der vergleichsweise hohe Anteil an Einschiebungen* und Perseverationen*. Eine Einschiebung ist zum Beispiel dann gegeben, wenn ein Patient in der Antwort auf eine Frage Bruchstücke einer früheren Antwort auf eine andere Frage verwendet. Im Gegensatz dazu steht die Perseveration, bei der ein Patient Phrasen grundlos mehrmals wiederholt. In einer von Shindler angeregten Studie (Shindler u. a. 1984), in der DAT-Patienten und andere demente Personen, Aphasiker (Gehirngeschädigte mit sprachlichen Ausfällen) und normale Vergleichspersonen untersucht wurden, stellte sich heraus, daß bei allen Kranken Perseverationen auftraten. Dieser Befund wurde durch Bayles (1985 a) bestätigt. Am häufigsten treten Perseverationen aber bei Hydrocephalus-Fällen und bei Wernicke-Patienten auf, Einschiebungen bei DAT- und Wernicke-Patienten (was kaum überrascht, denn viele DAT-Patienten entwickeln eine Wernicke-Aphasie; vgl. Appell u. a. [1982]).

Nicht seltener lassen sich bei dementen Probanden auch Phänomene der Umschreibung* beobachten. Weil die Patienten das *richtige* Wort nicht mehr finden, kreisen sie es sprechend ein. Das Phänomen ist als Folge der Wortfindungsstörung zu deuten, die bekanntlich bei DAT-Patienten stark ausgeprägt ist.

Andere Aspekte der Sprachfertigkeit jedoch bleiben erstaunlicherweise fast intakt. Die Aussprache beispielsweise wird nicht beeinträchtigt, was den Schluß nahelegt, daß viele demente (insbesondere DAT-)Patienten Aussprachefehler bemerken und verbessern (z. B. Appell u. a. 1982). Auch die Morphologie* (Kenntnis des Wortaufbaus) wird nicht beeinträchtigt. Das Wissen, daß Wörter dieselbe Wurzel haben (z. B. «Arbeit»-«arbeiten»-«Arbeiter»), scheint nicht angegriffen zu sein, da den Patienten selten morphologische Fehler unterlaufen. Auch Syntax und Betonung bleiben relativ gut erhalten (Bayles 1985 b; Moss u. Albert 1988).

Dennoch sind die geäußerten Sätze dementer Personen häufig völlig sinnlos. Das ist wenig verwunderlich, wenn man bedenkt, daß die semantischen Fertigkeiten derart eingeschränkt sind. Die Ausfälle machen sich um so stärker bemerkbar, je komplexer die jeweiligen Sätze sind. Dies zeigt sich in der Schwierigkeit, ihren pragmatischen Sinn zu verstehen. Aus diesem Grunde muß man bei Tests darauf achten, daß die Personen alle Fragen und Aufgaben verstehen (dies gilt besonders gegenüber DAT-Patienten, die früher als andere demente Probanden unter Sprachstörungen leiden; Bayles [1985 b]). Die oben beschriebenen schlechten Testergebnisse könnten teilweise darauf beruhen, daß die Probanden nicht verstehen, was von ihnen erwartet wird. Analog dazu könnte man versuchen, den Gedächtnisumfang von Menschen, die nur die deutsche Sprache beherrschen, mit arabisch formulierten Fragen zu testen. Das Testergebnis würde sie als geistig schwer behindert erscheinen lassen, obwohl die festgestellte Störung nicht das Gedächtnis, sondern die Verständigung betrifft.

Mängel der Untersuchungsmethoden

Das Problem mit dem bisher beschriebenen Verfahren stellt sich wie folgt: Im Grunde sind alle zur besseren Diagnose der verschiedenen Demenz-Formen entwickelt worden. Aber die Forscher (der Autor des vorliegenden Buches nicht ausgenommen) scheinen sich damit abzufinden, ihre Patienten mit Methoden zu testen, die bekanntermaßen ungeeignet sind, Unterschiede zwischen Patientengruppen festzustellen. Zahlreiche Forscher weisen auf die Heterogenität innerhalb ihrer Probandengruppen hin (besonders bei DAT-Patienten), scheinen aber keine Konsequenzen daraus zu ziehen. Der Grund ist weder Ignoranz noch Faulheit. Um Patienten neu zuordnen zu können, ist man aus statistischen Gründen auf sehr große Stichproben angewiesen, die die Arbeitskapazität der meisten Wissenschaftler übersteigen. Zudem würde sich eine Untersuchung großer Stichproben nur lohnen, wenn neue Instrumente eine genauere Klassifizierung in Aussicht stellten.

Es hat sich gezeigt, daß die Demenz einer bestimmten Ätiologie gravierendere Störungen hervorruft als eine andere, daß sich aber sämtliche Demenz-Formen in ihrem allgemeinen Krankheitsbild gleichen. So ist alles eine Frage der Ausprägung. Bis heute ist noch keine nur für eine bestimmte Form der Demenz charakteristische Störung nachgewiesen worden. Es bleibt also nur die Möglichkeit, den weiteren Krankheitsverlauf abzuwarten (obwohl auch dieses Verfahren nicht völlig zuverlässig ist). Das soll nicht heißen, die Forschungsergebnisse wären uninteressant. So hat man zeigen können, wie und warum sich verschiedene Demenz-Symptome entwickeln. Auch ist der Nachweis gelungen, daß die Demenz (vor allem die DAT) auf dem Zusammenbruch intellektueller Funktionen und auf der gestörten Verarbeitung von Gedächtnisspuren und Wahrnehmungen beruht, und nicht eine besondere Form der Amnesie darstellt, wie ursprünglich angenommen. Aber derartige Ergebnisse bringen uns möglichen Behandlungsmethoden keinen Schritt näher.

Ein zweites Problem betrifft die Wahl und die Auswertung der jeweiligen Testverfahren. Der Nachweis intellektueller Leistungseinbußen bei Dementen gegenüber normal alternden Menschen ist uninteressant, weil er lediglich die Definition der Demenz wiederholt. Ein Fertigkeits- oder Leistungsdefizit ist nur dann von Interesse, wenn es nennenswert größer oder kleiner ausfällt als das allgemein bekannte. Daß eine Fertigkeit etwas besser erhalten bleibt als andere, ist interessant, weil es den Schluß nahelegt, daß der entsprechende zerebrale Steuerungsmechanismus seinerseits verhältnismäßig intakt geblieben ist. Eine überdurchschnittliche Beeinträchtigung deutet auf das Gegenteil hin. Um den relativen Ausfall einer Funktion erfassen zu können, muß man verschiedene Fertigkeiten testen und die Zusammenhänge zwischen den Meßwerten berechnen.

Ein weiteres Problem betrifft die Kontrollgruppen, also die Menge der Personen, mit denen demente Patienten verglichen werden. «Normale» Vergleichspersonen stimmen üblicherweise nur hinsichtlich des Alters mit dementen Patienten überein. Einige Forscher sind etwas klüger und berücksichtigen auch den prämorbiden IQ*, den geschätzten IQ der Patienten vor Krankheitsbeginn. Aber beide Vorgehensweisen sind gleichermaßen unbefriedigend. Die Kontroll-Personen nämlich werden nach den Gesetzen der Wahrscheinlichkeit dem Durchschnitt der Gesamtbevölkerung entsprechen und daher durchschnittliche IQ-Werte erzielen. Doch mit dem Nachweis, daß Gruppen dementer Patienten schlechter abschneiden als normale Ältere, rennt man nur einmal mehr offene Türen ein.

Eine etwas bessere Vorgehensweise besteht darin, nichtdemente Personen mit einem sehr niedrigen IQ als Kontrollgruppe zu bestimmen, und zwar aus zwei Gründen. Zunächst ließen sich so genuin demenzbedingte von harmlosen altersbedingten Veränderungen bei Menschen mit niedrigem IQ unterscheiden – eine klinisch durchaus relevante Differenz. Zum anderen kann man auf diesem Weg demente Patienten und Personen mit niedrigem IQ hinsichtlich ihrer IQ-Werte miteinander vergleichen. Damit läßt sich bestimmen, welche Veränderungen durch die Demenz verursacht werden und welche allein auf ein niedriges Niveau der allgemeinen Intelligenz zurückzuführen sind.

Schließlich werden demente Personen in der Regel nur zusammen mit normalen Vergleichspersonen untersucht, nicht aber mit anderen dementen Gruppen. Das mindert den Wert einer Studie, weil nicht beurteilt werden kann, ob die Ausfälle der dementen Gruppe spezifisch für die jeweilige Form der Demenz sind oder ob sie ein allgemeines Merkmal der Demenz schlechthin darstellen. Nehmen wir an, daß DAT-Patienten in zwei Tests X und Y schlechter abschneiden als die normale Kontrollgruppe. Würden nun IBD-Patienten in den gleichen Tests ebenso schlechte Ergebnisse erzielen, wäre die Leistungseinbuße auf eine allgemeine demenzbedingte Veränderung zurückzuführen. Schnitten dagegen die IBD-Patienten zwar beim Test X, nicht aber beim Test Y schlechter ab, dann hätte man einen qualitativen Unterschied zwischen der DAT und der IBD entdeckt, der sich in ein diagnostisches Verfahren umsetzen lassen müßte. Aber niemand wird je in Erfahrung bringen, ob ein derartiger Unterschied besteht oder nicht, solange demente Personengruppen nicht miteinander verglichen werden.

Auswirkungen auf die pflegenden Personen

Es gibt zahlreiche Belege dafür, daß die Pflege dementer Verwandter in der Regel zu erhöhter Anfälligkeit gegenüber Depression, Stress und zu ähnlichen Gesundheitsproblemen führt

(z. B. Coppel u. a. 1985; Kennedy u. a. 1988; Morrissey u. a. 1990). Die Gründe liegen auf der Hand. Theoretisch interessanter sind die Ergebnisse einer Studie von Morrissey u. a. (1990), wonach das Ausmaß der Depression (in der besagten Untersuchung: stets der Ehepartner) von der sozialen Rolle abhängt. Sofern der Ehepartner über keine Haushaltshilfe verfügte, erwiesen sich der Rückgang sozialer Kontakte, der Zusammenbruch der Haushaltsführung und der Grad der Beeinträchtigung des Patienten als primäre Quellen der Depression. Für Ehepartner, die weiterhin zur Arbeit gingen, spielte das Ausmaß der Beeinträchtigung eine geringere, der Zusammenbruch der Haushaltsführung dagegen eine größere Rolle. Merkwürdigerweise wurde die Depression nur bei Personen, die den Haushalt selbst führten, durch die Anwesenheit vieler Verwandter und Freunde gemildert; dagegen verschärfte sie sich unter gleichen Bedingungen bei den arbeitenden Pflegepersonen. Morrissey u. a. schlossen daraus, daß im zweiten Fall Arbeitskollegen und -kolleginnen mit zum Freundeskreis gerechnet wurden, die unbeabsichtigt den Stress erhöhen, weil sie zwar Gesprächsmöglichkeiten bieten, aber selten wirklich helfen können. Aus welchem Grund auch immer: Mit der Pflege betraute Personen neigen zu Depressionen, und das Ausmaß der Depression zeigt in der Regel an, wieviel Hilfe von außen eine solche Person anzunehmen bereit ist, erhöht aber auch das Selbstmordrisiko (Fry 1986).

Zusammenfassung

Abschließend ist zu betonen, daß die Schwere der Demenz-Symptome dazu verführen kann, die Verbreitung der Demenz zu überschätzen. Doch nur etwa 5 Prozent der älteren Menschen entwickeln Demenz-Symptome, und viele von ihnen darüber hinaus nur in schwacher Form. Irreführend ist auch die Ansicht, daß die Demenz eine unvermeidbare Begleiterscheinung des Alterns wäre. Wie gezeigt wurde, kann sich eine Demenz lange vor dem Erreichen des hohen Alters entwickeln; einige Formen treten in der Tat nur sehr selten *nach* dem 65. oder 70. Lebensjahr auf (z. B. die Pick-Krankheit). Die geistigen Leistungen dementer Personen weichen darüber hinaus qualitativ von denen normaler älterer Menschen ab, so daß sich die Demenz nicht als Extremform des Alterns bezeichnen läßt.

Demenz ist der fortschreitende Verlust des Gedächtnisses sowie der intellektuellen und sprachlichen Fähigkeiten, in der Regel verbunden mit Veränderungen der Persönlichkeit und der motorischen Fertigkeiten. Obwohl die Symptome von Patient zu Patient stark variieren können, lassen sich die Formen der Demenz eher durch den spezifischen Krankheitsverlauf unterscheiden. Demenzen unterschiedlicher Ätiologie sind neurophysiologisch differenzierbar (obgleich zumeist nur *post mortem*), allen gemein ist jedoch eine ausgedehnte Gewebeatrophie im Zentralnervensystem. Verschiedene Krankheiten treten im Gewand der Demenz auf, vor allem die Pseudodemenz und das Delirium; doch heben sie sich andererseits durch begleitende Depressions-Symptome und unvermittelten Krankheitsbeginn von den Demenzen ab. Analysen einzelner Aspekte der zusammenbrechenden geistigen Funktionen sind theoretisch von einigem Interesse, jedoch von geringem diagnostischem Wert. Das wichtigste Ergebnis derartiger Studien ist vermutlich die Erkenntnis, daß die Demenz – vor allem die DAT – primär eine Störung der Intelligenz und der Interpretation von Informationen darstellt, und nicht eine stark ausgeprägte Form der Amnesie (obwohl demente Patienten an gravierenden Gedächtnisstörungen leiden).

All dies wurde jedoch mit Hilfe methodisch nicht immer zureichender Verfahren ermittelt, so daß eine gewisse Vorsicht sicher angebracht ist. Schließlich ist nicht zu vergessen, daß die Demenz nicht nur die Kranken selbst, sondern auch deren Angehörige und Freunde in Mitleidenschaft zieht; Depressionen und verwandte Krankheiten treten bei Pflegepersonen deutlich häufiger auf.

KAPITEL 7

Die Zukunft der Gerontologie

Einleitung

In den vorangegangenen Abschnitten wurde der derzeitige Stand der Psychologie des Alterns untersucht. In diesem Kapitel sollen zuerst einige methodologische Grundprobleme erörtert werden sowie die Frage, in welche Richtung sich die Gerontologie entwickeln müßte, um diese Schwierigkeiten in Zukunft zu vermeiden. Daran anschließend wird es um mögliche neue Formen psychischer Veränderungen bei älteren Menschen gehen. Dabei läßt sich das derzeitige psychologische Wissen nutzen, um festzustellen, wie ältere Menschen auf zukünftige gesellschaftliche Veränderungen und technologische Neuerungen reagieren könnten.

Die Außenperspektive

Simone de Beauvoir unterteilte ihre klassisch gewordene Studie «Das Alter» in zwei Hauptabschnitte: Der eine blickt von außen auf das Alter, der andere von innen. Das vorliegende Buch verwendet die Außenperspektive, und zwar schlicht deshalb, weil gerontologische Forschung fast ausschließlich von jüngeren Leuten betrieben wird, die zumindest noch vor der Pensionierung stehen. Beim Lesen vieler Bücher über die Psychologie des hohen Alters fragt man sich oft, warum derartige Untersuchungen überhaupt durchgeführt worden sind, denn ältere Menschen tauchen dort lediglich in Form defekter oder zusammenbrechender Funktionen auf. Die *Person selbst* scheint ebenso verlorengegangen zu sein wie die Frage nach der Bedeutung der Forschungsergebnisse für das alltägliche Leben. Zwei Argumente sind jedoch zu beachten. Zum einen ist eine etwas distanziertere Perspektive erforderlich, um objektive Erkenntnisse zu gewinnen. Zum anderen baut sich Wissen Schritt um Schritt auf, so daß auch exotisch anmutende Experimente helfen können, ein in sich stimmiges Bild zu zeichnen.

Darüber hinaus wäre es unfair, Forscher der moralischen Gleichgültigkeit gegenüber altersbedingten Beschwerden zu bezichtigen. Dennoch zieht sich die Ansicht, daß ältere Menschen eine von den Forschern selbst zu unterscheidende Gruppe bilden, durch die gesamte gerontologische Literatur. Das ist, wenn nicht erwünscht, so doch verständlich, weil die meisten Forscher unter 60 Jahre alt sind. (Eine Stichprobe der in der Bibliographie genannten Autoren hat ergeben, daß die meisten zwischen 30 und 50 Jahre alt sind.) Hier und da mag dieses Buch altersdiskriminierende Passagen enthalten: Obwohl jede mögliche Anstrengung unternommen wurde, um *nicht* nur jüngere Leser (unter 60) zu erreichen, ist dies ohne Zweifel nicht restlos gelungen – und sei es nur deshalb, weil man dem Zeitgeist der Gerontologie nur schwer entraten kann.

Es gibt nicht die geringste Rechtfertigung dafür, alte Menschen zu diskriminieren, auch wenn dies zum Teil aus löblichen Motiven geschehen mag. Es stimmt, daß die meisten von ihnen körperlich und geistig beeinträchtigt sind. Daraus ergibt sich, daß sie ein größeres Maß an Hilfe benötigen. Aber das macht aus ihnen keine grundlegend anderen Menschen. Dies klingt vielleicht ein wenig übertrieben. Man betrachte jedoch nur ein Argument wie «Etwas anderes ist von einem alten Menschen schließlich nicht zu erwarten». Der Satz scheint nicht unsinnig zu sein, und viele werden ihn ohne böse Absicht für richtig halten. Ältere Menschen verhalten sich eben auf eine bestimmte Art und Weise. Nun ersetze man aber im obigen Satz «alt» durch «schwarz». Schon zeigt sich, welcher Art von Stereotyp man aufsitzt. Obwohl es richtig ist, die speziellen Bedürfnisse älterer Menschen anzuerkennen und in Rechnung zu stellen, daß sich die Mehrheit von ihnen so oder so verhalten wird, ist es keineswegs gerechtfertigt, *alle* älteren Menschen als abgeschlossene Gruppe zu behandeln. Gemäß dem obigen Argument ist das hohe Alter ein leicht zu definierender, radikal anderer Zustand, den eine Person nicht nach und nach, sondern plötzlich erreicht. Der merkwürdigste Aspekt der Altersdiskriminierung besteht jedoch darin, daß – anders als beim Rassismus – seine Vertreter fast immer zu dem werden, wogegen sie sich richten. Der Fremdenhasser hat die Gewißheit, daß sich weder seine Hautfarbe noch seine Staatsangehörigkeit ändern werden. Aber jeder Mensch, der gesund bleibt und keinen Unfall erleidet, wird alt. Und Alters-«Symptome» machen sich nicht erst am 60. Geburtstag bemerkbar; wer genau hinschaut, erkennt sie bereits im frühen Erwachsenenalter.

Es gibt zwei Auswege aus dieser verfahrenen Situation. Zum einen sollte in der Forschung mehr darauf geachtet werden, ältere Menschen nicht als interessante Vertreter einer besonderen Spezies und als nützliche Versuchskaninchen zu behandeln. Wenn Forscher sich von Zeit zu Zeit bewußt würden, daß sie ihre eigene Zukunft analysieren, könnte das sicher nicht schaden.

Zum anderen scheinen sich ältere Menschen am besten dafür zu eignen, andere ältere Menschen zu untersuchen. Die Forschung hat bis heute vor allem jene Aspekte des psychischen Lebens untersucht, die jüngere Forscher als zentral für die Psyche älterer Menschen ansehen. Umgekehrt würde es sicher einiges Erstaunen hervorrufen, wenn ältere Menschen allein darüber befinden könnten, welche Aspekte des Verhaltens *jüngerer* Menschen untersuchungswürdig sind. Mit diesem Argument sollen Psychologen und andere Experten keineswegs ihrer Posten enthoben werden. Die Dienste versierter Forscher sind unverzichtbar. Es könnte sich jedoch als nützlich erweisen, älteren Menschen zu überlassen, was erforscht werden soll, und die Fachkenntnis jüngerer Wissenschaftler und Wissenschaftlerinnen für das notwendige Maß an wissenschaftlicher Strenge einzusetzen. Auch dieser Ausweg ist voller Probleme (wie erreicht man beispielsweise eine optimale Beratung durch ältere Menschen?). Ich hoffe allerdings, den Kern dieses Arguments überzeugend vorgetragen zu haben: Die Forschung darf nicht implizit oder explizit unterstellen, daß ältere Menschen dazu da sind, getestet und beurteilt zu werden, und daß sie sich in einem Zustand befinden, zu dem die testenden Personen keinen Zugang hätten.

Der Wert psychologischer Testverfahren

Im vorliegenden Buch wurden psychologische Tests (insbesondere Intelligenz-Tests) so dargestellt, als könnten sie psychische Fertigkeiten in reiner Form messen. Wenn dem so wäre, dürfte man getrost erwarten, daß die Testergebnisse stark mit den entsprechenden Fertigkeiten im Alltagsleben übereinstimmen. So müßte man aufgrund von Intelligenzmessungen Schulleistung, Einkommen, beruflichen Status usw. einer Person vorhersagen können. Das ist jedoch nicht der Fall. Ein alter psychologischer Treppenwitz besagt, daß die beste je dokumentierte Korrelation zwischen IQ und wirklichem Leben genau 0.7 betrug. Sie bezog sich auf die Anzahl echter Zähne im Gebiß der betreffenden Versuchspersonen. Im allgemeinen sind Leistungen im wirklichen Leben aufgrund von Intelligenzmessungen kaum vorherzusagen

– die Korrelationen schwanken zwischen 0.2 und 0.3. Damit lassen sich ungefähr 10 Prozent der Varianz von Alltagsmeßwerten durch den IQ vorhersagen. Daraus folgt nicht, daß solche Tests wertlos wären. Selbst Gegner der Intelligenzmessung räumen ein, daß die Tests Extremwerte sehr gut erfassen können. So läßt sich mit ihrer Hilfe feststellen, wer sehr gescheit und wer sehr dumm ist (obgleich man einwenden könnte, daß dafür kein Intelligenztest erforderlich wäre). Für die Mehrheit der Menschen jedoch, deren Intelligenz zwischen diesen beiden Extremen liegt, lassen sich keine Voraussagen machen. Dies stellt die gerontologische Forschung vor eine unangenehme Frage: Wenn Intelligenztests keine alltäglichen Funktionen erfassen können – wozu dann die Unmenge an Forschungen zu altersbedingten Veränderungen intellektueller Leistungen?

Salthouse (siehe Kapitel 2) beantwortet diese Frage so: Intelligenzmessungen erlauben zwar keine Vorhersagen über die wirklichen Fertigkeiten eines Menschen, eignen sich aber durchaus als Kontrollverfahren. Das mag so sein, dennoch bleibt verwunderlich, daß Psychologen derart viel Energie in ein Unternehmen stecken, das im Alltagsleben kaum Relevanz besitzt. Dagegen ließe sich geltend machen, daß Intelligenztests für Vorhersagen zwar ungeeignet sind, man aber dennoch mit ihnen arbeiten müsse, bis bessere Instrumente zur Verfügung stehen. So wäre man denn recht gut darüber informiert, was mit 10 Prozent der Intelligenz älterer Menschen geschieht; wie bei einem Eisberg blieben jedoch 90 Prozent verborgen. Doch dies Urteil wäre allzu hart. Denn im allgemeinen sind Intelligenztests ausgezeichnete Indikatoren für Veränderungen im Bereich geistiger Funktionen. In den vorangegangenen Kapiteln wurde gezeigt, daß Beeinträchtigungen mnestischer, sprachlicher und geistiger Fertigkeiten stets mit schlechteren IQ-Werten einhergehen. Zwar sind die Korrelationen nicht immer sehr stark, dennoch aber statistisch signifikant, und sie wiesen in die erwartete Richtung. Beispielsweise ist kein Fall bekanntgeworden, bei dem ältere Menschen im Test besser abgeschnitten hätten als jüngere oder bei dem sich Gedächtnisleistungen mit abnehmender Intelligenz verbesserten. So eignen sich Intelligenztests gut, um Trends offenzulegen.

Wirklich versagt dagegen haben die Psychologen dort, wo sie versuchten, die spezifische Natur eines altersbedingten Ausfalls zu analysieren. Das läßt sich am unterstellten Gegensatz zwischen der flüssigen und der verfestigten Intelligenz veranschaulichen (siehe Kapitel 2). Verfestigte Intelligenz, so die Annahme, verändere sich im Verlauf des normalen Alterns nicht, während die flüssige Intelligenz abnehme. Wir haben aber des öfteren sehen können, daß auch die verfestigte Intelligenz im hohen Alter nachläßt: Die Lesefertigkeiten älterer Menschen gehen zurück, und sie antworten auf Fragen zur verfestigten Intelligenz deutlich langsamer. So wird also die theoretisch bequeme Gegenüberstellung durch experimentelle Befunde nur zum Teil bestätigt. Folglich bleibt nicht viel mehr als eine allgemeine Beschreibung: Veränderungen des Intelligenzniveaus gehen mit der Schwächung mnestischer und geistiger Fertigkeiten *einher*, was wiederum mit einer Verlangsamung der neuralen Signalübermittlung erklärt werden kann. Bis auf wenige Ausnahmen ist es der Gerontologie bis heute nicht gelungen zu beschreiben, *wie* diese Veränderungen ablaufen.

Allein die Gerontologie dafür verantwortlich zu machen, daß IQ-Tests nur von allgemein-deskriptivem Nutzen sind, wäre ungerecht. Das Problem begleitet die Psychometrie* (die Analyse psychischer Unterschiede) seit ihren Anfängen. In einer idealen psychometrischen Welt absolvieren Probanden einen einzigen Test, und das Ergebnis würde gestatten, ihre intellektuellen Fertigkeiten in jeder realen Situation vorherzusagen. Ein einmaliger Testdurchlauf würde alle intellektuellen Fertigkeiten ans Licht bringen. Zum Leidwesen der psychometrischen Experten gibt es einen solchen Test nicht. Vermutlich wird es ihn auch nie geben, und zwar deshalb, weil geistige Fertigkeiten nie durch einen einzigen Faktor bedingt sind, sondern durch verschiedene, zum Teil völlig autonome Teilfertigkeiten. Der allgemeine Intelligenztest betrifft nur die Summe aller Leistungen eines Menschen; er kann daher auch nur einen allgemeinen Eindruck von dessen Fähigkeiten vermitteln.

Dies alles entspricht der Aufgabe, die Leistung einer Fußballmannschaft vorherzusagen, die sich aus verschiedenen Spielern mit jeweils verschiedenen Fähigkeiten zusammensetzt. Die Tabelle zeigt an, wie gut eine einzelne Mannschaft im Vergleich zu anderen ist. Aber der Tabellenrang sagt wenig über die Fertigkeiten der einzelnen Spieler aus. Natürlich werden gute Mannschaften tendenziell über mehr gute Spieler verfügen als schlechte. Doch es gibt immer wieder Ausnahmen. So kann eine bestimmte Mannschaft beispielsweise über den besten Stürmer aller Zeiten verfügen und dennoch einen unteren Tabellenrang belegen, weil die übrigen Spieler schlecht sind. Auf ähnliche Weise gibt das Gesamt-Ergebnis in IQ-Tests an, wie gut die allgemeine intellektuelle Leistung eines Individuums ist. Daraus läßt sich aber nicht ableiten, wie diese Person bei einer spezifischen Aufgabe abschneidet. Auch kann man nicht davon ausgehen, daß Messungen spezifischer Fertigkeiten einen höheren Informationswert besitzen. So steht die Psychometrie vor einem Dilemma: Messungen der allgemeinen Intelligenz eignen sich schlecht zur Vorhersage alltäglicher Fertigkeiten. Messungen spezifischer Fertigkeiten eignen sich dafür zwar besser, weil sie Fähigkeiten erfassen, die denen im wirklichen Leben ähneln. Die Gefahr ist nun allerdings, daß die Messungen das Verhalten im wirklichen Leben einfach reproduzieren. Dann aber sollte man ganz auf den Test verzichten und die wirklich verwendeten Fähigkeiten selbst als Maßstab nehmen. So versagt der eine Ansatz, weil er zu allgemein, und der andere, weil er zu speziell ist.

Nun könnte man endlos das Für und Wider erörtern, die allgemeine Intelligenz beziehungsweise spezifische Fertigkeiten zum Gegenstand künftiger Forschung zu machen. Man könnte jedoch ebensogut diese Kontroverse umgehen und sich statt dessen dem *Zusammenwirken* der spezifischen Fertigkeiten beim Zustandekommen der allgemeinen Leistung zuwenden. Um an den vorherigen Vergleich anzuknüpfen: Statt die Leistung der Mannschaft als solcher oder die Fertigkeiten der einzelnen Spieler zu betrachten, kann man untersuchen, wie die Spieler zusammenwirken und wie Stärken und Schwächen jedes einzelnen zur allgemeinen Leistung der Mannschaft beitragen. Anders gesagt, es müßten die Erkenntnisse über spezifische Leistungen so miteinander kombiniert werden, daß sie erklären, warum ein Individuum genau diese (und keine anderen) Begabungen besitzt. Wer mit psychologischen Theorien vertraut ist, wird erkennen, daß es sich hier um eine Synthese zweier getrennter Forschungsbereiche (der kognitiven Modellierung* einerseits und der Psychometrie andererseits) handelt. Rabbitt (1988 c) hat ausgeführt, daß es der Psychometrie vorrangig um die Frage geht, warum zwei Individuen voneinander verschieden sind, ohne viel an das Problem zu denken, ob diese Unterschiede auf individuell verschiedene mentale Prozesse zurückzuführen sind. Umgekehrt verfügt die Forschung auf der anderen Seite über kognitive Modelle geistiger Funktionen, die allerdings unterstellen, daß alle Individuen über das gleiche Modell verfügen (d. h. auf gleiche Weise denken).

Beide Ansätze sind logisch fehlerhaft. Bildlich gesprochen: Um zu untersuchen, wieviel Zeit verschiedene Individuen benötigen, um von einem Ort zu einem anderen zu gelangen, hat man zwar angenommen, daß einige Individuen schneller gehen als andere, nicht aber, daß einige zu ganz anderen Transportmitteln greifen könnten. Erforderlich ist also eine neue Synthese, die festzustellen erlaubt, ob individuelle Abweichungen auf die unterschiedlich effiziente Verwendung *ein und derselben* Fertigkeit oder auf den

Einsatz *verschiedener* Fertigkeiten zur Erreichung desselben Zieles zurückzuführen sind; wobei unterstellt werden kann, daß einige Fertigkeiten geeigneter sind, das besagte Ziel zu erreichen, als andere.

Man mag sich fragen, was all das mit der Untersuchung des Alterns zu tun hat. Die Antwort lautet: Das Altern der geistigen Fähigkeiten könnte in einem anderen Licht erscheinen, wenn man von dieser neuen Synthese ausgeht. Bekannt ist, daß sich die Intelligenz im Alter verändert. Derzeit deutet man diese Veränderung vereinfachend als allgemeinen Niedergang einiger Fertigkeiten, während andere verschont bleiben. Der Grund für diese Erklärung (der sich der Autor dieses Buches angeschlossen hat) liegt darin, daß sie möglichst einfach ist. Dadurch verdeckt sie jedoch womöglich eine etwas kompliziertere Wahrheit. Angenommen, daß einige Prozesse im Alter stärker nachlassen als andere – eine in Anbetracht der hier diskutierten Forschungsergebnisse durchaus plausible Voraussetzung. Nun ist bekannt, daß die Lösung intellektueller Aufgaben auf spezifischen Teilfertigkeiten beruht; beispielsweise basiert das Lesen auf sprachlichen Fertigkeiten, aber kaum auf solchen des visuell-räumlichen Denkens; beim Schachspielen verhält es sich gerade umgekehrt. Fällt die Leistung einer spezifischen Fertigkeit ab, gefährdet sie damit alle Prozesse, die auf sie angewiesen sind. Eine Verlangsamung der Erkennungszeit für Wörter kann sich zum Beispiel auf das Lesen nachteilig auswirken – doch dies muß nicht stimmen, denn eine ältere Person könnte das Problem mit Hilfe eines neuen Verfahrens umgehen. Die erwähnte Beeinträchtigung ließe sich etwa durch erhöhte Aufmerksamkeit für kontextuelle Hinweise kompensieren, so daß sich die einzelnen Wörter leichter vorhersagen und entsprechend leichter verarbeiten lassen. Das entspräche – um im Beispiel der Fußballmannschaft zu sprechen – einer Verstärkung der Stürmerreihe, um die Verletzung des Torhüters zu kompensieren.

Das heißt aber auch, daß altersbedingte Veränderungen nicht oberflächlich betrachtet werden dürfen. Die mentalen Funktionen älterer Menschen mögen qualitativ vielleicht seit ihrer Jugend gleichgeblieben sein; dennoch kann sich ihr Denkstil verändert haben. (Vielleicht wird eine Demenz erst dann sichtbar, wenn alle kompensatorischen Denkstile erschöpft sind.) Das setzt allerdings voraus, daß es nur jeweils einen Denkstil für die Jugend und einen für ältere Menschen gibt. Komplexer wird das Bild, wenn man eine Mehrzahl von Denkstilen und Funktionsweisen unterstellt. Möglicherweise bestehen aber auch verschiedene Typen der allgemeinen Intelligenz. Individuen mit einem hohen IQ denken dann beispielsweise auf *eine* Art, solche mit einem mittleren IQ auf eine *andere* und Menschen mit einem niedrigen IQ wieder auf eine *dritte* Weise. Vielleicht bewirkt die altersbedingte Minderung des IQ die Übernahme einer für ältere Menschen charakteristischen Denkweise. Und ebenfalls nicht auszuschließen ist, daß ältere Menschen den gleichen Denkstil beibehalten, sobald aber ihr allgemeines Fähigkeitsniveau sinkt, die neurale Leitgeschwindigkeit für den besagten Denkstil nicht mehr ausreicht, was wiederum zu einer starken Beeinträchtigung führt.

Das sind nur einige Möglichkeiten aus einer viel längeren Liste. Die Erklärungen altersbedingter Intelligenzveränderungen, die die zukünftige Forschung entwickeln wird, dürften in ihrer Komplexität nicht mehr in den Rahmen des derzeitigen Erklärungsangebots passen. Womöglich werden sogar Messungen der allgemeinen Intelligenz weiterhin bevorzugt, weil sie trotz aller Ungenauigkeiten den Sachverhalt klar zum Ausdruck bringen. Zurück zum Fußball: Obwohl man sowohl die Fähigkeiten einzelner Spieler als auch ihr Zusammenwirken beobachten kann, muß man letzten Endes doch die Leistung der Mannschaft insgesamt bewerten – selbst wenn man damit die Individuen, die für die Mannschaftsleistung zuständig sind, aus den Augen verliert. Erforderlich ist ein «umfassender» Maßstab – auch um den Preis erhöhter Ungenauigkeiten.

Bisher haben wir im Zusammenhang mit der alternden Intelligenz Bewertungen wie «besser» oder «schlechter» verwendet. Das mag an dem oben beschriebenen Vorurteil liegen, daß ältere Menschen eine in sich geschlossene (homogene) Gruppe bilden. Falls aber nun ältere Menschen Teil eines Kontinuums sind, sollte man auf Methoden verzichten, die die Verschiedenheit zwischen älteren und jüngeren Menschen hervorkehren. Als Alternative bieten sich Experimente an, mit denen sich der kontinuierliche Wandel erfassen läßt. Damit würde man jedoch übers Ziel hinausschießen. Denn im allgemeinen kommt es doch zu einem relativ deutlichen Wandel, der nicht einfach unter den Teppich gekehrt werden darf.

Die Zukunft psychologischer Tests

Entdeckungen im Bereich der Psychologie werden mit großer Wahrscheinlichkeit das Problem des Alterns nicht mildern. Psychotherapien heilen keine Demenz, beseitigen keine Alterssymptome und können keine Anweisungen geben, wie sich Behandlungsmethoden entwickeln lassen. Sie können älteren Menschen jedoch helfen, mit ihren Schwierigkeiten zurechtzukommen – Zyniker mögen ergänzen: indem sie das Elend verwalten.

Verfahren zur Linderung der Altersbeschwerden setzen eher körperlich (insbesondere medizinisch und pharmakologisch) als psychologisch an. So stellt sich die Frage: Haben psychologische Forschungen und Untersuchungen in diesem Bereich überhaupt eine Zukunft?

Die Antwort ist vermutlich ja. Und wahrscheinlich wird die Zukunft nicht wesentlich anders aussehen als die Gegenwart. In den nächsten zehn Jahren werden wohl Therapien für einige Formen der Demenz gefunden werden. Die Psychologie wird zur Erarbeitung dieser Verfahren das ihre beitragen, und zweifellos wird man psychologische Verfahren anwenden, um den geistigen Zustand der Patienten zu bestimmen. Denn ohne die vorherige Feststellung eines psychologischen Problems kann eine körperliche Behandlung nicht einsetzen; umgekehrt kann die Beurteilung eines Heilungserfolgs nur auf dem Kriterium der psychischen Gesundheit beruhen.

Für andere Bereiche der Gerontologie ergibt sich ein ähnliches Bild. Zweifellos befördern körperliche Untersuchungen das Verständnis für die physische Arbeitsweise des Geistes. Die Genauigkeit der Scanner-Verfahren wächst von Jahr zu Jahr. Und mit einem klaren Bild vom Gehirn wird man auch mehr von der Funktionsweise des Psychischen verstehen. Aber es wird zumindest noch Jahrzehnte dauern, bis ein Gehirn-Scanner «Gedanken lesen» kann, und bis dahin werden psychologische Meßverfahren zur Erfassung des alternden Intellekts und der alternden Persönlichkeit unumgänglich sein.

Ältere Menschen in der Zukunft

Im zweiten Teil dieses Kapitels werden Überlegungen darüber angestellt, wie ältere Menschen in einer zukünftigen technischen Zivilisation zu behandeln wären. Dies wird auf der Basis des in früheren Kapiteln beschriebenen Kenntnisstands geschehen.

Wann ist man alt?

Derzeit beruhen Urteile darüber, was einen Menschen «alt» macht, auf verschiedenen Kriterien (Erscheinungsbild, Einstellung, Freizeitmenge usw.). Verschiedene Entwicklungen jedoch werden diese Kriterien wahrscheinlich verändern.

Es ist anzunehmen, daß sich zukünftige Trends am deutlichsten auf die äußere Erscheinung auswirken werden. Bereits heute können chirurgische Eingriffe und (bei Frauen) Hormonbehandlungen das Erscheinungsbild einer Person um mindestens ein Jahrzehnt «verjüngen». Es handelt sich hierbei vorwiegend um kosmetische Veränderungen. Ohne Zweifel werden sich die Techniken in diesem Bereich zukünftig weiter verbessern und erschwinglicher werden. Doch ganz abgesehen davon wird die Medizin Mittel und Wege finden, das Altern zu verzögern. Man weiß inzwischen, daß bestimmte Tiere (zum Beispiel Ratten) unter manipulierten Umwelt- und Ernährungsbedingungen erheblich länger leben können. Die Kluft vom Tier zum Menschen ist zwar nicht einfach zu überbrücken. Aber Veränderungen werden stattfinden, so daß Menschen über 60 nach derzeitigen Maßstäben nicht mehr «alt» aussehen werden. Kann es sein, daß die Menschen dann nach anderen, subtileren Anzeichen des Alterns Ausschau halten? Statt der Falten und grauen Haare könnten trübe Augen zum verräterischen Zeichen werden. Kulturen unterschieden sich schon immer darin, welche Be deutung sie verschiedenen körperlichen Eigenschaften zumaßen. Heterosexuelle Männer unterschiedlicher Kulturen zum Beispiel werden besonders sei es von weiblichen Brüsten, sei es von den Beinen oder vom Nacken einer Frau angezogen. Warum sollte also das Hauptmerkmal des Alterns nicht ebenfalls variieren können? Im Gegenzug aber könnte auch das Hinauszögern des Alterns derart erfolgreich sein, daß es nicht mehr möglich sein wird, das Alter eines Erwachsenen zu erkennen.

Das wirft eine Reihe von Problemen auf. Werden einige Individuen bewußt altern und sich damit zu Außenseitern machen wollen? Vielleicht wird die Behandlung der Alterserscheinungen andererseits derart teuer sein, daß sich nur Reiche diesen Luxus leisten können. Vielleicht entwickeln sich Neurosen bei Menschen, die für ihre Gedanken und Einstellungen einen viel zu jungen Körper haben. Behandlungsmethoden werden sicher den Beginn des Alterungsprozesses hinauszögern, doch irgendwann wird dieser Prozeß unweigerlich einsetzen. Wird dann die körperliche Veränderung (die man mit allen Mitteln vermeiden wollte) schmerzlicher sein als die Hinnahme des natürlichen Alterns? Bevor man ein Loblied auf entsprechende Behandlungsmethoden anstimmt, wäre es wohl angebracht, sich über die psychischen Auswirkungen solcher Verfahren vorab Gedanken zu machen.

Es heißt, daß die Einstellung ein guter Indikator des Alterns ist. Nach Ansicht der meisten Menschen ist eine ältere Person konservativ und verbittert – was natürlich ein Vorurteil ist, wie wir in Kapitel 5 hervorgehoben haben. Es gibt jedoch noch andere Gründe, dies zu bezweifeln. In den vergangenen 50 Jahren hat sich die Gesellschaft derart liberalisiert, daß sie jüngeren Erwachsenen die Möglichkeit gibt, ihre Jugend auszuleben, statt so schnell wie möglich in die Fußstapfen ihrer Eltern zu treten. Die erste Generation dieser Teenager-Rebellen ist nun zwischen 50 und 60 Jahre alt und sieht ihrer Pensionierung entgegen. Auch Hippies und Blumenkinder haben ihr 40. Lebensjahr bereits überschritten. Die Vielschichtigkeit dieses gesellschaftlichen Wandels ist eher ein Thema für soziologische Untersuchungen. Dennoch läßt sich auf der Grundlage dieser Beobachtungen eine wichtige psychologische Vorhersage treffen: Die älteren Menschen der Zukunft werden sich nicht so willfährig dem Muster anpassen, das die Gesellschaft für frühere Generationen bereitgehalten hat. Sie haben die Erfahrung gemacht, daß die Welt nicht zusammenbricht, wenn man sich über Konventionen hinwegsetzt. So könnten die älteren Menschen ihrerseits die Gesellschaft zum Umdenken zwingen.

Eine weitere Überlegung betrifft die Freizeit. In westlichen Gesellschaften wird sie zwar positiv bewertet, aber ein Übermaß an Freizeit wird seltsamerweise negativ eingestuft – vermutlich weil es mit Arbeitslosigkeit oder mit dem Ruhestand in Verbindung gebracht wird. Die fortschreitende Automatisierung der Arbeit (auch durch den Einsatz von Computern) wird wahrscheinlich einen Einstellungswandel bewirken. Kürzere Wochenarbeitszeiten und die Zunahme der «Heimarbeit» werden mehr Menschen im arbeitsfähigen Alter viel eher an ihre Wohnung binden als bisher. Das bedeutet, daß ältere Menschen, die den ganzen Tag zu Hause sind, weniger auffallen.

Ältere Menschen und technische Zivilisation

Daß die Fortschritte in Technik und Wissenschaft den Lebensstil in westlichen Gesellschaften in diesem Jahrhundert nachhaltig verändert haben, ist ein gängiges Klischee. Nun kann man sich ohne weiteres vorstellen, daß auch die älteren Menschen von diesen Veränderungen betroffen sein werden. Und so stellt sich die Frage, wie sie mit der neuen Situation umgehen können.

Intuitiv wird man davon ausgehen, daß sich besonders die medizinische und pharmakologische Versorgung nachhaltig ändern wird. Menschen werden vermutlich länger leben. Wie in Kapitel 1 betont, muß dies jedoch nicht unbedingt stimmen. Obwohl ein größerer Anteil der Bevölkerung sehr alt wird (nach einigen Schätzungen etwa 20 Prozent im Jahre 2000), ist die *individuelle* Lebenserwartung nicht viel größer als zu Beginn dieses Jahrhunderts. Der Unterschied wird übrigens um so geringer, je älter eine Person ist. Während ein 20jähriger Mensch um 1900 eine um einige Jahre geringere Lebenserwartung hatte als heute, geht (wie in Kapitel 1 gezeigt wurde) der Unterschied für 70jährige Menschen auf einige Monate zurück. Daraus folgt zweierlei. Zum einen ist die größere durchschnittliche Lebenserwartung darauf zurückzuführen, daß weniger Menschen in jungen Jahren an einer Krankheit sterben, und nicht darauf, daß sie im Alter gesünder sind. Zum anderen kann medizinische Intervention um so weniger bewirken, je älter ein Mensch ist. Anders gesagt: Die moderne Medizin läßt zwar mehr Menschen älter werden, kann aber für alte Menschen das Leben kaum effektiver verlängern als um 1900.

Dafür gibt es verschiedene Gründe. Heute werden mehr Menschen alt, weil tödliche Krankheiten inzwischen erfolgreich bekämpft werden können (Impfung, Antibiotika, geringere Gefährdung durch die Umwelt). Aber verschiedene Krankheitssymptome (einige Krebsarten und Blutkreislaufbeschwerden) sind nach wie vor unheilbar. Obwohl letztere keineswegs nur bei älteren Menschen zu beobachten sind, treten sie dennoch bei ihnen häufiger auf. Das heißt, daß einige tödlich verlaufende Krankheiten heute genausowenig behandelt werden können wie um 1900; verschiedene Verfahren erlauben zwar, Symptome zu lindern, aber auch dann leben die Kranken höchstens einige Monate länger. In anderen Fällen dagegen kann eine Behandlung (Chemotherapie oder chirurgischer Eingriff) die Krankheitsursache inzwischen beseitigen.

Derartige Behandlungsmethoden sind allerdings kostspielig und setzen widerstandsfähige Patienten voraus. Werden Ärzte nun mit dem Problem der Bettenknappheit konfrontiert (was oft der Fall ist), werden sie jüngere Patienten den älteren vorziehen, da 1. ältere Kranke von einer erfolgreichen Behandlung nicht so lange profitieren können wie jüngere; und sie 2. für eine Behandlung vielleicht nicht robust genug sind.

Ferner ist zu bedenken, daß – wie an anderer Stelle ausgeführt – der allgemeine körperliche Zustand älterer Menschen eher schlecht und um so schlechter ist, je mehr körperliche Systeme «angegriffen» sind. Bei jüngeren Erwachsenen geht die Schädigung eines Organs nicht notwendigerweise mit einer allgemeinen Verschlechterung des gesamten körperlichen Zustands einher. Bei älteren (und besonders bei sehr alten) Menschen verhält es sich dagegen so, daß viele Funktionen an die Schwelle eines Zusammenbruchs geraten, sobald eine andere ausfällt. Auch das spricht gegen die Behandlung älterer Menschen: Es ist wenig sinnvoll, mit großem Aufwand das Herz zu behandeln, wenn gleichzeitig die Leberfunktion gestört ist.

Aus den genannten Gründen ist es unwahrscheinlich, daß Menschen im Alter von 70 und mehr Jahren in nächster Zukunft eine höhere Lebenserwartung haben werden. Das hängt auch damit zusammen, daß individuelle Krankheiten zwar womöglich erfolgreich behandelt werden können, für die allgemeine altersbedingte Degeneration Methoden jedoch erst gefunden werden müssen. Das wirft ein weiteres Problem auf. Wird man solche Methoden mit genügend Hartnäckigkeit und Geduld suchen? Der wachsende Anteil älterer Menschen an der Gesamtbevölkerung bringt Mehrbelastungen der öffentlichen Haushalte mit sich, nicht nur im Hinblick auf die Renten, sondern auch auf die Sozialfürsorge und das Gesundheitswesen. Jede lebensverlängernde Maßnahme für ältere Menschen ist also äußerst kostspielig. Darüber hinaus besteht ein moralisches Problem: Wird nämlich eine lebensverlängernde Methode gefunden, stellt sich die Frage, ob sich der Aufwand bei der zu erwartenden Lebensqualität überhaupt lohnt. Haben lebensverlängernde Medikamente schwerwiegende Nebeneffekte, könnten viele Menschen ihre Einnahme ablehnen, also lieber weniger lang, dafür aber schmerzfrei leben wollen. Wird man ihnen die Wahl lassen? Derzeit ist die Euthanasie in den meisten Ländern gesetzlich verboten. Ist die Verweigerung der Einnahme lebensverlängernder Mittel als gewollte Euthanasie zu beurteilen? Glücklicherweise kann man derartige Fragen in näherer Zukunft noch den Science-fiction-Autoren überlassen, da die Entdeckung entsprechender Medikamente vorerst nicht zu erwarten ist.

Ein anderer technischer Wandel betrifft die Automatisierung der Arbeit. In der Science-fiction ist die Ersetzung der Handarbeit durch Maschinen schon lange ein Gemeinplatz. Dieser Prozeß hat auch in der Wirklichkeit bereits begonnen, wie der rückläufige Anteil der Handarbeit am gesamten Arbeitsvolumen zeigt. Was allerdings leicht vergessen wird, ist die Tatsache, daß auch viele Arbeitsplätze von Angestellten der Automatisierung geopfert werden müssen. Die Verwendung von Groß- und Kleincomputern vermindert beispielsweise den Bedarf an reinen Sekretariatsarbeiten und erfaßt auch noch andere Berufsfelder. Der Einsatz von Expertensystemen* zum Beispiel, die die diagnostischen Fertigkeiten von Spezialisten nachahmen, dürfte in Zukunft intensiviert werden. Große Banken benutzen bereits heute Computer, die einerseits die Aktienkurse «überwachen» und andererseits den Kauf oder Verkauf von Aktien veranlassen. Man wird in Zukunft einen computerisierten Doktor aufsuchen, der die Rolle eines praktizierenden Arztes übernehmen kann und auf der Grundlage von Antworten, die Patienten auf seine Fragen geben, Diagnosen erstellt (dabei wird er nach Regeln verfahren, die den Denkprozessen «menschlicher Ärzte» nachgebildet sind).

Die Auswirkungen der Automatisierung können in diesem Kapitel nicht umfassend behandelt werden. Die meisten fallen ohnehin in den Zuständigkeitsbereich von Demographie und Soziologie. Doch einige Aspekte dieses Wandels gehen ohne Zweifel ältere Menschen unmittelbar an. Eine Kernfrage (die bereits gestreift wurde) betrifft die Veränderungen der Arbeitsgewohnheiten. Veränderungen der sozioökonomischen Lage von Ruheständlern sind unvermeidlich. Wie in Kapitel 5 dargelegt wurde, sind die soziale Klasse und die Beschäftigungsart determinierende Faktoren der Einstellung zum Ruhestand und zum hohen Alter, so daß sich auch diese Einstellungen verändern werden. Die pensionierten Menschen der Zukunft werden sich zudem auf einem höheren Bildungsniveau bewegen. Der seit 1960 zu beobachtende rasche Ausbau des universitären Bildungssektors führt dazu, daß in etwa einem Jahrzehnt zum ersten Mal Menschen mit Universitätsabschluß massenweise die Schwelle zum Ruhestand erreichen. Und wie zuvor schon bemerkt, wird sich die funktionelle Differenz zwischen der Rolle des Arbeitnehmers und des Pensionärs vermutlich verringern. Das alles ist jedoch vorerst ziemlich spekulativ und, wie ein Überblick der einschlägigen Literatur der sechziger Jahre zeigt, mit großer Vorsicht zu genießen. Damals wurde vorhergesagt, daß die Menschen um 1990 entweder an den Folgen der Umweltverschmutzung, eines Atomkrieges, des weltweiten Hungers und/oder der Überbevölkerung sterben oder umgekehrt inmitten von Luxus und einer von hilfsbereiten Robotern bevölkerten Umgebung ihr Leben genießen werden. Es steht zu vermuten, daß die heutigen Vorhersagen ebenso ungenau sind. Die Menschheit hat die merkwürdige Angewohnheit, immer neue Arbeitsbereiche zu entdecken, wenn andere durch Automation verschwinden.

Für die Psychologie sind die unmittelbaren Auswirkungen technischer Neuerungen auf ältere Menschen eher relevant. Diese Auswirkungen lassen sich aufgrund der Folgen früherer technischer Innovationen antizipieren. Heutzutage gewährt das dichte Telefon-, Fernseh- und Radionetz den älteren Menschen einen Zugang zur Außenwelt, der vor 40 Jahren nur den Reichen vorbehalten war. Moderne Haushaltsgeräte vereinfachen das Kochen und andere zur Haushaltsführung notwendige Handlungen. Diese Geräte sind für viele (wenn nicht für alle) ältere Menschen erschwinglich und erleichtern das Leben ohne Frage. So mindern Tiefkühl- und andere Konservierungsverfahren das Vergiftungsrisiko, wenn ältere Personen selbst nicht mehr so genau erkennen können, ob Lebensmittel verdorben sind.

Bei der Freizeitgestaltung spielt das Fernsehen eine nicht zu unterschätzende Rolle. Es unterhält nicht nur, sondern gibt den alten Menschen die Möglichkeit, Orte, Theaterstücke und Konzerte zu sehen, die für sie aus finanziellen oder körperlichen Gründen nicht mehr erreichbar sind. Oft verwenden ältere (insbesondere alleinstehende) Leute den Fernseher oder das Radio als Geräuschquelle im Hintergrund, ohne besonders auf das Programm zu achten (Stuart-Hamilton u. Rabbitt, unveröffentlicht). Aber die audiovisuellen Massenmedien wirken sich auch nachteilig aus. Fernseh- und Radioprogramme sind auf die Bedürfnisse jüngerer Konsumenten abgestimmt. Deshalb werden Sendungen oft so produziert, daß ihre Gestaltung oder ihr Inhalt dem Geschmack älterer Menschen nicht entspricht (z. B. Popmusik). Das kann ihren Eindruck verstärken, daß die Umwelt auf ihre Bedürfnisse im allgemeinen keine Rücksicht nimmt. Zudem kann die Darstellung von Gewalt dazu führen, daß ältere Menschen die Welt für viel gefährlicher und bedrohlicher halten, als sie wirklich ist.

Hier bieten sich verschiedene Lösungen an. Die extremste sieht den Abbau der Fernseh-Herrschaft über die Freizeit vor: Eine andere Unterhaltungsform verdrängt vielleicht das Fernsehen, wie dieses zuvor den Rundfunk verdrängt hat. Denkbar wäre weiterhin, daß die Übertragungstechniken mehrere Lokalsender zulassen, die durch eine Mischung von Programmangeboten tagsüber speziell ältere Menschen «bedienen», am Abend dagegen jüngere Konsumenten. Derartige Einrichtungen existieren bereits in den USA – mit beachtlichem Erfolg.

Eine weitere Möglichkeit sind interaktive Programme. Die Teilnehmer lassen ihre Kamera zu Hause laufen, so daß Gruppendiskussionen und ähnliche Veranstaltungen zustande kommen können. Versuche mit einem solchen System in einer kleinen Gemeinde im Staat Pennsylvania (USA) sind auf großes Interesse gestoßen (Burns 1988). Die Vorteile des interaktiven Fernsehens für ältere Leute, die ans Haus gebunden oder aus anderen Gründen kaum mobil sind, liegen auf der Hand. Ein derartiges System erlaubt es ferner, Programme speziell nach dem Geschmack älterer Menschen zu gestalten.

Aber auch in diesem Falle ist nicht alles Gold, was glänzt. Die Zahl der an interaktiven Programmen beteiligten Personen muß klein gehalten werden, so daß sich kein Gefühl der sozialen Klaustrophobie einstellt. Größere Sorge bereitet allerdings die Gefahr, daß das interaktive Fernsehen durchaus mobile und aktive ältere Menschen ans Haus bindet. Wozu sollten sie noch andere Menschen aufsuchen, wenn sie ihnen gleichsam in ihren eigenen vier Wänden begegnen können? Dieses System bietet einige Vorteile, doch besteht die Gefahr, daß gesunde ältere Menschen ihre Aktivitäten stärker einschränken, als für sie gut ist.

Auch andere technische Neuerungen sind zweischneidig. Computer und andere auf Mikrochip-Basis arbeitende Geräte können älteren Menschen sicher nützen. Verschiedene hilfreiche Erfindungen sind bereits verfügbar. So wurde eine computerisierte Pillenbox erfunden: Der Zeitpunkt der Medikamenteneinnahme ist oft entscheidend für die Wirkung, und da ältere Menschen zuweilen vergeßlich sind, geben diese Boxen zum richtigen Zeitpunkt einen Warnton ab. Man kann sich ohne weiteres vorstellen, daß darüber hinaus ein kleiner Bildschirm an der Pillenbox anzeigt, welche Pille eingenommen werden soll. Doch auch diese Erfindung hat ihren Schönheitsfehler: Sie kann ihren Zweck nur erfüllen, wenn ihr vergeßlicher Besitzer daran denkt, sie stets mitzunehmen. Das ist übrigens eine Schwäche, die allen für vergeßliche Menschen erfundenen Vorrichtungen anhaftet: Man darf nicht vergessen, sie zu verwenden. Gedächtnisstützen – summende Pillenboxen oder elektronische Notizbücher – lösen dieses Problem offensichtlich nicht. Diese Gedächtnisschwächen (siehe Kapitel 3) verdeutlichen die Probleme, mit denen sich die Entwickler derartiger Hilfen konfrontiert sehen.

Einige Erfindungen wie die zuvor erwähnten Expertensysteme werden vermutlich das Leben älterer Menschen erleichtern können. Expertensysteme erfordern jedoch einen Computer. Wo wird dieser installiert? Wenn ältere Menschen einen Arzt aufsuchen, möchten sie den Gang zur Arztpraxis durch die Begegnung mit einem Menschen aus Fleisch und Blut belohnt wissen. Wenn andererseits Computer billiger werden sollten, könnte man ältere Menschen dazu bewegen, zu Hause einen Computer aufstellen zu lassen. Das ist allerdings eine kühne Erwartung, weil die meisten Verwendungsmöglichkeiten eines Computers den Interessen älterer Menschen nicht sehr entgegenkommen: Sie wollen weder lange Rechnungen ausführen noch lange Texte verarbeiten. Auch Computerspiele werden diese Bevölkerungsgruppe kaum begeistern. So wird man Computer mit speziellen, für ältere Menschen entwickelten Programmen anbieten müssen. Werden aber betagte, von körperlichen Beschwerden geplagte Leute die (möglicherweise teure) Software kaufen wollen, um sich mit ihrer Krankheit zu beschäftigen? Da viele Krankheiten ohnehin behandelt werden müssen und also die Anwesenheit anderer Menschen erfordern, darf man computerisierte Ärzte wohl getrost als Spielzeuge für Hypochonder einordnen.

Doch angenommen, daß Expertensysteme für ältere Menschen wirklich angeboten werden, dann stellt sich nach wie vor das Problem der gefährlichen Verwendung dieser Maschinen. Nehmen wir das Beispiel des computerisierten Arztes. In Kapitel 5 wurde dargelegt, daß viele ältere Menschen ihr Alter verdrängen und ihre Beschwerden herunterspielen. Dies könnte auch die Antworten auf die Computer-Fragen beeinflussen. So ist nicht auszuschließen, daß körperliche Symptome, die eine gefährliche Krankheit anzeigen, verharmlost oder geleugnet werden. Ein leibhaftiger Arzt kann diese Krankheit womöglich mit bloßem Auge erkennen, ein Computer nicht. Expertensysteme öffnen also dem Mißbrauch Tür und Tor.

Außerdem wurden viele technische Neuerungen für jüngere Menschen entwickelt. Miniaturisierte Elektronikgeräte zeugen oft von der Kunstfertigkeit der Ingenieure und Designer; aber sie eignen sich nicht für ältere Benutzer. In Kapitel 1 wurde gezeigt, daß das gealterte Wahrnehmungssystem seine Feinauflösungskraft verliert. So hat es den Anschein, als seien viele moderne Geräte konzipiert worden, um alte Menschen zu benachteiligen.

Folglich sind technische Neuerungen für ältere Menschen positiv und negativ zugleich. Sie geben Anlaß zu vielen Hoffnungen, doch ihre Details sind oft nicht genügend durchdacht. Maschinen, die helfen sollen, Arbeit zu sparen, lassen sich häufig nicht bedienen oder bringen mehr Schaden als Nutzen. Medizinische Fortschritte können zwar einige, aber eben nicht alle Krankheiten besiegen, unter denen ältere Menschen leiden. Ein medizinischer Durchbruch, der das Leben verlängern könnte, ist ebenfalls zweischneidig, weil es sowohl längere Lebensfreude als auch längeres Leiden bedeuten könnte. Die Vorstellung, daß ältere Menschen durch viele solcher Fortschritte automatisch glücklicher würden, wäre naiv optimistisch.

Zusammenfassung

Ein Blick in die Zukunft ergibt sich fast zwangsläufig aus der Kritik der Gegenwart. Viele Vorhersagen und Überlegungen dieses Kapitels spiegeln Probleme wider, die sich einerseits der gerontologischen Forschung, andererseits den älteren Menschen selbst stellen. Aus diesen Problemen den Schluß zu ziehen, daß in der Psychologie des Alterns etwas faul sei, wäre unfair. Dieser Zweig der Psychologie erfreut sich eines gesunden Wachstums und liefert interessante Ergebnisse.

Die in diesem Kapitel angestellten Prognosen lassen sich unterteilen in solche, die in Erfüllung gehen sollten, und solche, die in Erfüllung gehen könnten. Zu den ersten gehören jene, die auf der Kritik der bestehenden Forschungsmethoden beruhen. Forscher müssen endlich aufhören, ältere Menschen als eine eigene Gattung zu behandeln. Das zu tun, ist nicht nur unwissenschaftlich, sondern auch überheblich. Um die Tonart zu wechseln: Man sollte versuchen, Veränderungen im alternden Gehirn als vielschichtigen interaktiven Prozeß zu betrachten. Die Untersuchung eines vom Gesamtzusammenhang abgelösten einzelnen Systems führt bestenfalls zu oberflächlichen Vereinfachungen, schlimmstenfalls in die Irre. Die derzeitige Vorgehensweise erinnert an den Witz von den drei Blinden, die einen Elefanten untersuchen – je nach dem Körperteil, den sie gerade betasten, identifizieren sie ihn als Schlange, als Baum oder als Vogel (es gibt auch etwas härtere Fassungen dieses Witzes). Natürlich wird der Übergang zur multifaktoriellen Analyse Probleme mit sich bringen und sicher keine simplen Resultate erzeugen. Doch wie der unvergleichliche Oscar Wilde schrieb, ist die Wahrheit nie rein und selten einfach.

Die anderen in diesem Kapitel entwickelten Vorhersagen betreffen *mögliche* zukünftige Einstellungsänderungen und technische Neuerungen und die Weise, wie sie sich auf ältere Menschen auswirken könnten. Vermutlich wird keine der genannten Veränderungen bereits in wenigen Jahren spürbar sein. Man läßt sich immer wieder zu der Ansicht verleiten, daß technische Fortschritte die Lebensform verändern, und nur selten zieht man die Möglichkeit in Betracht, daß Menschen diese Veränderungen ignorieren. Ältere Leute könnten sich gegen neue Erfindungen sperren, nicht weil sie so konservativ wären (was, wie wir in Kapitel 5 gesehen haben, zudem ein unbegründetes Vorurteil ist), sondern schlicht deshalb, weil sie sie für nur begrenzt sinnvoll halten. Vielleicht ist dies die optimistischste Perspektive für zukünftige Generationen älterer Menschen – daß sie sich dafür einsetzen, was *sie* wollen, und nicht, was ihnen Jüngere «zu ihrem eigenen Wohl» vorschreiben.

Wenn dieses Buch eine Botschaft enthält,
dann diese:

Ob eine ältere Person klug oder dumm, lebensfroh oder suizidgefährdet, gesund oder bettlägerig ist, hängt von ihren Genen und von ihrer Lebensweise in jüngeren Jahren ab. Ein zufriedenes Leben im hohen Alter ist ein Geschenk, kein selbstverständliches Recht. Es ist nur zu erreichen, wenn man sich mit klarem und kritischem Bewußtsein dem Alter nähert. Der einzige psychologische Aspekt, der sich nicht steuern läßt, ist der alternde Geist. Natürlich kommt es bei einigen (keineswegs bei allen) Individuen zu mentalen Beeinträchtigungen; diese sind jedoch selten so gravierend, daß sie einen glücklichen und produktiven Lebensabend verhindern. Wer sich hiervon nicht überzeugen lassen und ältere Menschen weiterhin als gesonderte, homogene Gruppe sehen will, sollte folgendes bedenken: Alle älteren Menschen sind Überlebende – kaum ein Drittel der Jüngeren wird lange genug leben, um diesen Zustand zu erreichen. Dies ist jedoch die einzige Aussage, die auf jeden älteren Menschen zutrifft.

Anhang

Glossar

Abhängigkeit: Persönlichkeitsmerkmal, das den von Reichard u. a. (1962) entdeckten abhängigen Persönlichkeitstypus kennzeichnet. Ältere Menschen mit diesem Persönlichkeitsmerkmal haben zwar eine gewisse Lebenszufriedenheit, erwarten aber Hilfe von ihren Mitmenschen.

Abruf: Fähigkeit, Gedächtnisspuren zu finden und zu reproduzieren; siehe auch Abruf, freier und Abruf, geordneter.

Abruf, freier: Auffinden und Reproduzieren von Gedächtnisspuren unabhängig von der Reihenfolge, in der die zu lernenden Elemente dargeboten worden sind.

Abruf, geordneter: Auffinden und Reproduzieren von Gedächtnisspuren in genau der Reihenfolge, in der die zu lernenden Elemente dargeboten worden sind.

Abwehr: Persönlichkeitsmerkmal, das dem von Reichard u. a. (1962) entdeckten abwehrenden Persönlichkeitstypus entspricht. Ältere Menschen mit diesem Persönlichkeitsmerkmal wollen weiterhin in ihrem Beruf tätig sein, um sich selbst zu «beweisen», daß sie jung geblieben sind.

Acetylcholin: Sogenannter Vaguswirkstoff, der als Neurotransmitter an cholinergen Synapsen wirksam ist.

Acetylcholin-Defizit-Hypothese: Neurophysiologische Annahme, daß die Demenz vom Alzheimer-Typ durch einen Mangel an Acetylcholin im Nervensystem verursacht wird.

Affektverlust: Mehr oder weniger stark ausgeprägte Unfähigkeit, Gefühle zu entwickeln und auszudrücken.

Afferentes Neuron: siehe Neuron, afferentes.

Agnosie, visuelle: Unfähigkeit, mit dem Gesichtssinn einen Gegenstand zu erkennen.

Akkomodation: Bezogen auf das Auge: Fähigkeit, Gegenstände in unterschiedlicher Entfernung zu fixieren. Allgemein: Anpassung eines Organismus an sich verändernde Umweltbedingungen.

Aktivitätstheorie: Theorie, nach der ältere Menschen in ihrer gesellschaftlichen Umgebung aktiv bleiben sollten.

Akuter Verwirrungszustand: siehe Verwirrungszustand, akuter.

Allgemeine Intelligenz: siehe g.

Alpha: Bezeichnung des Frequenzbandes zwischen 8 und 12 Hz im Elektroenzephalogramm.

Alter, biologisches: Zustand der körperlichen Entwicklung oder Rückbildung einer Person. Wird geschätzt durch Vergleich mit Durchschnittsmenschen eines bestimmten chronologischen Alters.

Alter, chronologisches: Zeit, die das Leben einer Person dauert oder gedauert hat.

Alter, psychisches: Psychischer Zustand einer Person, bezogen auf Durchschnittsmenschen eines bestimmten chronologischen Alters.

Alter, soziales: Menge von Verhaltensweisen und Einstellungen, die für das chronologische Alter einer Person als gesellschaftlich erwünscht gelten.

Alter-Komplexitäts-Effekt: Jeder überdurchschnittliche Leistungsunterschied zwischen jüngeren und älteren Versuchspersonen bei zunehmend schwierigen Aufgaben.

Altersdemenz: Umfassender altersbedingter Zerfall der geistigen Funktionen, bedingt durch Atrophie des Zentralnervensystems. Die Krankheit tritt in vielen Formen auf: Am bekanntesten sind die Demenz vom Alzheimer-Typ (DAT) und die infarktbedingte Demenz (IBD). In einigen (älteren) Lehrbüchern wurde mit «Demenz» ausschließlich der präsenile Schwachsinn bezeichnet, mit «Altersdemenz» dagegen der bei älteren Menschen zu beobachtende Schwachsinn. Diese Unterscheidung gilt heute weitgehend als überholt.

Amnesie: Gedächtnisausfall oder Gedächtnisstörung; normalerweise verursacht durch einen Schlag, eine Kopfverletzung, eine Krankheit (z. B. Altersdemenz) oder eine Vergiftung (z. B. chronischer Alkoholmißbrauch). Die Auswirkungen der Amnesie sind zumeist spezifisch; so werden beispielsweise Ereignisse vor Beginn der Störung nicht mehr erinnert bzw. umgekehrt nur solche nach Beginn der Störung.

Anfangsbuchstaben-Köder: Durch Vorgabe des Anfangsbuchstabens von Wörtern erleichtert diese Methode den Abruf der einzelnen Elemente einer zuvor gelernten Wortliste.

Anhaltende Aufmerksamkeit: siehe Aufmerksamkeit, anhaltende.

Anpassung: siehe Akkomodation.

Ansatz, biographischer: Untersuchung des Lebenslaufs hervorragender Vertreter eines Faches mit dem Ziel, allgemeine Faktoren zu finden, die ihre besonderen Leistungen erklären. Mit diesem Ansatz wird vor allem in der Kreativitätsforschung gearbeitet.

Apathische Persönlichkeit: siehe Persönlichkeit, apathische.

Aphasie: Sprachausfall oder Sprachstörung; siehe auch Broca-Aphasie und Wernicke-Aphasie.

Apraxie: Unfähigkeit, Gegenstände durch den Tastsinn zu erkennen.

Arbeitseinheit, zentrale: Teil des Modells des Arbeitsgedächtnisses, der die Sklavensysteme steuert. Die zentrale Arbeitseinheit besitzt einen (beschränkten) Gedächtnisspeicher.

Artefakt: Durch Verwendung einer bestimmten Methode, durch den Versuchsplan oder durch bestimmte Manipulationen unbeabsichtigt hervorgerufener, das Versuchsergebnis störender Effekt.

Artikulationsschlaufe: Früher gebrauchter Ausdruck für phonologische Schlaufe.

Assoziationslernen: Erlernen paarweise dargebotener Elemente mit dem Ziel, bei der späteren Darbietung nur eines Elements das jeweils andere zu reproduzieren (besteht ein Paar zum Beispiel aus den Elementen «Katze» und «Brieftasche», soll bei der späteren Darbietung des Elements «Katze» das Element «Brieftasche» abgerufen werden – oder umgekehrt).

Ätiologie: Lehre von den Krankheitsursachen im weitesten Sinne des Wortes; beispielsweise lassen sich verschiedene Krebsformen durch Angabe ihrer Krankheitsursachen unterscheiden.

Atrophie: Gewebeschwund infolge einer allgemeinen oder spezifischen Störung des Gleichgewichts zwischen aufbauenden und abbauenden Stoffwechselprozessen zugunsten der letzteren; siehe auch atrophieren.

Atrophieren: Prozeß, den ein Gewebe bei Gewebeschwund durchläuft; siehe auch Atrophie.

Aufmerksamkeit: Fähigkeit, sich auf einen Zielgegenstand (z. B. eine Aufgabe oder ein Wahrnehmungsobjekt) trotz ablenkender Reize und anderer störender Einflüsse zu konzentrieren.

Aufmerksamkeit, anhaltende: Fähigkeit, sich ohne Ablenkung auf eine Aufgabe zu konzentrieren.

Aufmerksamkeit, geteilte: Fähigkeit, Informationen mehrerer Quellen gleichzeitig aufzunehmen und zu verarbeiten.

Aufmerksamkeit, selektive: Fähigkeit, bestimmte Reize bei gleichzeitigem Angebot anderer Reize aufzunehmen.

Beck Depression Inventory: Auf mögliche Depressionsmerkmale hier angelegter Fragebogen, auf dem Probanden aus vorgegebenen Beschreibungen diejenigen auswählen sollen, die nach ihrer Meinung am ehesten auf sie zutreffen.

Begriffliches Denken: siehe Denken, begriffliches.

Beharrlich: Persönlichkeitsmerkmal älterer Menschen, die ein hohes Aktivitätsniveau beibehalten, um das Alter zu «besiegen».

Berühmte-Namen-Test: Test zur Messung des Gedächtnisses für weit zurückliegende Ereignisse. Der Test besteht aus einer Liste von Personen, die irgendwann nach dem Jahr 1920 mehr oder weniger lange eine gewisse öffentliche Aufmerksamkeit erlangt haben. Die Probanden werden aufgefordert, die Namen anzugeben, an die sie sich erinnern. Die Liste enthält darüber hinaus einige fiktive Namen, die die Probanden von Falschangaben abhalten sollen, sowie die Namen einiger besonders berühmter Personen (z. B. Winston Churchill oder Konrad Adenauer), die normale Probanden stets erkennen, die aber an bestimmten Formen von Amnesie oder Demenz leidenden Personen Probleme bereiten können.

Beta: Bezeichnung des Frequenzbandes über 12 Hz im Elektroenzephalogramm.

Biographischer Ansatz: siehe Ansatz, biographischer.

Biologisches Alter: siehe Alter, biologisches.

Blut-Hirn-Schranke: Physiologischer Mechanismus, der gefährliche Substanzen vor dem Eintritt des Blutes ins Gehirn ausfiltert.

Broca-Aphasie: Beeinträchtigung des motorischen Sprachzentrums, die sich in Sprechstörungen (bei intaktem Sprachverstehen) manifestiert.

Brown-Peterson-Aufgabe: Probanden erhalten eine Liste zu behaltender Elemente, werden dann mit einer ablenkenden Tätigkeit betraut (üblicherweise in Zweier- oder Dreierschritten rückwärts zählen), bevor sie schließlich die Elemente abrufen sollen. Mit dieser Aufgabe lassen sich parallele Verarbeitungsprozesse messen.

Bulimie: Zwanghafte, nicht zu bändigende Eßsucht.

Cholinerges System: siehe System, cholinerges.

Chorea Huntington: Krankheit mit starker Beeinträchtigung des Ganges und der Bewegungsausführung. Gelegentlich entwickeln Patienten, die an Chorea Huntington leiden, Demenz-Symptome.

Chronologisches Alter: siehe Alter, chronologisches.

Cognitive Failure Questionnaire: Von dem Psychologen Donald Broadbent entwickelter Test, in dem Probanden Fragen über Gedächtnisprobleme im Alltagsleben (z. B. beim Einkaufen, beim Erinnern von Namen) beantworten sollen.

Computertomographie: Aufnahmeverfahren, bei dem ein Röntgenstrahlenbündel den Körper schichtenweise abtastet; der Bildaufbau erfolgt durch einen Computer, der die gemessenen Werte zu einem (manchmal farbigen) Monitorbild verarbeitet.

Corpus callosum: Hauptverbindung zwischen den beiden Hemisphären des Gehirns (auch Balken genannt).

Degeneration, granulovaskuläre: Mißgebildete (und normalerweise abgestorbene) Nervenzellen, die (unter dem Mikroskop) wie dicht verteilte Körnchen aussehen.

Delirium: siehe Verwirrtheitszustand, akuter.

Delta: Bezeichnung des Frequenzbereichs zwischen 0 und 4 Hz im Elektroenzephalogramm.

Demente Dyslexie: siehe Dyslexie, demente.

Dementia Scale nach Blessed: Test zur Erfassung von Ausfällen geistiger Funktionen, der üblicherweise zur Diagnose der Demenz verwendet wird. Patienten werden aufgefordert, einfache Gedächtnisfragen zu beantworten (z. B. «Wie heißen Sie?» oder «Wer ist das derzeitige Staatsoberhaupt?») und einfache Aufgaben zu lösen (z. B. von 100 ausgehend in Dreierschritten zurückzuzählen). Einzelheiten über die Hilfebedürftigkeit werden von den pflegenden Personen erfragt. Der Test eignet sich gut zur schnellen Erfassung der Störung geistiger Funktionen sowie zur Beurteilung der Pflegeintensität durch Dritte. Die *Dementia Scale* nach Blessed ist ein britischer Test. Die US-amerikanische Entsprechung ist der *Mental Status Questionnaire.*

Demenz: siehe Altersdemenz.

Demenz, infarktbedingte (IBD): Form der (Alters-)Demenz, die durch eine Vielzahl von Hirninfarkten verursacht wird. Die Patienten erleiden normalerweise einen stufenweise zunehmenden Zerfall ihrer geistigen Funktionen (im Unterschied zum kontinuierlichen Zerfall bei anderen Formen der Demenz).

Demenz vom Alzheimer-Typ (DAT): Form der (Alters-)Demenz mit charakteristischer Symptomatik, zuerst von Alois Alzheimer um die Jahrhundertwende beschrieben.

Denken, begriffliches: Fähigkeit, Elemente auf einer abstrakten Ebene nach bestimmten Prinzipien und Regeln zu bearbeiten.

Denken, divergentes: Fähigkeit, ausgehend von einem einfachen Satz oder Problem neue Lösungsvorschläge zu entwikkeln. Diese Form des Denkens wird oft mit Kreativität in Verbindung gebracht.

Desorganisierte Persönlichkeit: siehe Persönlichkeit, desorganisierte.

Desoxyribonukleinsäure (DNS): Wichtiger, als genetischer Kode für die Eiweißbiosynthese und damit funktionell für die Erbmerkmale wirksamer Bestandteil der Zellkerne aller pflanzlichen, tierischen und menschlichen Organismen.

Diagnostic and Statistical Manual of Mental Disorders (DSM III-R): Von der *American Psychiatric Association* erarbeitete Klassifikation aller psychischen Krankheiten und Behinderungen. Die Angaben nach der Abkürzung (DSM) bezeichnen die jeweilige Auflage.

Dichotischer Hörtest: siehe Hörtest, dichotischer.

Digit-Symbol-Test: Ein Subtest der Wais-Batterie (siehe Wais), die das Lernen willkürlich zusammengewürfelter abstrakter Symbole und Zahlen mißt.

Divergentes Denken: siehe Denken, divergentes.

Doppel-ABCX-Modell: Versuch, den in einer Familie durch die Krise (Krankheit o. ä.) eines älteren Angehörigen ausgelösten Stress zu erfassen. Die Buchstaben bezeichnen die Variablen Schwere der Krise, Verfügbarkeit von Hilfe usw.

Dyslexie, demente: Symptom einiger dementer Patienten, die einen Text zwar fehlerlos laut lesen, das Gelesene aber nicht mehr verstehen können.

Efferentes Neuron: siehe Neuron, efferentes.

Einfache Reaktionszeit: siehe Reaktionszeit, einfache.

Einschiebung: Im Zusammenhang der Sprachstörungen dementer Personen: die unangemessene Reaktion auf eine Frage mit einer Antwort auf eine früher gestellte Frage.

Elektroenzephalogramm (EEG): Apparat zur Messung der elektrischen Hirntätigkeit. Intensität und Ort dieser Tätigkeit erlauben Rückschlüsse auf den Zustand des Gehirns.

Entscheidung, lexikalische: Probanden müssen so schnell wie möglich entscheiden, ob dargebotene Buchstabenreihen ein Wort bilden oder nicht – unabhängig davon, ob sie ihre Bedeutung kennen.

Episodisches Gedächtnis: siehe Gedächtnis, episodisches.

Erregung: Reizung von Neuronen entweder durch Energiepotentiale oder durch Signale, die aus anderen Neuronen stammen.

Es: Inbegriff der Grundtriebe, die (nach Sigmund Freud) dem Verhalten zugrunde liegen. Siehe auch Ich und Über-Ich.

«Es-liegt-mir-auf-der-Zunge»-Zustand: siehe Tip of the tongue.

Expertensystem: Computerisiertes Wissen zu einem bestimmten Gebiet, das interaktiv abgerufen und verwertet werden kann (Beispiel: automatisierte Diagnose).

Extra-Umfang-Lerntechnik: Technik zum Erlernen von Listen, deren Länge den Gedächtnisumfang übersteigt.

Extraversion: Persönlichkeitsmerkmal in Eysencks Persönlichkeitsmodell. Die Ausprägung dieses Merkmals gibt an, wie stark sich eine Person anderen Personen gegenüber öffnet. Gegensatz zu Introversion.

Extravertiert: Eigenschaft einer Person, siehe Extraversion.

Eysenck Personality Inventory (EPI): Von Eysenck entwickeltes Verfahren zur Erfassung von Persönlichkeitsmerkmalen.

Eysenck Personality Questionnaire (EPQ): Von Eysenck entwickelter Test zur Erfassung von Persönlichkeitsmerkmalen.

Feindseligkeit: Persönlichkeitsmerkmal nach Reichard u.a. (1962). Ältere Menschen mit dieser Eigenschaft machen andere Menschen für ihr eigenes Unglück verantwortlich.

Fertigkeit, psychomotorische: Motorische Fertigkeit mit starkem psychischem Anteil (oder umgekehrt).

Flüssige Intelligenz: siehe Intelligenz, flüssige.

Flüssigkeit, zerebrospinale: Flüssigkeit, die das Gehirn umgibt und es zum Teil mit Nährstoffen versorgt.

Freier Abruf: siehe Abruf, freier.

g: Symbol für die allgemeine Intelligenz. Nach Spearman liegt die allgemeine Intelligenz jeder einzelnen geistigen Fertigkeit zugrunde. Inzwischen wird jedoch unter «allgemeiner Intelligenz» eher unspezifisch das Intelligenzniveau einer Person oder Personengruppe verstanden.

Gedächtnis, episodisches: Von Tulving (1972) vorgeschlagene Bezeichnung des Gedächtnisses für Ereignisse der je eigenen Lebensgeschichte.

Gedächtnis, ikonisches: Gedächtnis für Elemente, die für den Bruchteil einer Sekunde dargeboten und deshalb nicht vollständig erkannt und verarbeitet werden können. Eine spätere Wiedererkennung muß daher auf dem bloßen Erscheinungsbild beruhen.

Gedächtnis, prospektives: Fähigkeit, sich an eine in der Zukunft auszuführende Handlung zu erinnern (z. B. einen Geburtstagsbrief zu schreiben).

Gedächtnis, semantisches: Von Tulving (1972) vorgeschlagene Bezeichnung des Gedächtnisses für Tatsachen (allgemeines und spezielles Wissen).

Gedächtnis, visuell-räumliches: Gedächtnis speziell für visuelle und räumliche Informationen (z. B. für geographische Gegebenheiten).

Gedächtnisspur: Im Gedächtnis gespeicherte Einzelerinnerung.

Gedächtnisumfang: Größte Zahl von Elementen (Wörter, Zahlen, Figuren usw.), die eine Person richtig behalten und reproduzieren kann. Der Gedächtnisumfang ist nicht mit der Gesamtheit der im Gedächtnis gespeicherten Informationen zu verwechseln. In der Forschung konkurrieren verschiedene Standards des *richtigen* Behaltens und Abrufens von Elementen: Für die einen entspricht der Gedächtnisumfang der längsten überhaupt behaltenen Liste, für die anderen der in der Hälfte aller Fälle richtig behaltenen und reproduzierten durchschnittlichen Listenlänge. Siehe auch Wortumfang und Zahlenumfang.

Gelassenheit gegenüber dem Körper: Persönlichkeitsmerkmal, das sich in der Theorie von Peck auf die Einstellung älterer Menschen zum eigenen Körper bezieht. Sie akzeptieren dann, daß körperliche Stärke und Gesundheit für Selbstachtung und Selbstdarstellung nicht mehr die entscheidenden Faktoren bilden.

Geordneter Abruf: siehe Abruf, geordneter.

Gepanzert-abwehrende Persönlichkeit: siehe Persönlichkeit, gepanzert-abwehrende.

Geriatric Mental State: Interviewpaket, mit dem der mentale Zustand älterer Patienten erfaßt wird.

Gerichtet: Persönlichkeitsmerkmal älterer Menschen, die ihren Tätigkeitsbereich auf einige wenige, dafür lohnende Aktivitäten einschränken (richten).

Gerontologe: Altersforscher.

Geteilte Aufmerksamkeit: siehe Aufmerksamkeit, geteilte.

Glaukom: Eher bekannt als «Grüner Star». Augenerkrankung mit zeitweise oder dauernd erhöhtem Augeninnendruck (durch Abflußbehinderung des Kammerwassers), der das Absterben der Netzhautzellen zur Folge hat.

Granulovaskuläre Degeneration: siehe Degeneration, granulovaskuläre.

Grauer Star: siehe Star, grauer.

Großhirn: siehe Kortex.

Grüner Star: siehe Glaukom.

Gruppierung: Mnemotechnische Strategie, die darin besteht, umfangreiche Listen in leichter behaltbare Gruppen (von drei oder vier Elementen) aufzuteilen. So ließe sich die Kette 39788564752105 untergliedern in 397 885 647 521 05.

Hemisphäre: In der Terminologie der Neurowissenschaften: die beiden Gehirnhälften, die zum Teil für unterschiedliche Funktionen zuständig sind.

Hemmung: In der Terminologie der Neurowissenschaften: Verlangsamung oder Unterbrechung der Signale sendenden Tätigkeit von Neuronen durch andere Neuronen.

Hierarchische Struktur der Intelligenz: Kernbegriff des Intelligenz-Modells, nach dem Intelligenz aus einer allgemeinen intellektuellen Fähigkeit (allgemeine Intelligenz = g) und verschiedenen spezifischen Fertigkeiten besteht.

Hilfesuchende Persönlichkeit: siehe Persönlichkeit, hilfesuchende.

Hippocampus: Subkortikaler Hirnbereich, dessen Hauptfunktion in der Speicherung von Informationen sowie insbesondere in ihrer Weiterleitung vom Kurz- zum Langzeitgedächtnis besteht. Schädigungen des Hippocampus bewirken gravierende Gedächtnisausfälle mit der Folge, daß die betroffenen Patienten praktisch keine neuen Informationen mehr aufnehmen können.

Hirnblutung: Aus den Hirngefäßen in das Gehirn erfolgende Blutung mit verschiedenen Ursachen (z. B. Schock, Verletzung, Gefäßerkrankungen); führt zum Absterben von Hirngewebe.

Hirnstamm: Hirnbereich an der Begegnungsstelle zwischen Rückenmark und Gehirn. Der Hirnstamm steuert viele vitale Funktionen (z. B. Blutdruck, Atmung) und dient als Relaisstation zwischen Rückenmark und verschiedenen Hirnbereichen.

Hörtest, dichotischer: Erfaßt unter anderem die geteilte Aufmerksamkeit. Über einen Kopfhörer empfängt eine Person in jedem Ohr eine andere Botschaft; anschließend sollen beide Botschaften wiedergegeben werden.

Hydrozephalus: Wasserkopf; angeborene oder erworbene dauerhafte Ausweitung der Hinflüssigkeitsräume des Gehirns, und zwar infolge eines Mißverhältnisses zwischen Flüssigkeitsproduktion und -resorption.

Hypermetamorphose: Zwanghaftes Bedürfnis, jeden nur erreichbaren Gegenstand zu berühren.

Hyperoralie: Zwanghaftes Bedürfnis, alles Greifbare in den Mund zu stecken.

Hypothalamus: Subkortikaler Hirnbereich, dessen Hauptaufgabe in der Steuerung der Triebe (z. B. Hunger, Durst, Geschlechtstrieb) besteht.

Hypothesenüberprüfung: Problemlösungsstrategie, die darauf beruht, spezifische (nicht allgemeine) Fragen zur Überprüfung einer Annahme (Hypothese) zu stellen.

Ich: Rationaler Kern einer Person (nach der Theorie Sigmund Freuds).

Ich-Bezogenheit: Persönlichkeitseigenschaft von Personen, die sich – so die Theorie Pecks – mit der Tatsache der eigenen Sterblichkeit nicht versöhnen können.

Ich-Differenzierung: Persönlichkeitseigenschaft älterer Menschen, die – so die Theorie Pecks – den Übergang in den Ruhestand mit Erfolg verarbeiten.

Ich-Integration: Persönlichkeitseigenschaft älterer Personen, die sich mit der eigenen Vergangenheit versöhnen können.

Ich-Überwindung: Persönlichkeitseigenschaft älterer Menschen, die – so die Theorie Pecks – die Tatsache ihrer eigenen Sterblichkeit mit Erfolg (d. h. ohne negative Folgen für das psychische Wohlbefinden) verarbeiten.

Ikonisches Gedächtnis: siehe Gedächtnis, ikonisches.

Infarkt: Schnell erfolgender Untergang eines Organs oder Gewebes infolge eines zu Sauerstoffnot führenden örtlichen Durchblutungsstopps.

Infarktbedingte Demenz: siehe Demenz, infarktbedingte.

Intregrierte Persönlichkeit: siehe Persönlichkeit, integrierte.

Integrität: siehe Ich-Integration.

Intelligenz, allgemeine: siehe g.

Intelligenz, flüssige: Fähigkeit, Problemlösungen vorzuschlagen, für die es keine aus Erfahrung oder kulturell vermittelten Handlungsanweisungen ableitbaren Verfahren gibt. In der Forschung wird hohe flüssige Intelligenz zumeist mit der Erwartung verknüpft, daß das jeweilige Problem auch schnell gelöst wird.

Intelligenz, verfestigte: Menge des Tatsachenwissens (im Gegensatz zur lebensgeschichtlichen Erfahrung), das ein Individuum erworben hat; entspricht etwa dem umgangssprachlichen «Allgemeinwissen».

Intelligenzquotient (IQ): Wird fälschlicherweise oft mit Intelligenz gleichgesetzt. Der Intelligenzquotient gibt an, welches Maß an Intelligenz eine Person im Vergleich zu anderen ihrer Altersgruppe aufweist. In der Regel bedeutet die Aussage, daß eine Person einen IQ von 100 hat, nichts anderes als die Tatsache, daß 50 Prozent der gleichaltrigen Vergleichspersonen intelligenter und 50 Prozent weniger intelligent sind. Ein IQ von 130 bezeichnet eine Person, die im Vergleich zum Rest der Altersgruppe überdurchschnittlich intelligent ist. Einen IQ von 70 oder darunter besitzen Personen, deren Intelligenz weit unter dem Durchschnitt liegt. Bekannt ist, daß IQ-Werte altersbedingt zurückgehen. So liegen die Testergebnisse älterer Personen zuweilen um 25 Prozent unter denen im frühen Erwachsenenalter. Da der IQ jedoch ein relatives Maß darstellt, kann er dennoch konstant ausfallen, weil die gleichaltrigen Vergleichspersonen im Durchschnitt ebenfalls schlechter abgeschnitten haben.

IQ, prämorbider: Der (zumeist geschätzte) IQ einer Person unmittelbar vor dem Beginn einer Krankheit (üblicherweise einer Krankheit, die die geistigen Funktionen in Mitleidenschaft zieht, z. B. Demenz).

Introversion: Persönlichkeitseigenschaft einer Person, die (entsprechend dem von Eysenck erarbeiteten Modell) in sich gekehrt und scheu ist. Gegensatz zu Extraversion.

Introvertiert: Eigenschaft einer Person mit dem Merkmal der Introversion.

Inzidenz: Vorkommen und Häufigkeit einer bestimmten Krankheit; in der Epidemiologie die Anzahl neuer Erkrankungsfälle innerhalb eines bestimmten Zeitraums.

Kardiovaskulär: Mit Herz und Blutkreislauf zusammenhängend.

Keilbrett: Im vorliegenden Buch: das in verschiedenen psychomotorischen Tests verwendete Brett mit Löchern, in die die Probanden so schnell wie möglich Keile in einer bestimmten Reihenfolge stecken sollen. Die verschiedenen Variationen des Keilbrett-Tests beruhen alle auf dem gleichen Prinzip.

Kleinhirn: Im hinteren unteren Teil des Gehirns befindlicher Hirnbereich, der vorwiegend für das Gleichgewicht und die Bewegungskoordination zuständig ist.

Kluver-Bucy-Syndrom: Verkettung krankhafter Verhaltensweisen (Hyperoralität, Bulimie, visuelle Agnosie, Hypermetamorphose und Affektverlust).

Ködern: Im Kontext der Gedächtnisexperimente: die Vorgabe eines Hinweisreizes, um den Abruf und die Reproduktion eines Elements zu erleichtern (für ein gesuchtes Wort beispielsweise der Anfangsbuchstabe).

Kodierung: Im Zusammenhang der Gedächtnistheorien: der Prozeß, in dem eine Gedächtnisspur erzeugt wird.

Kohorte: Gruppe von Menschen, die in der gleichen kulturellen Umwelt und/oder zur gleichen Zeit aufgewachsen sind.

Kohorteneffekt: Unterschied (hinsichtlich einer Leistung, einer Fertigkeit usw.) zwischen Gruppen, der nicht auf das Alter an sich, sondern auf die gruppenspezifische Erziehung und andere gruppenspezifische Faktoren zurückzuführen ist.

Konstruktivität: Von Reichard u. a. (1962) beschriebene Persönlichkeitseigenschaft. Ältere Menschen mit dieser Eigenschaft haben sich mit ihrem Leben versöhnt und verhalten sich hilfsbereit gegenüber Mitmenschen.

Kontrastempfindlichkeit: Reaktionsfähigkeit des Auges gegenüber kontrastbildenden Reizen (z. B. dunkle Linien auf weißem Hintergrund oder umgekehrt) bei unterschiedlichen Lichtverhältnissen.

Korrelation: Begriff der Statistik, der die Vorhersage der Varianz einer Variablen durch die Varianz einer anderen Variablen bezeichnet (eine Variable ist definiert als veränderliche Größe). Alltagssprachlich ausgedrückt, geht es um den Zusammenhang zwischen zwei Variablen und um das Ausmaß, in dem die Veränderung der einen Größe eine Veränderung der anderen bewirkt. Die Korrelation wird durch das Zeichen *r* symbolisiert. Korrelationen sind positiv (eine Variable nimmt im gleichen Maße zu wie die andere) oder negativ (eine Variable nimmt im gleichen Maße zu, wie die andere abnimmt). Korrelationen variieren in ihrer Stärke: Ein Wert von 0 bedeutet, daß keine Korrelation besteht; der Wert 1 bezeichnet eine vollständige positive Korrelation (d.h., jeder Zunahme der einen Variablen entspricht genau die gleiche Zunahme der anderen), der Wert –1 dagegen eine vollständige negative Korrelation (d.h., jeder Zunahme der einen Variablen entspricht genau die gleiche Abnahme der anderen). Im «wirklichen Leben» liegen die Korrelationswerte irgendwo dazwischen. Je näher sie 1 oder –1 kommen, desto stärker ist die Korrelation (üblicherweise gilt ein Wert ab 0.3 als guter Indikator). «Korrelation» ist nicht gleichbedeutend mit «Verursachung». Allein mit der Berechnung der Korrelation läßt sich nicht feststellen, ob Veränderungen der einen Variablen Ursache der Veränderungen der anderen Variablen sind. Immerhin könnten die Veränderungen beider Variablen durch eine dritte Größe verursacht sein. Die Korrelation gibt also lediglich an, daß ein Zusammenhang zwischen zwei Variablen existiert. Für mathematisch bewanderte Leser: Die Prozentzahl der Varianz einer Variablen, die durch die andere Variable vorhergesagt wird, läßt sich leicht errechnen, indem man *r* zuerst mit sich selbst und dann mit 100 multipliziert (ist z.B. die Korrelation *r* für die Variablen A und B 0.6, sagt A 36 Prozent der Varianz von B vorher).

Korrelation, negative: Korrelation zwischen 0 und –1.

Korrelation, positive: Korrelation zwischen 0 und +1.

Korrelationsrechnung: Statistisches, auf der Wahrscheinlichkeitsrechnung beruhendes Verfahren zur Berechnung des Zusammenhangs zwischen zwei oder mehr Variablen. Mit dem Verfahren wird auch überprüft, inwiefern der Zusammenhang zwischen zwei oder mehr Variablen auf den Einfluß einer weiteren Variablen zurückzuführen ist.

Kortex: Die von Furchen durchzogene Oberflächenregion des Gehirns. Der Kortex verteilt sich auf die beiden Hemisphären, er weist vier funktionelle Großbereiche oder Lappen auf, die für die meisten höheren psychischen Funktionen zuständig sind.

Krankheitskohorte: Eine Gruppe von Menschen, die an einer bestimmten Krankheit leiden.

Kreativität: Die Fähigkeit, neuartige und angemessene Gedanken und Problemlösungen zu entwickeln.

Kritischer Verlust: siehe Verlust, kritischer.

Kuru: Selten auftretende, bei einigen Stämmen auf Papua-Neuguinea beobachtete Form der Demenz. Man nimmt an, daß es sich um eine Mutation des Jakob-Creutzfeldt-Syndroms handelt.

Kurzzeitgedächtnis: Temporäres Gedächtnis für Ereignisse, die einige Sekunden, höchstens wenige Minuten zurückliegen (über den genauen Zeitraum gehen die Forschungsmeinungen auseinander). Das Kurzzeitgedächtnis zeichnet sich durch beschränkte Speicherkapazität (je nach Individuum werden normalerweise zwischen 5 und 9 Elemente behalten) und durch Anfälligkeit gegenüber Störungen aus. Im Kurzzeitgedächtnis gespeicherte Informationen gehen schnell verloren, wenn sie nicht durch Wiederholung «geübt» werden.

Längsschnittstudie: Untersuchung, bei der eine Gruppe von Personen hinsichtlich eines durch die Problemstellung bestimmten Forschungsgegenstandes (ein oder mehrere Merkmale, Verhaltensweisen usw.) über einen längeren Zeitraum analysiert wird. Gegensatz zu Querschnittstudie.

Langzeitgedächtnis: Speicher für dauernde Informationen im Gehirn. Das Langzeitgedächtnis wird oft (obgleich nicht ganz richtig) definiert als Gedächtnis für Ereignisse, die mehr als einige Minuten zurückliegen; es läßt sich nach der Art der behaltenen Informationen unterteilen in: autobiographisches Gedächtnis, semantisches Gedächtnis, prospektives Gedächtnis usw.

Lautheitszunahme: Töne eines bestimmten (meistens des hohen) Frequenzbereichs werden fälschlicherweise als übermäßig laut, gelegentlich als schmerzhaft wahrgenommen.

Lexikalische Entscheidung: siehe Entscheidung, lexikalische.

Liquorzirkulationsstörung: Störung der Gehirn-Rückenmark-Flüssigkeit im Gehirn.

Makula: Der «Gelbe Fleck» auf der Netzhaut des Auges, auf den die Bilder gebündelt werden und der den höchsten Anteil an Rezeptorzellen enthält.

Maske: Jeder Reiz, der mit der Erinnerung an einen zuvor dargebotenen Reiz interferieren soll.

Maskierung, rückläufige: In gedächtnispsychologischen Experimenten gebräuchliches Verfahren, das das ikonische Gedächtnis zu erfassen erlaubt. Ein Element wird auf einem Bild kurz dargeboten und unmittelbar darauf durch ein anderes Bild (die Maske) überdeckt. Je nach Stärke, Aussehen usw. zerstört die Maske die Erinnerung an das zuvor dargebotene Element. Dieser Prozeß der Zerstörung einer Gedächtnisspur wird als rückläufige Maskierung bezeichnet.

Mental Status Questionnaire: Ein von Kahn (1960) zur Erfassung des geistigen Zustands und des Grads der Handlungsfähigkeit von (üblicherweise dementen) Patienten entwickelter Test.

Metagedächtnis: Kenntnis der eigenen mnestischen Fertigkeiten (d. h. Stärken und Schwächen des Gedächtnisses, Lerntechniken wie Eselsbrücken usw.).

Metawissen: Wissen um das eigene Wissen (Allgemeinwissen, Wissenslücken usw.).

Methode der Örter: siehe Örter, Methode der.

Mill Hill Vocabulary Test: Test zur Erfassung des Wortschatzes. Testpersonen sollen wenig gebräuchliche Wörter definieren, die zunehmend «schwieriger» werden; zeitliche Beschränkungen zur Lösung der einzelnen Aufgaben gibt es nicht. Der Test dient vorwiegend zur Messung der verfestigten Intelligenz.

Mitochondrien: Stäbchenförmige bis kugelige Zellbestandteile, die als Kraftwerke fungieren.

Mnestisch: Das Gedächtnis und die -tätigkeit betreffend.

Modell des terminalen Absturzes: Psychologisches Modell, das den plötzlichen Absturz der geistigen Leistungen bei älteren Menschen als Ankündigung eines nahen Todes (innerhalb einiger Monate) deutet. Nach diesem Modell bleibt die geistige Leistungsfähigkeit älterer Menschen bis zum Zeitpunkt des besagten Absturzes ungefähr konstant.

Möglichkeitsreduktion, Strategie der: Problemlösungsverfahren, das durch gezielte Fragen die Menge aller möglichen Antworten schrittweise zu reduzieren versucht.

Morphologie: Im allgemeinen Sinne: Wissenschaft von den Formen; im Zusammenhang der Erforschung der Demenz: auf Wortbedeutung und Wortaufbau bezogene intellektuelle Fertigkeit.

Nart (National Adult Reading Test): In England verwendeter Test, bei dem die Aussprache der Probanden anhand einer Liste von Wörtern geprüft wird, die Ausspracheschwierigkeiten bereiten können. Je mehr Wörter richtig ausgesprochen werden, desto besser das Testergebnis.

Negative Korrelation: siehe Korrelation, negative.

Nervensystem, peripheres: Nervenzellen, die Gehirn und Rückenmark mit allen übrigen Teilen des Körpers verbinden.

Neurofibrillenklumpen: Klumpen abgestorbener Nervenzellen im Gehirn, die (unter dem Mikroskop) wie verknotete Schnüre aussehen. Verursacht werden diese Klumpen durch einen gestörten Eiweißstoffwechsel.

Neuron: Nervenzelle.

Neuron, afferentes: Zum Gehirn führendes Neuron.

Neuron, efferentes: Vom Gehirn zu anderen Körperteilen führendes Neuron.

Neurotizismus: Im vorliegenden Buch: eine von Eysenck beschriebene Persönlichkeitseigenschaft. Der Neurotizismus drückt die Ängstlichkeit und emotionelle Labilität einer Person aus.

Neurotransmitter: Auch als «Überträgerstoff» oder «Überträgersubstanz» bezeichnet; chemische Substanz, die Nervenimpulse zwischen zwei Neuronen überträgt. Über Neurotransmitter kommunizieren Nervenzellen miteinander. Es gibt verschiedene Neurotransmitter: Acetylcholin, Noradrenalin, Dopamin, Asparaginsäure usw.

Nicht-engagiert: Persönlichkeitseigenschaft (nach Erikson), die in der grundsätzlichen Weigerung besteht, Verantwortung jeder Art zu übernehmen.

Noradrenalin: Neurotransmitter; Hormon des Nebennierenmarks.

Noradrenerges System: siehe System, noradrenerges.

Ökologische Validität: siehe Validität.

Örter, Methode der: Mnemotechnik zur Verbesserung des Langzeitgedächtnisses, die im Altertum entwickelt wurde. Die zu behaltenden Elemente werden einzeln bestimmten Örtern (z. B. einzelnen markanten Punkten in einer vertrauten Umgebung), die man vor dem geistigen Auge sieht, zugeordnet; auf einem imaginären «Spaziergang» durch diese Umgebung werden die behaltenen Elemente für das geistige Auge erneut «sichtbar».

Ohrensausen: siehe Tinnitus aurium.

Okzipitallappen: Hirnbereich (ungefähr) am hinteren Teil des Kortex; zuständig vor allem für die Verarbeitung visueller Informationen.

Panzer-Merkmal: Persönlichkeitseigenschaft älterer Menschen, die ein starkes Bedurfnis haben, im Arbeitsleben zu bleiben, um sich und anderen Menschen ihre eigene «Jugendlichkeit» zu beweisen.

Parallele Verarbeitungsprozesse: siehe Verarbeitungsprozesse, parallele.

Parallelgruppen: Gruppen von Versuchspersonen, deren Mitglieder hinsichtlich bestimmter Eigenschaften keine Unterschiede aufweisen. Abweichungen zwischen den Gruppen können demnach nicht auf die Eigenschaft(en), nach der (denen) die Gruppen zusammengestellt worden sind, zurückgeführt werden, womit sich die Bandbreite möglicher Erklärungen reduziert. Werden etwa zwei Gruppen nach einheitlichem Bildungsniveau zusammengestellt und stellt sich dann heraus, daß das Intelligenzniveau beider Gruppen verschieden ist, läßt sich dies nicht auf die Bildung zurückführen, wodurch die Forschung aufgefordert wird, nach anderen Ursachen zu suchen.

Parietallappen: Scheitellappen des Großhirns. Die Funktion dieser Hirnregion ließ sich bisher nicht mit letzter Genauigkeit bestimmen. Man weiß allerdings, daß die Scheitellappen für das Körpergefühl (Körperfühlsphäre), die Körperhaltung und einige Aspekte der Deutung von Symbolen (Gegenstandserkennung und Teilprozesse des Lesens) zuständig sind.

Parkinsonismus: Verschiedene, für die Parkinson-Krankheit typische, aber auch bei anderen Krankheiten (z. B. bei der Demenz vom Alzheimer-Typ) zu beobachtende auffällige Symptome wie zum Beipiel zitternde Hände, kleinschrittiger Gang usw.

Parkinson-Krankheit: Durch Mangel an Dopamin verursachte Krankheit; die Symptome dieser Krankheit werden unter dem Sammelbegriff Parkinsonismus zusammengefaßt.

Passiv-abhängige Persönlichkeit: siehe Persönlichkeit, passiv-abhängige.

Patellarsehnenreflex: Kniebeugereflex, auch als Patellarreflex bezeichnet; monosynaptischer Dehnungsreflex des vierköpfigen Oberschenkelmuskels etwa 30 Millisekunden nach dem Schlag auf die Ansatzsehne.

Patientenkohorte: Gruppe von Menschen, die nicht nur an der gleichen Krankheit leiden, sondern auch gleiche Einstellungen zu ihrer Krankheit haben (Elias u. a. 1990).

Peripheres Nervensystem: siehe Nervensystem, peripheres.

Perseveration: Im Zusammenhang der Sprachstörungen dementer Patienten: unvermittelt einsetzendes, inadäquates Wiederholen eines Satzes oder Satzteils.

Persönlichkeit, apathische: Persönlichkeitstypus, der sich durch Kontaktarmut und willentliche Ablehnung sozialer Interaktionen auszeichnet.

Persönlichkeit, desorganisierte: Von Neugarten u. a. (1961 und 1968) beschriebener Persönlichkeitstypus von Menschen, die unfähig sind, sich entsprechend den alltäglichen Anforderungen zu verhalten.

Persönlichkeit, gepanzert-abwehrende: Von Reichard u. a. (1962) beschriebener Persönlichkeitstypus von Menschen, die sich vom Arbeitsleben nicht lösen wollen, um ihre Stärke und «Jugendlichkeit» unter Beweis zu stellen.

Persönlichkeit, hilfesuchende: Persönlichkeitstypus, der sich durch die ständige Beanspruchung von Unterstützung oder Hilfe durch Dritte auszeichnet.

Persönlichkeit, integrierte: Von Neugarten u.a. (1961 und 1968) beschriebener Persönlichkeitstypus von Menschen, die anpassungsfähig, zielbewußt sind und Verantwortung nur nach Maßgabe einer realistischen Selbsteinschätzung übernehmen.

Persönlichkeit, passiv-abhängige: Persönlichkeitstypus, der sich durch fehlende Unabhängigkeit und geringe Eigeninitiative auszeichnet.

Persönlichkeitsmerkmal: Konstante Eigenschaft einer Person, die ihr Verhalten bedingt.

Persönlichkeitstypus A: Persönlichkeitstypus mit den Eigenschaften der Konkurrenzfähigkeit, der Hartnäckigkeit usw.

Persönlichkeitstypus B: Persönlichkeitstypus mit den Eigenschaften der Gelassenheit, der Umgänglichkeit usw.

Phonologische Schlaufe: siehe Schlaufe, phonologische.

Plaques, senile: Vorwiegend in der Groß- und Kleinhirnrinde, meist vielfach auftretende Begleiterscheinung bei verschiedenen Hirnatrophien.

PMA: siehe Primary Mental Ability Test.

Positive Korrelation: siehe Korrelation, positive.

Prädiktor: Vorhersagevariable. Je nach Ausprägung eines Prädiktors läßt sich eine damit zusammenhängende andere Variable vorhersagen.

Prämorbider IQ: siehe IQ, prämorbider.

Pragmatik: Im Zusammenhang der Sprachtheorie: Verstehen der Absicht einer Äußerung, die unter Umständen vom Wortlaut abweicht.

Presbyakusie: Störung des Hörvermögens vor allem für Töne im oberen Frequenzbereich.

Primary Mental Ability Test (PMA): Von Thurstone entwikkelte Intelligenztest-Batterie.

Progressive Matrices: Von Raven entwickelter Test zur Messung der flüssigen Intelligenz. Der Test besteht aus Aufgaben, bei denen ein logisch notwendiges Glied einer Kette fehlt, das jeweils innerhalb einer bestimmten Zeit zu finden ist.

Prospektives Gedächtnis: siehe Gedächtnis, prospektives.

Pseudodemenz: Nebenwirkung der Depression älterer Menschen (Zerfall ihrer geistigen Fertigkeiten), die im Gewand der Demenz erscheint.

Psychisches Alter: siehe Alter, psychisches.

Psychometrie: Im engeren Sinne: Messung psychischer Eigenschaften und Fertigkeiten. Im weiteren Sinne: Untersuchung interindividueller Unterschiede.

Psychomotorische Fertigkeit: siehe Fertigkeit, psychomotorische.

Psychotherapie: Behandlung psychischer Störungen auf der Grundlage einer Theorie des Psychischen.

Psychotizismus: Im vorliegenden Buch bezeichnet der Begriff die von Eysenck beschriebene Persönlichkeitseigenschaft der (unterschiedlich ausgeprägten) Gefühlskälte.

Querschnittstudie: Untersuchung altersbedingter Unterschiede durch die Analyse verschiedener Altersgruppen zum gleichen Zeitpunkt. Gegensatz zu Längsschnittstudie.

r: Symbol für Korrelation.

Reaktionszeit: Zeit, die zwischen dem Beginn der Reizung eines Organismus und der Reaktion dieses Organismus auf den Reiz verstreicht.

Reaktionszeit, einfache: Zeit, die ein Individuum für eine im voraus festgelegte Reaktion auf einen Einzelreiz benötigt (z. B. Knopfdruck).

Reflexbogen: Einfache Verbindung zwischen einem afferenten und einem efferenten Neuron im Rückenmark. Dieser Mechanismus ist für verschiedene Reflexe verantwortlich (z. B. für den Patellarsehnenreflex).

Reizanfangs-Asynchronie: In Experimenten, die auf dem Verfahren der rückläufigen Maskierung beruhen: die Zeitdifferenz zwischen der Erinnerbarkeit eines zu behaltenden Elements mit Maske und derjenigen ohne Maske.

Reliabilität: Zuverlässigkeit als Gütekriterium eines Meßverfahrens, das die Meßgenauigkeit angibt. Die Reliabilität gibt an, ob ein Verfahren das mißt, was es messen soll, und zwar ohne Berücksichtigung der Validität (Grad der Meßgenauigkeit).

Reorganisiert: Persönlichkeitseigenschaft älterer Menschen, die neue Betätigungsmöglichkeiten suchen, wenn die früheren für sie nicht mehr in Frage kommen.

Retest: Wiederholung eines Tests nach einem bestimmten Zeitraum, sei es zur Feststellung der Zuverlässigkeit des ersten Testdurchgangs, sei es zur Analyse der möglicherweise zwischen den Testzeitpunkten entstandenen Veränderungen.

Rezeptorzelle: Auf Reizungen ansprechende Nervenzelle in einem Wahrnehmungsorgan.

Ribot-Hypothese: Im 19. Jahrhundert vom französischen Psychologen Théodule Ribot formulierte Annahme, daß das Gedächtnis für jüngere Ereignisse bei altersbedingten Veränderungen des Gehirns schlechter funktioniert als das Gedächtnis für weit zurückliegende Ereignisse.

Rückenmark: Region, in der Nervenzellen des peripheren Nervensystems und des Zentralnervensystems aufeinandertreffen.

Rückläufige Maskierung: siehe Maskierung, rückläufige.

Rückläufiger Umfang: siehe Umfang, rückläufiger.

Schaukelstuhl-Merkmal: Persönlichkeitseigenschaft, die sich bei älteren Menschen in durchaus vorhandener Lebenszufriedenheit bei gleichzeitiger Beanspruchung der Hilfe Dritter äußert.

Schläfenlappen: Hirnregionen des Kortex an der linken beziehungsweise der rechten Schläfe. Ihre Hauptfunktion ist die Interpretation von Informationen. Bei den meisten Menschen ist der linke Schläfenlappen für das Verstehen und Produzieren von Sprache (Sprechen und Schreiben) zuständig. Beide Schläfenlappen beteiligen sich an der Speicherung von Informationen.

Schlag / Schlaganfall: Im Zusammenhang der Psychologie des Alters: Schädigung des Hirngewebes infolge unterbrochener Blutzufuhr. Die psychischen Wirkungen eines Schlags hängen stark von der Lokalisation der Schädigung ab. Der Ausdruck wird – im Gegensatz zum Ausdruck Infarkt – für großflächige Schädigungen verwendet.

Schlaufe, phonologische: Sklavensystem des Arbeitsgedächtnisses; zeitweiliger Gedächtnisspeicher für Informationen, die phonologisch gespeichert werden (d. h. für Wörter, Buchstaben und Zahlen).

Schwellenalter: Im vorliegenden Buch: chronologisches Alter, das (nach konventioneller Festlegung) dem Beginn des hohen Alters entspricht.

Sehschärfe: Fähigkeit der Augen, Gegenstände in unterschiedlicher Entfernung so zu fixieren, daß sie klar und deutlich gesehen werden.

Selbsthaß: Persönlichkeitseigenschaft älterer Menschen, die (auf unrealistische Weise) nur sich selbst für ihr Unglück verantwortlich machen.

Selektive Aufmerksamkeit: siehe Aufmerksamkeit, selektive.

Semantik: Lehre von der Bedeutung (von Wörtern, Ausdrükken, Sätzen, Äußerungen und anderen auf der Verwendung von Zeichen beruhenden Phänomenen).

Semantisches Gedächtnis: siehe Gedächtnis, semantisches.

Senile Plaques: siehe Plaques, senile.

Sicht von der Brücke: Nach der Theorie Levinsons: der im hohen Alter anzustrebende Zustand, in dem ein Mensch harmonisch mit der eigenen Lebensgeschichte abgeschlossen hat.

Sklavensystem: Aus der Computersprache abgeleiteter Ausdruck für ein System, das normalerweise nur eine Funktion ausübt, und dies nur unter der unmittelbare Kontrolle einer Befehlsstelle. Im Modell des Arbeitsgedächtnisses: ein System (z. B. die phonologische Schlaufe) unter der Kontrolle der zentralen Arbeitseinheit.

Somatisch: Den Körper betreffend; im Zusammenhang des peripheren Nervensystems: Informationen aus den Gelenken, der Haut, der Skelettmuskulatur, die zum Zentralnervensystem übermittelt werden.

Sorge um die eigene Rolle: Persönlichkeitsmerkmal (in der Theorie Pecks) von Menschen, die sich (vornehmlich) über die Berufsrolle definieren.

Soziales Alter: siehe Alter, soziales.

Spiralen-Test nach Gibson: Test zur Messung psychomotorischer Fertigkeiten, bei dem die Probanden mit einem Bleistift einem spiralförmig angelegten «Weg» so schnell wie möglich nachfahren sollen.

Star, grauer: Fortschreitende Trübung der (Augen-)Linse, die zur Erblindung führt.

Star, grüner: siehe Glaukom.

Stirnlappen: Region des Kortex im Stirnbereich; zuständig für die Planung und Steuerung von Handlungen und Gedanken (z. B. das richtige Ordnen der Wörter beim Sprechen, die Initiierung sozial angemessener Handlungen).

Suchaufgabe, visuelle: Verfahren zur Erfassung der selektiven Aufmerksamkeit. Die Probanden werden aufgefordert, ein Zielobjekt (einen bestimmten Gegenstand) in der Umgebung ablenkender Reize (z. B. ähnlich aussehende Gegenstände) zu finden.

Synapse: Verbindungsstelle zwischen zwei Neuronen.

Syntax: Lehre von der Verbindung der Zeichen (z. B. Grammatik).

System, cholinerges: Funktionssystem der vegetativen Nervenfasern, an deren Endigungen Acetylcholin gebildet und als Neurotransmitter freigesetzt wird.

System, noradrenerges: Gesamtheit der vegetativen Nervenfasern, die Noradrenalin als Neurotransmitter freisetzen.

Testbatterie: Sammlung verschiedener Tests zur Erfassung und Messung ein und derselben Fertigkeit (z. B. Intelligenz, Gedächtnis).

Thalamus: Subkortikale Sammelstelle für Informationen der Sinnessysteme (außer Geruchssinn) und der Motorik; dient unter anderem als Relaisstation zur Koordination von Bewegungen. Schädigungen dieses Bereichs rufen Parkinsonismus hervor.

Theorie des verfügbaren Soma: Von Kirkwood u. a. vertretene Theorie, die besagt, daß der Körper darauf verzichtet, abgestorbene somatische (nicht der Reproduktion dienende) Zellen zu ersetzen, um dafür seine reproduktive Fähigkeit zu steigern. Dieser Mechanismus, so die Theorie, «verursacht» das Altern.

Theta: Bezeichnung des Frequenzbandes zwischen 4 und 8 Hz im Elektroenzephalogramm.

Tinnitus aurium: Ohrensausen; Störung des Gehörs, bei der ein irritierendes (oft nicht behebbares) Geräusch mit dem normalen Hören interferiert (gelegentlich von Schmerz begleitet). Das Geräusch kann unterschiedliche Formen annehmen; im allgemeinen manifestiert es sich als hoher Summton.

Tip of the Tongue (TOT-Zustand): Phänomen, bei dem ein Element nur zum Teil aus dem Gedächtnis abgerufen wird (z. B. die Anzahl der Silben; der Gleichklang mit einem anderen, nicht gesuchten Wort; der Anfangsbuchstabe usw.); das gesuchte Wort liegt einem dann auf der Zunge (*tip of the tongue*). Im Labor läßt sich ein TOT-Zustand dadurch hervorrufen, daß man Versuchspersonen Definitionen wenig gebräuchlicher Ausdrücke vorgibt und sie auffordert, die Wörter zu finden.

TOT-Zustand: siehe Tip of the Tongue.

Tremor: Durch rhythmisch alternierende Agonisten- und Antagonisten-Erregung bedingte, willkürlich nicht oder nur geringfügig unterdrückbare Bewegungsstörung in Gestalt rhythmischer Zuckungen (Zittern).

Übergang ins späte Erwachsenenalter: Zeit der Pensionierung (plus/minus wenige Jahre).

Über-Ich: Inbegriff der moralischen Anweisungen (Gebote und Verbote) einer Person (gelegentlich: unverhältnismäßig strenge Gebote und Verbote) nach der Theorie S. Freuds.

Umfang: In diesem Buch jeweils im Sinne von Gedächtnisumfang.

Umfang, rückläufiger: Durch Gedächtnistests gemessener Umfang des Kurzzeitgedächtnisses. Erfaßt wird der rückläufige Umfang, indem die Versuchspersonen eine gelernte Liste in umgekehrter Reihenfolge abrufen müssen – eine etwas bösartigere Form der Aufgaben zum geordneten Abruf.

Umschreibung: Um ein Wort, das nicht mehr abgerufen werden kann, herumsprechen (eine Reihe von Umschreibungen produzieren); ein Phänomen, das besonders bei einigen dementen Patienten zu beobachten ist.

Validität, ökologische: Ausmaß der Übereinstimmung mit dem natürlichen Lebenskontext eines Menschen.

Vereinnahmung durch den Körper: Nach der von Peck erarbeiteten Theorie: eine Persönlichkeitseigenschaft, die sich in der ständigen Sorge um das körperliche Wohlbefinden manifestiert.

Verarbeitungsprozesse, parallele: Gleichzeitige Verarbeitung von Informationen durch zwei oder mehrere miteinander «vernetzte» Systeme (z. B. bei Aufgaben zum Kurzzeitgedächtnis).

Verfestigte Intelligenz: siehe Intelligenz, verfestigte.

Verkrampft: Persönlichkeitseigenschaft älterer Menschen, die sich von dem, was sie durch das Altwerden vergessen, vereinnahmen lassen.

Verlust, kritischer: Nach dem Modell des terminalen Verlusts: der den nahen Tod ankündigende Verlust einiger wichtiger, bei keiner oder nur geringer Beeinträchtigung anderer geistiger Fertigkeiten.

Verwirrtheitszustand, akuter: Schwerwiegende Beeinträchtigung der Wahrnehmung und der geistigen Funktionen infolge einer Störung des Stoffwechsels im Zentralnervensystem (z. B. bei Fieber oder bei Vergiftungen). Der Zustand wird oft mit Demenz verwechselt, doch sein plötzliches Auftreten bietet ein klares Unterscheidungskriterium.

Verzweiflung: Nach der Theorie Eriksons der Zustand einer älteren Person, die ihre Lebensvergangenheit verbittert als eine Kette verpaßter Gelegenheiten wahrnimmt.

Visuelle Agnosie: siehe Agnosie, visuelle.

Visuelle Suchaufgabe: siehe Suchaufgabe, visuelle.

Visuell-räumlich: Mit der visuell wahrnehmbaren Gestalt von Gegenständen im Wahrnehmungsraum zusammenhängend.

Visuell-räumliches Gedächtnis: siehe Gedächtnis, visuell-räumliches.

Volumenkonstanz: Von Kindern (und gelegentlich von Erwachsenen) nicht wahrgenommene Konstanz eines Volumens (z. B. von Flüssigkeit) in unterschiedlich aussehenden Behältern (so wird angegeben, daß sich in einem dünnen hohen Gefäß nicht die gleiche Menge Flüssigkeit befindet wie in einem niedrigen breiten, obwohl beobachtet wurde, wie die Flüssigkeit von einem Gefäß ins andere gegossen wurde); nach Jean Piaget.

Wahlreaktion: Reaktion bei Darbietung zweier oder mehrerer Reize, wobei jeder Reiz eine spezifische Reaktion erfordert.

WAIS/Wechsler Adult Intelligence Scale: Testbatterie zur Messung der verschiedenen Intelligenz-Bereiche; vermutlich der gebräuchlichste Intelligenztest.

Wechsler Memory Scale: Gedächtnistest innerhalb des WAIS; besteht aus verschiedenen Sub-Tests.

Wernicke-Aphasie: Störung des Sprachverständnisses infolge einer Hirnschädigung.

Wiedererkennung: Fähigkeit, ein dargebotenes Element (Bild, Wort, Satz usw.) als solches zu erkennen (und es von anderen, gleichzeitig vorgegebenen Elementen zu unterscheiden).

Wiederholen: Im Zusammenhang der Gedächtnistheorie: das Wiederholen eines Elements «im Kopf», um es sich besser einzuprägen (ähnlich wie das Üben).

Worterkennungslatenz: Zeit, die eine Versuchsperson benötigt, um ein gelesenes Wort laut zu äußern.

Wortumfang (des Gedächtnisses): Gedächtnisumfang für Wörter.

Würfel-Test nach Corsi: Test zur Messung des visuell-räumlichen Gedächtnisses. Den Probanden werden verschiedene Würfel auf einem Tisch präsentiert. Der Versuchsleiter tippt auf einige von ihnen in einer bestimmten Reihenfolge, die sich die Probanden einprägen sollen. Nach und nach wird die Menge der angetippten Würfel vergrößert, bis der Gedächtnisumfang seine Obergrenze erreicht.

Yngve-Tiefe: Analysetechnik, mit der die syntaktische Komplexität von Sätzen und Satzkonstruktionen ermittelt wird.

Zahlenumfang (des Gedächtnisses): Gedächtnisumfang für Zahlen.

Zentrale Arbeitseinheit: siehe Arbeitseinheit, zentrale.

Zentralnervensystem (ZNS): Sammelbegriff für diejenigen Nervenzellen, die das Gehirn und das Rückenmark bilden.

Zerebrospinale Flüssigkeit: siehe Flüssigkeit, zerebrospinale.

Zwischenhirn: Sammelbegriff für einige wichtige Hirnregionen zwischen Hirnstamm, Kleinhirn und Kortex. Es umfaßt unter anderem den Thalamus, den Hypothalamus und den Hippocampus.

Weiterführende Literatur

Zu Kapitel 1

Eine nützliche und verständliche Einführung in die Gerontologie gibt Kermis (1983). Auch Bromley (1988) führt mit einer guten Übersicht über den Forschungsstand der Gerontologie in die Thematik ein. Der Nachteil beider Einführungen besteht darin, daß sie kaum auf die Forschungsliteratur verweisen und voraussetzen, daß der Leser bereits über medizinische und psychologische Grundkenntnisse verfügt. Das Buch von Corso (1981) enthält anerkanntermaßen die beste Darstellung der Wahrnehmungstätigkeit bei älteren Menschen; der Fachjargon wird vielen Lesern allerdings Schwierigkeiten bereiten. Etwas leichter lesbar ist die von Sekuler u. a. (1982) herausgegebene Aufsatzsammlung über die visuelle Wahrnehmung bei älteren Menschen (vgl. Carter 1982), die übrigens auch einen Aufsatz von Corso enthält. Eine gute Anthologie zur geriatrischen Neuropsychologie bieten Albert u. Moss (vgl. Albert u. Stafford 1988). Das *Handbook of the Psychology of Aging* von Birren u. Schaie (1990) wendet sich an Fortgeschrittene. Im vorliegenden Zusammenhang interessant sind die Kapitel 1 bis 3.

Einen Überblick über das vielschichtige Problem des Alterns aus z. B. gesellschaftspolitischer, soziologischer, psychologischer und anthropologischer Sicht bietet der von Baltes u. Mittelstraß (1992) besorgte und von der Akademie der Wissenschaften zu Berlin in Auftrag gegebene Forschungsbericht. Ebenso ausführlich, jedoch in psychologischer Fachperspektive geschrieben, ist das in der 7. Auflage verfügbare Buch von Lehr (1991). Ein allgemeinverständliches Sach- und Lehrbuch zur Gerontologie haben Oswald, Herrmann, Kanowski, Lehr u. Thomae (1991) herausgegeben. Ergänzend dazu ist auf die handlungstheoretische Schrift von Kaiser (1983) sowie auf die speziell die gesellschaftlichen Dimensionen des Alterns berücksichtigende Untersuchung von Weinbach (1983) hinzuweisen.

Zu Kapitel 2

Es gibt unzählig viele Handbücher über Intelligenz und Intelligenz-Tests. Den besten Überblick über die Problematik der Intelligenz bei älteren Menschen gibt vermutlich Rebok (1987). Eine ausführlichere Diskussion des Gegensatzes zwischen flüssiger und verfestigter Intelligenz findet sich bei Kausler (1982) und Rabbitt (1984) – beide Arbeiten sind jedoch stark fachwissenschaftlich ausgerichtet.

Für Fragen der Rückbildung spezifischer intellektueller Fertigkeiten empfiehlt sich die Aufsatzsammlung von Craik u. Treub (vgl. Horn 1982). Es handelt sich dabei um äußerst geistreiche und gut geschriebene Arbeiten, die leider nur Lesern mit psychologischem und statistischem Fachwissen zugänglich sein dürften. Butler (1987) enthält eine ausführliche Darstellung der Kreativitätsproblematik im hohen Alter. Zur weiteren Beschäftigung mit diesem Thema eignet sich auch der Abschnitt über Intelligenz in Birren u. Schaie (1990).

Mit den Zusammenhängen zwischen Intelligenz, Lernen und Gedächtnis beschäftigen sich der Aufsatz von Kruse u. Lehr (1989) und der Handbuchbeitrag von Schaie (1991). Stärker fachpsychologisch orientiert sind die Artikel in dem von Oswald u. Fleischmann (1981) herausgegebenen Band zur *Experimentellen Gerontopsychologie*, die sich mit der Messung intellektueller Fertigkeiten und Leistungen älterer Menschen befassen.

Zu Kapitel 3

Baddeley führt in einem höchst empfehlenswerten Buch (1983) in die allgemeine Gedächtnispsychologie ein. Seine später veröffentlichte Arbeit (Baddeley 1990) zum gleichen Thema wendet sich zwar eher an Fortgeschrittene, ist aber dennoch gut lesbar. Kermis (1983) liefert einen brauchbaren Überblick über die Gedächtnisforschung bei älteren Menschen; einzelne Aspekte sind dabei allerdings etwas zu kurz gekommen – das gilt auch für die Veröffentlichung von Rebok (1987). Die beste, kürzlich erschienene Aufsatzsammlung zu diesem Thema wurde von Gruneberg u. a. unter dem Titel *Practical Aspects of Memory* herausgegeben (vgl. Winthorpe u. Rabbitt 1988); sie ist jedoch eher für Leser bestimmt, denen die psychologische Fachterminologie und die Forschungsmethoden bereits bekannt sind.

Sehr lesenswert ist die anspruchsvolle Monographie von Knopf (1987) über das *Gedächtnis im Alter*. Die auf statistischen Methoden basierende Untersuchung von Fleischmann (1989) über multivariate Analysen zum Gedächtnis alter Menschen ist ebenfalls zu empfehlen, obgleich sie methodologische Vorkenntnisse erfordert.

Zu Kapitel 4

Die von Burke u. Light (1988) herausgegebene Aufsatzsammlung zur Sprachfertigkeit älterer Menschen vermittelt den wohl besten Überblick des derzeitigen Forschungsstandes (vgl. Hartley 1988). Es bestehen allerdings große Überschneidungen zwischen den einzelnen Kapiteln, und viele Autoren setzen erhebliches sprachwissenschaftliches und/oder psychologisches Wissen voraus. Wer sich für die allgemeinen Mechanismen des Lesens interessiert, sollte die Arbeit von Ellis (1984) heranziehen.

Zu Kapitel 5

Die Veröffentlichungen von Bengston u. Kuypers (1986) sowie Gatz u. a. (1990) behandeln die Thematik der alternden Persönlichkeit und der sich verändernden Familienbeziehungen auf hervorragende Weise. Kermis (1983) enthält einen ausgezeichneten Überblick über Modelle der alternden Persönlichkeit, während Ward (1984) sich speziell mit den gesellschaftlichen Einstellungen gegenüber älteren Menschen auseinandersetzt. Die einschlägigen Abschnitte des von Birren u. Schaie herausgegebenen *Handbook of the Psychology of Aging* (1990) liefern eine ausgezeichnete Einführung in spezielle Probleme dieses Forschungsbereichs.

Zur persönlichkeitstheoretischen Dimension des Alterns haben sich verschiedene Autoren in dem von Lehr u. Thomae (1987) herausgegebenen Band *Formen seelischen Alterns* geäußert. Da Menschen nicht einfach «vor sich hin» altern, sondern im Rahmen ihres sozialen Milieus, Berufs usw. mit dem Altern mehr oder weniger gut zurechtkommen, ist die ausgezeichnete Monographie von Thomae (1983), *Alternsstile und Alternsschicksale*, sehr gut geeignet, dieses Thema näher zu betrachten.

Zu Kapitel 6

Außer den bereits erwähnten Büchern zur Diagnose von Demenzen – vgl. Kermis (1986) und Wasylenki (1987) – gibt es einige weitere Arbeiten zu diesem Thema, beispielsweise die von Moss u. Albert (1988), die einen nützlichen, wenngleich zuweilen unkritischen Überblick über die diagnostischen Kriterien und die psychologisch relevanten Merkmale der Demenz (speziell der DAT) bieten. Fortgeschrittenen Lesern ist der Beitrag von Morris u. Kopelman (1986) über Gedächtnisausfälle infolge einer DAT zu empfehlen; für die Veränderungen der visuellen Wahrnehmungsprozesse im höheren Alter und in der Demenz sei besonders auf Moscovitch (1982) verwiesen. Bayles (1986) hat sich in allgemeinverständlicher Form mit dem schwierigen Thema der sprachlichen Ausfälle beschäftigt. Schließlich ist auf das Lehrbuch von Fry (1986) zum Thema Stress und Anpassung bei älteren Menschen zu verweisen.

Zur allgemeinen Frage der psychischen Gesundheit älterer Menschen hat sich Häfner (1986) geäußert. Die verschiedenen Formen der altersbedingten Demenz behandeln ferner Reiberg (1986), Laduner (1989) sowie Lauter u. Kurz (1989) und Oesterreich (1989); die zuletzt genannte Abhandlung beschäftigt sich insbesondere mit Verwirrtheitszuständen.

Wer sich über die Problematik altersbedingter Depressionen informieren will, sei auf die Arbeit von Murphy (1989) verwiesen. Über den Umgang mit an Demenz erkrankten älteren Menschen informieren die Bücher von Gutzmann (1992) sowie Mace u. Rabins (1986).

Bibliographie

Adams, R. D. (1980): The morphological aspects of aging in the human nervous system. In: Birren, J. E. u. Sloane, R. B. (Hg.): *Handbook of mental health and aging*. Englewood Cliffs, N. J.: Prentice-Hall, S. 149–162.

Aiken, L. R. (1989): *Later Life*. Hillsdale, New Jersey: Lawrence Erlbaum Associates.

Albert, M. S. (1988): Cognitive function. In: Albert, M. S. u. Moss, M. B. (Hg.): *Geriatric Neuropsychology*. New York: Guilford.

Albert, M. S., Duffy, F. H. u. Naeser, M. A. (1987): Nonlinear changes in cognition and their non-psychological correlation. *Canadian Journal of Psychology*, *41*, S. 141–157.

Albert, M. S. u. Stafford, J. L. (1988): Computed tomography studies. In: Albert, M. S. u. Moss, M. B. (Hg.): *Geriatric Neuropsychology*. New York: Guilford Press.

Alpaugh, P. K. u. Birren, J. E. (1977): Variables affecting creative contributions across the adult life span. *Human Development, 20*, S. 240–248.

Anderson, B. u. Palmore, E. (1974): Longitudinal evaluation of ocular function. In: Palmore, E. (Hg.): *Normal Aging*. Durham, NC: Duke University Press, S. 24–32.

Anderson, K. (1974): Science probes ways to prolong life. *Science Digest, 76*, S. 36–41.

Appell, J., Kertesz, A. u. Fisman, M. (1982): A study of language functioning in Alzheimer patients. *Brain and Language, 17*, S. 73–91.

Arenberg, D. (1982): Changes with age in problem solving. In Craik, F. M. u. Trehub, A. S. (Hg.): *Aging and Cognitive Processes*. New York: Plenum.

Baddeley, A. D. (1983): *Your Memory: A User's Guide*. London: Pelican.

Baddeley, A. D. (1986): *Working Memory*. Oxford: Oxford Science Publications.

Baddeley, A. D. (1990): *Human Memory. Theory and Practice*. Exeter: Lawrence Erlbaum Associates.

Baddeley, A. D. u. Hitch, G. (1974): Working Memory. In: Bower, G. H. (Hg.): *Attending and Performance VI*. New York: Academic Press.

Baddeley, A. D., Logie, R., Bressi, S., Della Sala, S. u. Spinnler H. (1986): Dementia and working memory. *Quarterly Journal of Experimental Psychology, 38 A* S. 603–618.

Baltes, P. B. u. Mittelstraß, J. (Hg.) (1992): *Zukunft des Alterns und gesellschaftliche Entwicklung*. Akademie der Wissenschaften zu Berlin. Forschungsbericht 5. Berlin – New York: de Gruyter.

Baltes, P. u. Willis, S. L. (1982): Plasticity and enhancement of intellectual functioning in old age. In: Craik, F. M. u. Trehub, A. S. (Hg.): *Aging and Cognitive Processes*. New York: Plenum.

Bartlett, F. C. (1932): *Remembering*. Cambridge: Cambridge University Press.

Bayles, K. A. (1985 a): Verbal perseveration of dementia patients. *Brain and Language* 25, S. 102–116.

Bayles, K. A. (1985 b): Communication in dementia. In: Ulatowska, H. K. (Hg.): *The Aging Brain: Communication in the Elderly*. San Diego: College-Hill Press.

Bayles, K. A. u. Tomoeda, C. K. (1983): Confrontation naming impairment in dementia. *Brain and Language, 19*, S. 98–114.

Bayley, N. (1968): Behavioral correlates of mental growth: Birth to thirty-six years. *American Psychologist, 23*, S. 1–17.

Bell, L. J. (1980): *The large print book and its user*. Library Association.

Belmont, J. M., Freeseman, L. J. u. Mitchell, D. W. (1988): Memory and problem solving: The cases of young and elderly adults. In Gruneberg, M. M., Morris, P. E. u. Sykes, R. N. (Hg.): *Practical Aspects of Memory*. Volume 2. Chichester: Wiley.

Bengtson, U. L. u. Kuypers, J. (1986): The family support cycle: Psychosocial issues in the aging family. In: Munnichs, J. M. A., Mussen, P. u. Olbrich, E. (Hg.): *Life Span and Change in a Gerontological Perspective*. New York: Academic Press.

Bengtson, U. L. u. Treas, J. (1980): The changing family context of mental health and aging. In: Birren, J. E. u. Sloane, B. (Hg.): *Handbook of Mental Health and Aging*. New Jersey: Prentice Hall.

Berg, L., Danzinger, W. L., Storandt, M. u. a. (1984): Predictive features in mild senile dementia of the Alzheimer type. *Neurology, 34*, S. 563–569.

Bilash, I. u. Zubeck, J. P. (1960): The effects of age on factorially «pure» mental abilities. *Journal of Gerontology, 15*, S. 175–182.

Birren, J. E. (1964): *The Psychology of Aging*. Englewood Cliffs, NJ: Prentice-Hall.

Birren, J. E., Butler, R. N., Greenhouse, S. W., Sokoloff, L. u. Yarrow, M. R. (1963): *Human Aging*. Washington: Public Health Service Publication No. 986.

Birren, J. E. u. Schaie, K. W. (Hg.) (1990): *Handbook of the Psychology of Aging*. San Diego: Academic Press.

Birren, J. E., Woods, A. M. u. Williams, M. V. (1980): Behavioral slowing with age: Causes, organization and consequences. In: Poon, L. W. (Hg.): *Aging in the 1980s: Psychological issues*. Washington: American Psychological Association.

Blessed, G., Tomlinson, B. E. u. Roth, M. (1968): The association between quantitative measures of dementia and of senile changes in the cerebral grey matter of elderly subjects. *British Journal of Psychiatry, 114*, S. 797–811.

Blum, J. E., Clark, E. T. u. Jarvik, L. F. (1973): The N. Y. S. Psychiatric Institute Study of aging twins. In: Jarvik, L. F., Eisdorfer, C. u. Blum, J. E. (Hg.): *Intellectual Functioning in Adults*. New York: Springer.

Botwinick, J. (1967): *Cognitive Processes in Maturity and Old Age*. New York: Springer.

Botwinick, J. (1973): *Aging and Behaviour*. New York: Springer.

Botwinick, J. (1977): Intellectual abilities. In Birren, J. E. u. Schaie, K. W. (Hg.): *Handbook of the Psychology of Aging*. New York: Van Nostrand Reinhold.

Botwinick, J., Robbin, J. S. u. Brinley, J. F. (1960): Age differences in card sorting performance in relation to task difficulty, task set and practice. *Journal of Experimental Psychology, 59*, S. 10–18.

Botwinick, J., West, R. u. Storandt, M. (1978): Predicting death from behavioral performance. *Journal of Gerontology, 33*, S. 755–762.

Bouma, H., Legein, C. P., Melotte, H. E. u. Zabel, L. (1982): Is large print easy to read? Oral reading rate and word recognition of elderly subjects. *IPO Annual Progress Report, 17*, S. 84–90.

Bowles, N. L. u. Poon, L. W. (1981): The effect fo age on speed of lexical access. *Experimental Aging Research, 7*, S. 417–425.

Branconnier, R. J., Cole, J. D., Spera, K. F. u. De Vitt, D. R. (1982): Recall and recognition as diagnostic indices of malignant memory loss in senile dementia: A Bayesian analysis. *Experimental Aging Research, 8*, S. 189–193.

Brayne, C. u. Beardsall, L. (1990): Estimation of verbal intelligence in an elderly community: An epidemiological study using NART. *British Journal of Clinical Psychology, 29*, S. 217–224.

Breen, A. R., Larson, E. B., Reifler B. V., Vitaliano, P. P. u. Lawrence, G. L. (1984): Cognitive performance and functional competence in coexisting dementia and depression. *Journal of the American Geriatric Society, 32*, S. 132–137.

Brinkman, S. D., Largen, J. W., Gerganoff, S. u. Pomara, N. (1983): Russelli Revised Wechsler Memory Scale in the evaluation of dementia. *Journal of Clinical Psychology, 39*, S. 989–993.

Brody, J. A. (1988): Changing health needs of the ageing population. *Research and the Ageing Population*. Ciba Foundation Symposium 134. Chichester: Wiley, S. 208–220.

Bromley, D. B. (1958): Some effects of age on short-term learning and memory. *Journal of Gerontology, 13*, S. 398–406.

Bromley, D. B. (1988): *Human Ageing. An introduction to gerontology*. Bungay: Penguin Books.

Brouwers, P. (1984): Differential perceptual-spatial impairment in Huntington's and Alzheimer's dementias. *Archives of Neurology, 41*, S. 1073–1076.

Brown, R. u. McNeill, D. (1966): The «tip-of-the-tongue» phenomenon. *Journal of Verbal Learning and Verbal Behavior, 5*, S. 325–337.

Bucht, G. u. Adolfsson, R. (1983): The Comprehensive Psychopathological Rating Scale in patients with dementia of Alzheimer type and multi-infarct dementia. *Acta Psychiatrica Scandanavica, 68*, S. 263–270.

Burke, D. Worthley, J. u. Martin, J. (1988): I'll never forget what's-her-name: Aging and tip of the tongue experiences in everyday life. In: Gruneberg, M. M., Morris, P. E. u. Sykes, R. N. (Hg.): *Practical Aspects of Memory: Current research and issues*. Chichester: Wiley.

Burke, D. u. Yee, P. (1984): Semantic priming during sentence processing by young and older adults. *Developmental Psychology, 20*, S. 903–910.

Burns, R. (1988): A Two-way T. V. system operated by senior citizens. *American Behavioral Scientist, 31*, S. 576–587.

Butler, R. N. (1967): *Creativity in Old Age*. New York: Plenum.

Butler, R. W., Dickinson, W. A., Katholi, C. u. Halsey, J. H. (1983): The comparative effects of organic brain disease on cerebral blood flow and measured intelligence. *Annals of Neurology, 13*, S. 155–159.

Burnside, I. M. (1976): The special sense and sensory deprivation. In: Burnside, I. M. (Hg.): *Nursing and the aged*. New York: McGraw-Hill.

Byrd, M. (1985): Age differences in the ability to recall and summarise textual information. *Experimental Aging Research, 11*, S. 87–91.

Byrd, M. (1986): The use of organisational strategies to improve memory for prose passages. *International Journal of Aging and Human Development, 23*, S. 257–265.

Camp, C. J. (1988): Utilisation of world knowledge systems. In: Poon, L. W., Rubin D. G. u. Wilson, B. A. (Hg.): *Everyday cognition in adulthood and later life*. Cambridge: Cambridge University Press.

Cantone, G., Orsini, A., Grossi, D. u. DeMichele, G. (1978): Verbal and spatial memory span in dementia: An experimental study of 185 subjects. *Acta Neurologica, 33*, S. 175–183.

Carey, R. G. (1979): Weathering widowhood: Problems and adjustment of the widowed during the first year. *Omega, 10*, S. 263–274.

Carter, J. H. (1982): The effects of aging on selected visual functions: color vision, glare sensitivity, field of vision, and accommodation. In: Sekuler, R., Kline, D. u. Dismukes, K. (Hg.): *Aging and human visual function*. New York: Alan R. Liss.

Caspi, A. u. Elder, G. H. (1986): Life satisfaction in old age: Linking social psychology and history. *Journal of Psychology and Aging, 1*, S. 18–26.

Cattell, R. B. (1971): *Abilities: Their structure, growth and action*. Boston: Houghton Mifflin.

Cavanaugh, J. C. u. Murphy, N. Z. (1986): Personality and metamemory correlates of memory performance in younger and older adults. *Educational Gerontology, 12*, S. 385–394.

Cerella, J. u. Fozard, J. L. (1984): Lexical access and age. *Developmental Psychology, 20*, S. 235–243.

Chamberlain, W. (1970): Restriction in upward gaze with advancing age. *Transactions of the American Ophthalmological Society, 68*, S. 234–244.

Charness, N. (1979): Components of skill in bridge. *Canadian Journal of Psychology, 133*, S. 1–16.

Charness, N. (1981): Aging and skilled problem solving. *Journal of Experimental Psychology: General, 110*, S. 21–38.

Cicirelli, V. G. (1976): Categorization behavior in aging subjects. *Journal of Gerontology, 31*, S. 676–690.

Cockburn, J. u. Smith, P. T. (1988): Effects of age and intelligence on everyday memory tasks. In: Gruneberg, M. M., Morris, P. E. u. Sykes, R. N. (Hg.): *Practical Aspects of Memory: Current research and issues*. Chichester: Wiley.

Cohen, D. u. Dunner, D. (1980): The assessment of cognitive dysfunction in dementing illness. In: Cole, J. O. u. Barrett, J. E. (Hg.): *Psychopathology in the Aged*. New York: Raven.

Cohen, G. (1981): Inferential reasoning in old age. *Cognition, 9*, S. 59–72.

Cohen, G. (1988): Age differences in memory for texts: Production deficiency or processing limitations? In: Burke, D. M. u. Light, L. L. (Hg.): *Language, Memory and Aging*. New York: Cambridge University Press.

Cohen, G. (1989): *Memory in the Real World*. Hove: Lawrence Erlbaum Associates.

Cohen, G. u. Faulkner, D. (1984): Memory for text: Some age differences in the nature of the information that is retained after listening to texts. In: Bouma, H. u. Bouwhuis, D. (Hg.): *Attention and Performance X: Control of Language Processes*. Hillsdale: Lawrence Erlbaum.

Cohen, G. u. Faulkner, D. (1986): Memory for proper names: Age differences in retrieval. *British Journal of Developmental Psychology, 4*, S. 187–197.

Cohen, G. u. Faulkner, D. (1988): Life span changes in autobiographical memory. In: Gruneberg, M. M., Morris, P. E. u. Sykes, R. N. (Hg.): *Practical Aspects of Memory: Current research and issues*. Chichester: Wiley.

Cook, A. S. u. Oltjenbruns, K. A. (1989): *Dying and Grieving*. New York: Holt, Rinehart and Winston.

Coppel, D. B., Burton, C., Becker, J. u. Fiore, J. (1985): Relationships of cognition associated with coping reactions to depression in spousal caregivers of Alzheimer's disease patients. *Cognitive Therapy and Research*, 9, S. 253–266.

Corkin, S., Growden, J. H., Nissen, M. J., Huff, F. J., Freed, D. M. u. Sagar, H. J. (1984): Recent advances in the neuropsychological study of Alzheimer's disease. In: Wurtman, R. J., Corkin, S. u. Growden, J. H. (Hg.): *Alzheimer's Disease: Advances in basic research and therapies*. Cambridge, Mass.: Center for Brain Science and Metabolism Trust.

Corsi, P. M. (1980): Human memory and the medial temporal region of the brain. Unv. Dissertation, McGill University. Zit. in: Kolb, B. u. Winshaw, I. Q. (Hg.): *Fundamentals of Human Neuropsychology*. San Francisco: W. H. Freeman.

Corso, J. F. (1981): *Aging sensory systems and perception*. New York: Praeger.

Corso, J. F. (1987): Sensory-perceptual processes and aging. *Annual Review of Gerontology and Geriatrics*, Band 7, New York: Springer.

Costa, P. T., Jr., u. McCrae, R. R. (1985): Hypochondriasis, neuroticism and aging: When are somatic complaints unfounded? *American Psychologist, 40*, S. 19–28.

Cowgill, D. (1970): The demography of aging. In: Hoffman, A. M. (Hg.): *The daily needs and interests of older people*. Springfield, Illinois: C. C. Thomas.

Coyne, A. C., Liss, L. u. Geckler, C. (1984): The relationship between cognitive status and visual information processing. *Journal of Gerontology, 39*, S. 711–717.

Craik, F. M. (1977): Age differences in human memory. In: Birren, J. E. u. Schaie, K. W. (Hg.): *Handbook of the Psychology of Aging*. New York: Van Nostrand Reinhold.

Craik, F. M. u. Rabinowitz, J. C. (1984): Age differences in the acquisition and use of verbal information. In: Bouma, H. u.

Bouwhuis, D. (Hg.): *Attention and Performance X: Control of Language Processes*. Hillsdale: Erlbaum, S. 471–499.

Crandall, R. C. (1980): *Gerontology. A behavioral science approach*. Reading, Mass.: Addison-Wesley.

Crawford, J. R., Stewart, L. E., Garthwaite, P. H., Parker, D. M. u. Bessan, J. A. O. (1988): The relationship between demographic variables and NART performance in normal subjects. *British Journal of Clinical Psychology, 27*, S. 181–182.

Crook, T. H. u. West, R. L. (1990): Name recall performance across the adult life span. *British Journal of Psychology, 81*, S. 335–349.

Cumming, E. u. Henry, W. E. (1961): *Growing Old*. New York: Basic Books.

Cunningham, W. R. (1987): Intellectual abilities and age. In: Schaie, K. W. (Hg.): *Annual Review of Gerontology and Geriatrics*, Band 7. New York: Springer.

Cunningham, W. R., Clayton, V. u. Overton, W. (1975): Fluid and crystallised intelligence in young adulthood and old age. *Journal of Gerontology, 30*, S. 53–55.

Cunningham, W. R. u. Owens, W. A. (1983): The Iowa State study of the adult development of intellectual abilities. In: Schaie, K. W. (Hg.): *Longitudinal studies of adult psychological development*. New York: Guilford Press, S. 20–39.

Davis, D. R. (1987): Personality Test. In: Gregory, R. L. (Hg.): *The Oxford Companion to the Mind*. Oxford: Oxford University Press.

Davis, P. E. u. Mumford, S. J. (1984): Cued recall and the nature of the memory disorder in dementia. *British Journal of Psychiatry, 144*, S. 383–386.

Dawkins, R. (1976): *The selfish gene*. Oxford: Oxford University Press.

Decker, D. L. (1980): *Social gerontology. An introduction to the dynamics of aging*. Boston: Little, Brown u. Company.

Denney, D. R. u. Denney, N. W. (1973): The use of classification for problem solving: A comparison of middle and old age. *Developmental Psychology, 9*, S. 275–278.

Denney, N. W. u. Denney, D. R. (1974): Modelling effects on the questioning strategies of the elderly. *Developmental Psychology, 10*, S. 458.

DeVries, H. A. (1975): Physiology of exercise and aging. In: Woodruff, D. S. u. Birren, J. E. (Hg.): *Aging: Scientific perspectives and social issues*. New York: Van Nostrand Reinhold.

Diesfeldt, H. F. (1984): The importance of encoding instruction and retrieval cues in the assessment of memory in senile dementia. *Archives of Gerontology and Geriatrics, 3*, S. 51–57.

Dixon, R. A., Hultsch, D. F., Simon, E. W. u. van Eye, A. (1984): Verbal ability and text structure effects on adult age differences in text recall. *Journal of Verbal Learning and Verbal Behavior, 23*, S. 569–578.

Domey, R. G., McFarland, R. A. u. Chadwick, E. (1960): Dark adaptation as a function of age and time: II. A derivation. *Journal of Gerontology, 15*, S. 267–279.

Duffy, F., H. u. McAnulty, G. (1988): Electrophysiological studies. In: Albert, M. S. u. Moss, M. B. (Hg.): *Geriatric Neuropsychology*. New York: Guilford Press.

Eaves, L. J., Eysenck, H. J. u. Martin, N. G. (1989): *Genes, Culture and Personality*. London: Academic Press.

Eisdorfer, C. u. Wilkie, F. (1977): Stress, disease, aging and behaviour. In: Birren, J. E. u. Schaie, K. W. (Hg.): *Handbook of the Psychology of Aging*. New York: Academic Press.

Elias, M. F., Elias, J. W. u. Elias, P. (1990): Biological and health influences on behavior. In: Birren, J. E. u. Schaie, K. W. (Hg.): *Handbook of the Psychology of Aging*, 3. Auflage. San Diego: Academic Press.

Elias, M. F., Elias, P. K. u. Elias, J. W. (1977): *Basic processes in adult developmental psychology*. St. Louis: C. V. Mosby.

Ellis, A. W. (1984): *Reading, Writing and Dyslexia: A Cognitive Approach*. London: Erlbaum.

Engen, T. (1977): Taste and smell. In: Birren, J. E. u. Schaie, K. W. (Hg.): *Handbook of the psychology of aging*. New York: Van Nostrand Reinhold.

Erikson, E. H. (1963): *Childhood and Society*. N.Y.: Norton.

Erikson, E. H. (1982): *The Life Cycle Completed: A Review*. New York: Norton.

Eysenck, H. J. (1952): The effects of psychotherapy: An evaluation. *Journal of Consulting Psychology, 16*, S. 319–324.

Eysenck, H. J. (1985): The theory of intelligence and the psychophysiology of cognition. In: Steinberg, R. J. (Hg.): *Advances in Research in Intelligence*, Band 3. Hillsdale, New Jersey: Lawrence Erlbaum.

Eysenck, H. J. (1987): Personality and ageing: An exploratory analysis. *Journal of Social Behavior and Personality, 3*, S. 11–21.

Eysenck, H. J. u. Eysenck, M. W. (1985): *Personality and individual differences: A natural science approach*. New York: Plenum.

Eysenck, H. J. u. Eysenck, S. B. G. (1969): *Personality, Structure and Measurement*. London.

Eysenck, H. J. u. Kamin, L. (1981): *The intelligence controversy*. New York: Wiley.

Feher, E., Largen, J. W., Barr, D. L. u. Smith, R. C. (1984): Relationships between cerebral atrophy imaged by CT scanning and neurophysiological test results in Alzheimer's disease. *International Journal of Neuroscience, 24*, S. 315–317.

Field, D. (1981): Retrospective reports by healthy intelligent people of personal events of their adult lives. *International Journal of Behavioral Development, 4*, S. 77–79.

Fleischmann, U. M. (1989): *Gedächtnis und Alter. Multivariate Analysen zum Gedächtnis alter Menschen.* Bern: Hans Huber.

Fleischmann, U. M. (1991): Gedächtnis. In: Wolf, O. D., Herrmann, W. M., Kanowski, S., Lehr, U. u. Thomae, H. (Hg.): *Gerontologie.* 2. Auflage. Stuttgart – Berlin – Köln: Kohlhammer, S. 168–176.

Fozard, J. L. (1980): The time for remembering. In: Poon, L. C. (Hg.): *Aging in the 1980's: Psychological issues.* Washington DC: American Psychological Association.

Fozard, J. L., Wolf, E., Bell, B., McFarland, R. A. u. Podolsky, S. (1979): Visual perception and communication. In: Birren, J. E. u. Schaie, K. W. (Hg.): *Handbook of the psychology of aging.* New York: Van Nostrand Reinhold.

Fredericksen, J. R. (1978): Assessment of perceptual, decoding and lexical skills and their relation to reading proficiency. In: Lesgold, A. M., Pellegrino, J. W., Fokkema, S. D. u. Glaser, R. (Hg.): *Cognitive Psychology and Instruction.* New York: Plenum.

Fries, J. F. u. Crapo, L. M. (1981): *Vitality and aging: Implications of the rectangular curve.* San Francisco: Freeman.

Fry, P. S. (1986): *Depression Stress and Adaptations in the Elderly.* Rockville: Aspen Publications.

Funkenstein, H. H. (1988): Cerebrovascular disorders. In: Albert, M. S. u. Moss, M. B. (Hg.): *Geriatric Neuropsychology.* New York: Guilford.

Gatz, M., Bengtson, V. L. u. Blum, M. J. (1990): Caregiving families. In: Birren, J. E. u. Schaie, K. W. (Hg.): *Handbook of the Psychology of Aging*, 3. Auflage. San Diego: Academic Press.

Gibson, A. J. (1981): A further analysis of memory loss in dementia and depression in the elderly. *British Journal of Clinical Psychology, 20*, S. 179–185.

Gilleard, C. J. (1979): Psychomotor performance of elderly psychiatric patients on the Gibson Spiral Maze test. *Perception and Motor Skills, 48*, S. 678.

Gilleard, C. J. (1984): Aging, dementia and Gibson Spiral Maze performance: A brief note. *Perception and Motor Skills, 58*, S. 889–90.

Gilmore, G. C., Tobias, T. R. u. Royer, F. L. (1985): Aging and similarity grouping in visual search. *Journal of Gerontology, 40*, S. 586–592.

Graham, I. D. u. Baker, P. M. (1989): Status, age and gender: perceptions of old and young people. *Canadian Journal on Aging, 8*, S. 255–267.

Grossi, D. u. Orsini, A. (1978): The visual crosses test in dementia: An experimental study of 110 subjects. *Acta Neurologica, 33*, S. 170–174.

Grossi, D., Orsini, A. u. Ridente, G. (1977): Preliminary remarks about a neuropsychological study of organic dementia. *Acta Neurologica, 32*, S. 682–696.

Gruman, G. J. (1966): *A history of ideas about the prolongation of life: The evolution of prolongivity hypothesis to 1800.* Philadelphia: American Philosophical Society.

Gurland, B. u. Toner, J. (1983): Differentiating dementia from nondementing conditions. In: Mayeux, R. u. Rosen, W. G. (Hg.): *The dementias*. New York: Raven.

Gutzmann, H. (Hg.): (1992): *Der dementielle Patient*. Bern–Göttingen – Toronto: Hans Huber.

Haan, N. (1972): Personality development from adolescence to adulthood in the Oakland growth and guidance studies. *Seminars in Psychiatry, 4*, S. 399–414.

Haase, E. R. (1977): Diseases presenting as dementia. In: Wells, C. E. (Hg.): *Dementia*. Philadelphia: Davis.

Häfner, H. (1986): *Psychische Gesundheit im Alter*. Stuttgart–New York: G. Fischer.

Hachinski, V. C., Lassen, N. A. u. Marshall, J. (1977): Multi-infarct dementia, a cause of mental deterioration in the elderly.*Lancet, 1978*, S. 207–210.

Harkins, S. W., Price D. D. u. Martelli, M. (1986): *Special senses in aging: A current biological assessment.* Ann Arbor, MI: The Institute on Gerontology at the University of Michigan.

Harris, S. J. u. Dowson, J. H. (1982): Recall of a 10 word list in the assessment of dementia in the elderly. *British Journal of Psychiatry, 141*, S. 524–527.

Hartley, J. T. (1988): Aging and individual differences in memory for written discourse. In: Light, L. L. u. Burke, D. (Hg.): *Language, Memory and Aging.* New York: Cambridge University Press.

Havinghurst, R. J., Neugarten, B. L. u. Tobin, S. S. C. (1968): Disengagement and patterns of aging. In: Neugarten, B. L. (Hg.): *Middle Age and Aging.* Chicago: University of Chicago Press.

Hayflick, L. (1977): The cellular basis for biological aging. In: Finch, C. E. u. Hayflick, L. (Hg.): *Handbook of the biology of aging.* New York: Academic Press.

Hayslip, B. u. Sterns, H. L. (1979): Age differences in relationships between crystallised and fluid intelligence and problem solving. *Journal of Gerontology, 34*, S. 404–414.

Hécaen, H. u. Albert, M. L. (1978): *Human neuropsychology*, Chichester: John Wiley.

Herbst, K. G. (1982): Social attitudes to hearing loss in the elderly. In: Glendenning, F. (Hg.): *Acquired hearing loss and elderly people.* Keele: Beth Johnson Foundation Publications.

Herrmann, D. J. (1984): Questionnaires about memory. In: Harris, J. E. u. Morris, P. E. (Hg.): *Everyday memory, actions, and absentmindedness.* London: Academic Press.

Herrmann, D. J., Rea, A. u. Andrzejewski, S. (1988): The need for a new approach to memory training. In: Gruneberg, M. M., Morris, P. E. u. Sykes, R. N. (Hg.): *Practical Aspects of Memory: Current research and issues*. Chichester: Wiley.

Heston, L. L., Mastri, A. R., Anderson, V. E. u. White, J. (1981): Dementia of the Alzheimer type: Animal genetics, natural history and associated conditions. *Archives of General Psychiatry, 38*, S. 1085–1090.

Hillgard, E. R., Atkinson, R. L. u. Atkinson, R. C. (1979): *Introduction to Psychology*, 7. Auflage. New York: Harcourt Brace Jovanovich.

Holland, C. u. Rabbitt, P. (1989): Subjective and objective measures of vision and hearing loss in elderly drivers and pedestrians. Talk at ESRC/General Accident Insurance Company Symposium on Road Traffic Accidents. University of Reading, 5. Juli. Zitiert in Rabbitt (1990).

Holland, C. A. u. Rabbitt, P. M. A. (1990): Autobiographical and text recall in the elderly: An investigation of a processing resource deficit. *Quarterly Journal of Experimental Psychology, 42 A*, S. 441–470.

Horn, J. L. (1978): Human ability systems. In: Baltes, P. B. (Hg.): *Life-span development and behavior*, Band 1. New York: Academic Press, S. 211–256.

Horn, J. L. (1982): The theory of fluid and crystallised intelligence in relation to concepts of cognitive psychology and aging in adulthood. In: Craik, F. M. u. Trehub, S. (Hg.): *Aging and cognitive processes*. New York: Plenum.

Horn, J. L. u. Cattell, R. B. (1967): Age differences in fluid and crystallised intelligence. *Acta Psychologica, 26*, S. 107–129.

Howard, D. V. (1988): Aging and memory activation: The priming of semantic and episodic memories. In: Light, L. L. u. Burke, D. M. (Hg.): *Language, Memory and Aging*. New York: Cambridge University Press.

Hudson, L. (1987): Creativity. In Gregory, R. L. u. Zangwill, O. L. (Hg.): *The Oxford companion to the mind.* Oxford: Oxford University Press.

Hunziker, O., Abdel'Al, S., Frey, H., Veteau, M.-J. u. Meier-Ruge, W. (1978): Quantitative studies in the cerebral cortex of aging humans. *Gerontology, 24,* S. 27–31.

Isaacs, B. u. Rennie, A. T. (1973): The set test as an aid to the detection of dementia in old people. *British Journal of Psychiatry, 123,* S. 467–470.

Jackson, J. L., Bogers, H. u. Kerstholt, J. (1988): Do memory aids aid the elderly in their day to day remembering? In: Gruneberg, M. M., Morris, P. E. u. Sykes, R. N. (Hg.): *Practical Aspects of Memory: Current research and issues.* Chichester: Wiley.

Jackson, J. S., Antonucci, T. C. u. Gibson, R. C. (1990): Cultural, racial, and ethnic minority influences on aging. In: Birren, J. E. u. Schaie, K. W. (Hg.): *Handbook of the Psychology of Aging,* 3. Auflage. San Diego: Academic Press.

James, C. (1983): *Falling Towards England.* London: Jonathan Cape.

Jarvik, L. F. (1983): Age is in – is the wit out? In: Samuel, D., Algeri, S., Gershon, S., Grimm, V. E. u. Toffanl, G. (Hg.): *Aging of the Brain,* New York: Raven Press.

Jarvik, L. F. u. Falek, A. (1963): Intellectual stability and survival in the aged. *Journal of Gerontology, 18,* S. 173–176.

Jenike, M. (1986): Depression and other psychiatric disorders. In: Albert, M. S. u. Moss, M. B. (Hg.): *Geriatric Neuropsychology.* New York: Guilford.

Kahn, R. L., Goldfarb, A. I., Pollack, M. u. Peck, A. (1960): Brief objective measures for determination of mental status in the aged. *American Journal of Psychiatry, 117,* S. 326–328.

Kail, R. u. Pelligrino, J. W. (1985): *Human intelligence: Perspective and prospects.* San Francisco: Freeman.

Kaiser, H. J. (1989): *Handlungs- und Lebensorientierung alter Menschen. Entwurf einer interpretativen Gerontopsychologie*. Bern – Stuttgart – Toronto: Hans Huber.

Kart, C. S. (1981): *The realities of aging*. Boston: Allyn & Bacon.

Kart, C. S., Metress, E. S. u. Metress, J. F. (1978): *Aging and health: Biologic and social perspectives*. Menlo Park, Calif.: Addison-Wesley.

Kausler, D. H. (1982): *Experimental Psychology and Human Aging*. New York: John Wiley.

Kemper, S. (1986): Limitation of complex syntactic construction by elderly adults. *Applied Psycholinguistics, 7*, S. 277–287.

Kemper, S. (1987 a): Adults' diaries: Changes to written narratives across the life span. *Conference on Social Psychology and Language*, 20.–24. Juli 1987.

Kemper, S. (1987 b): Life-span changes in syntactic complexity. *Journal of Gerontology, 42*, S. 323–328.

Kemper, S. (1988): Geriatric psycholinguistics: Syntactic limitation of oral and written language. In: Light, L. L. u. Burke, D. M. (Hg.): *Language, Memory and Aging*. New York: Cambridge University Press.

Kemper, S. u. Rash, S. J. (1988): Speech and writinig across the life span. In: Gruneberg, M. M., Morris, P. E. u. Sykes, R. N. (Hg.): *Practical Aspects of Memory*. Chichester: Wiley.

Kennedy, S., Kiecolt-Glaser, J. K., u. Glaser, R. (1988): Immunological consequences of acute and chronic stressors: Mediating role of interpersonal relationships. *British Journal of Medical Psychology, 61*, S. 77–85.

Kermis, M. D. (1983): *The psychology of human aging. Theory, research and practice*. Boston: Allyn and Bacon.

Kermis, M. D. (1986): *Mental health in late life. The adaptive process*. Boston: Jones u. Bartlett.

Kidson u. Chen (1986): DNA damage, DNA repair and the genetic basis of Alzheimer's disease. In: Swaab, D. F. u. a. (Hg.): *Progress in Brain Research, 70*. Amsterdam: Elsevier.

Kirkwood, T. B. L. (1988): The nature and causes of ageing. In: *Research and the ageing population*. CIBA Foundation Symposium 134. Chichester: Wiley, S. 193–207.

Kleemeier, R. W. (1962): Intellectual changes in the senium. *Proceedings of the Social Statistics Section of the American Statistical Association, 1*, S. 290–295.

Knopf, M. (1987): *Gedächtnis im Alter*. Berlin – Heidelberg – New York: Springer.

Kogan, N. (1990): Personality and Aging. In: Birren, J. E. u. Schaie, K. W. (Hg.): *Handbook of the Psychology of Aging*, 3. Auflage. San Diego: Academic Press.

Kopelman, M. D. (1985): Rates of forgetting in Alzheimer-type dementia and Korsakoff's syndrome. *Neuropsychologia, 23*, S. 623–638.

Krmpotic-Nemanic, J. (1969): Presbycusis and retrocochlear structures. *International Audiology, 8*, S. 210–220.

Kruse, A. u. Lehr, U. (1989): Intelligenz, Lernen und Gedächtnis im Alter. In: Platt, D. u. Oesterreich, K. (Hg.): *Handbuch der Gerontologie, Band 5: Neurologie, Psychiatrie*. Stuttgart–New York: G. Fischer, S. 391–417.

Kvavilashvili, L. (1987): Remembering intention as a distinct form of memory. *British Journal of Psychology, 78*, S. 507–518.

Kuypers, J. A. u. Bengtson, U. L. (1973): Social breakdown and competence. *Human Development, 16*, S. 181–201.

Kynette, D. u. Kemper, S. (1986): Aging and the loss of grammatical form: A cross-sectional study of language performance. *Language and Communication, 6*, S. 65–72.

Labouvie-Vief, G. u. Gonda, J. N. (1976): Cognitive strategy training and intellectual performance in the elderly. *Journal of Gerontology, 31*, S. 327–332.

Laduner, G. (1989): Demenz. In: Platt, D. u. Oesterreich, K. (Hg.): *Handbuch der Gerontologie, Band 5: Neurologie, Psychiatrie*. Stuttgart – New York: G. Fischer, S. 211–250.

Larson, R. (1978): Thirty years of research on the subjective well-being of older Americans. *Journal of Gerontology, 33*, S. 109–125.

Laslett, P. (1976): Societal development and aging. In: Binstock, R. H. u. Shanas, E. (Hg.): *Handbook of Aging and the Social Sciences*. New York: Reinhold.

Laurence, M. W. u. Arrowood, A. J. (1982): Classification style differences in the elderly. In: Craik, F. I. M. u. Trehub, S. (Hg.): *Aging and cognitive processes*. New York: Plenum.

Lauter, H. u. Kurz, A. (1989): Demenzerkrankungen im mittleren und höheren Lebensalter. In: Kisker, K. P. u. a. (Hg.): *Psychiatrie der Gegenwart: 8: Alterspsychiatrie*. Berlin – Heidelberg – New York: Springer, S. 135–200.

Lehr, U. (1991): *Psychologie des Alterns*. 7. Auflage. Heidelberg – Wiesbaden: Quelle u. Meyer (= UTB Band 55).

Lehr, U. u. Thomae, H. (Hg.) (1987): *Formen seelischen Alterns*. Stuttgart: Enke.

Leli, D. A. u. Scott, L. H. (1982): Cross-validation of the two indexes of intellectual deterioration on patients with Alzheimer's disease. *Journal of Consulting and Clinical Psychology, 50*, S. 468.

Levinson, D. (1978): *The Season of a Man's Life*. New York: Ballantine.

Levinson, D. (1980): Conception of the adult life course. In: Smelser, N. u. Erikson, E. (Hg.): *Themes of Work and Love in Adulthood*. Cambridge, Mass.: Harvard University Press.

Light, L. L. u. Albertson, S. A. (1988): Comprehension of pragmatic implications in young and older adults. In: Light, L. L. u. Burke, D. M. (Hg.): *Language, Memory and Aging*. New York: Cambridge University Press.

Light, L. L. u. Anderson, P. A. (1985): Working-memory capacity, age and memory for discourse. *Journal of Gerontology, 40*, S. 737–747.

Lopata, HY. (1973): *Widowhood in an American City*. Cambridge: Schenkman.

Maas, M. S. u. Kuypers, J. A. (1974): *From Thirty to Seventy*. San Francisco: Jossey-Bass.

Mace, N. L. u. Rabins, P. V. (1986): *Der 36-Stunden-Tag. Die Pflege des verwirrten älteren Menschen, speziell des Alzheimer-Kranken*. Bern – Stuttgart – Toronto: Hans Huber.

Maddox, G. L. (1970): Themes and issues in sociological theories of human aging. *Human Development, 13*, S. 17–27.

Mandel, R. G. u. Johnson, N. S. (1984): A developmental analysis of story recall and comprehension in adulthood. *Journal of Verbal Learning and Verbal Behaviour, 23*, S. 643–659.

Marsh, G. A. (1980): Perceptual changes with aging. In: Busse, E. W. u. Blazer, D. G. (Hg.): *Handbook of geriatric psychiatry*. New York: Van Nostrand Reinhold.

Marsh, G. R. u. Watson, W. E. (1980): Psychophysiological studies of aging effects on cognitive processes. In Stein, D. G. (Hg.): *The psychobiology of aging. Problems and perspectives*. New York: Elsevier North-Holland.

Marshall, L. (1981): Auditory processing in ageing listeners. *Journal of Speech and Hearing Disorders, 43*, S. 226–240.

Martin, A., Brouwers, P., Cox, C., u. Fedio, P. (1985): On the nature of verbal memory deficit in Alzheimer's disease. *Brain and Language, 25*, S. 323–342.

Martin, A. u. Fedio, P. (1983): Word production and comprehension in Alzheimer's disease: The breakdown of semantic knowledge. *Brain and Language, 19*, S. 124–141.

Martone, M., Butlers, N., Payne, M. u. a. (1984): Dissociation between skill learning and verbal recognition in amnesia and dementia. *Archives of Neurology, 41*, S. 965–970.

Maylor, E. A. (1990a): Age and prospective memory. *Quarterly Journal of Experimental Psychology, 42A*, S. 471–493.

Maylor, E. A. (1990b): Age, blocking and the tip of the tongue state. *British Journal of Psychology, 81*, S. 123–134.

McCubbin, H. I. u. Patterson, J. M. (1982): Family adaptation to crises. In: McCubbin, H. I., Cauble, A. E. u. Patterson, J. M. (Hg.): *Family stress, coping and social support.* Springfield: Thomas.

McHale, M. C., McHale, J. u. Streatfield, G. J. (1979): *Children in the world.* Washington, D.C.: Population Reference Bureau.

McFarland, R. A. u. Fisher, M. B. (1955): Alterations in dark adaptation as a function of age. *Journal of Gerontology, 10*, S. 424–428.

Medawar, P. B. (1952): *An unsolved problem of biology.* London: H. K. Lewis.

Meier-Ruge, W., Gygax, P. u. Wiernsperger, N. (1980): A synoptic view of pathophysiology and experimental pharmacology in gerontological brain research. In: Eisdorfer, C. u. Fann, W. E. (Hg.): *Psychopharmacology of aging.* New York: S. P. Medical and Scientific Books, S. 65–98.

Meier-Ruge, W., Hunziker, O., Iwangoff, P., Reichlmeier, K. u. Schultz, U. (1980): Effect of age on morphological and biochemical parameters of the human brain. In: Stein, D. G. (Hg.): *The psychobiology of aging. Problems and perspectives.* New York: Elsevier North-Holland.

Metter, E. J. (1988): Positron emission tomography and cerebral blood flow studies. In: Albert, M. S. u. Moss, M. B. (Hg.): *Geriatric Neuropsychology.* New York: Guilford Press.

Meyer, B. J. F. (1987): Reading comprehension and aging. In: Schaie, K. W. (Hg.): *Annual Review of Gerontology and Geriatrics*, Band 7. New York: Springer.

Miller, E. (1973): Short and long-term memory in patients with presenile dementia (Alzheimer's disease). *Psychology and Medicine, 3*, S. 221–224.

Miller, E. (1974): Psychomotor performance in presenile dementia. *Psychology and Medicine, 4*, S. 65–69.

Miller, E. (1975): Impaired recall and the memory disturbance in presenile dementia. *British Journal of Social and Clinical Psychology, 14*, S. 73–79.

Miller, E. u. Lewis, P. (1977): Recognition memory in elderly patients with depression and dementia: a signal detection analysis. *Journal of Abnormal Psychology, 86*, S. 84–86.

Miller, M. (1979): *Suicide After Sixty: The Final Alternative.* New York: Springer.

Morris. R. G. (1984): Dementia and the functioning of the articulatory loop system. *Cognitive Neuropsychology, 1*, S. 143–157.

Morris, R. G. (1986): Short-term forgetting in senile dementia of the Alzheimer's type. *Cognitive Neuropsychology 3*.

Morris, R. G., Craik, F. I. M. u. Gick, M. L. (1990): Age differences in working memory tasks: The role of secondary memory and the central executive system. *Quarterly Journal of Experimental Psychology, 42 A*, S. 67–86.

Morris, R. G., Gick, M. L. u. Craik, F. I. M. (1988): Processing resources and age differences in working memory. *Memory and Cognition, 16*, S. 362–366.

Morris, R. G. u. Kopelman, M. D. (1986): The memory deficit in Alzheimer-type dementia: A review. *Quarterly Journal of Experimental Psychology, 38 A*, S. 575–602.

Morrissey, E., Becker, J. u. Rubert, M. P. (1990): Coping resources and depression in the caregiving spouses of Alzheimer's patients. *British Journal of Medical Psychology, 63*, S. 161–171.

Moscovitch, M. (1982): A neurophysiological approach to memory and perception in normal and pathological aging. In: Craik, F. I. M. u. Trehub, S. (Hg.): *Aging and cognitive processes*. New York: Plenum.

Moss, M. B. u. Albert, M. S. (1988): Alzheimer's disease and other dementing disorders. In: Albert, M. S. u. Moss, M. B. (Hg.): *Geriatric Neuropsychology*. New York: Guilford.

Murphy, C. (1985): Cognitive and chemosensory influences on agc-related changes in the ability to identify blended foods. *Journal of Gerontology, 40*, S. 217–222.

Murphy, E. (1986): Depressionen im Alter. In: Kisker, K. P. u. a. (Hg.) (1986): *Psychiatrie der Gegenwart, 8: Alterspsychiatrie*. Berlin – Heidelberg – New York: Springer, S. 225–251.

National Council on Aging (1975): *The Myth and Reality of Aging in America*. Washington, D. C.

Nelson, H. E. u. McKenna, P. (1973): The use of current reading ability in the assessment of dementia. *British Journal of Social and Clinical Psychology, 14*, S. 259–267.

Nelson, H. E. u. O'Connell, A. (1978): Dementia: The estimation of premorbid intelligence levels using the New Adult Reading Test. *Cortex, 14*, S. 234–244.

Neugarten, B. L. (1977): Personality and aging. In: Birren, J. E. u. Schaie, K. W. (Hg.): *Handbook of the Psychology of Aging*. New York: Reinhold.

Neugarten, B. L., Havinghurst, R. J. u. Tobin, S. S. (1961): The measurement of life satisfaction. *Journal of Gerontology, 16*, S. 134–143.

Neugarten, B. L., Havinghurst, R. J. u. Tobin, S. S. (1968): Personality and pattern of aging. In: Neugarten, B. L. (Hg.): *Middle Age and Aging*. Chicago University Press.

Nigro, G. u. Neisser, U. (1983): Point of view in personal memories. *Cognitive Psychology, 15*, S. 465–482.

Nissen, M. J. u. Corkin, S. (1985): Effectiveness of attentional cueing in older and younger adults. *Journal of Gerontology, 40,* S. 185–191.

Nissen, M. J., Corkin, S., Buonanno, F. S. u. a. (1985): Spatial vision in Alzheimer's disease. *Archives of Neurology, 42,* S. 667–671.

Norris, M. L. u. Cunningham, D. R. (1981): Social impact of hearing loss in the aged. *Journal of Gerontology, 36,* S. 727–729.

O'Carroll, R. E., Baikie, E. M. u. Whittick, J. E. (1987): Does the National Adult Reading Test hold in dementia? *British Journal of Clinical Psychology, 26,* S. 315–316.

O'Carroll, R. E. u. Gilleard, C. J. (1986): Estimation of premorbid intelligence in dementia. *British Journal of Clinical Psychology, 25,* S. 157–158.

OECD (1988): *Ageing Populations: The Social Policy Implications.* Paris: OECD.

Oesterreich, K. (1986): Verwirrtheitszustände. In: Kisker, K. P. u. a. (Hg.): *Psychiatrie der Gegenwart; 8: Alterspsychiatrie.* Berlin – Heidelberg – New York: Springer, S. 201–224.

Olsen, D. R., Torrance, N. u. Hildyard, A. (Hg.) (1985): *Literacy, Language and Learning.* Cambridge: Cambridge University Press.

Owens, W. A. (1959): Is age kinder to the initially more able? *Journal of Gerontology, 14.* S. 334–337.

Owsley, C., Sekuler, R. u. Boldt, C. (1981): Aging and low-contrast vision: Face perception. *Invest. Ophthalmol. Vis. Sci., 21,* S. 362–365.

Oyer, H. J. u. Deal, L. V. (1989): Temporal aspects of speech and the aging process. *Folia Phoniatrica, 37,* S. 109–112.

Palmore, E. u. Cleveland, W. (1976): Aging, terminal decline and terminal drop. *Journal of Gerontology, 31,* S. 76–81.

Papalia, D. E. (1972): The status of several conservation abilities across the life-span. *Human Development, 15,* S. 229–243.

Parnes, H. (1981): *Work and Retirement: A Longitudinal Study of Men*. Cambridge, Mass: MIT Press.

Peck, R. C. (1968): Psychological developments in the second half of life. In: Neugarten, B. L. (Hg.): *Middle Age and Aging: A Reader in Social Psychology*. Chicago: University of Chicago Press.

Peretz, J. A. u. Cummings, J. L. (1988): Subcortical dementia. In: Holden, U. (Hg.): *Neuropsychology and ageing*. London: Croom Helm.

Perez, F. I., Rivera, V. M., Meyer, J. S. u. a. (1975): Analysis of intellectual and cognitive performance in patients with multi-infarct dementia, vertobrobasilar insufficiency with dementia and Alzheimer's disease. *Journal of Neurology, Neurosurgery and Psychiatry, 38*, S. 533–540.

Perlmutter, M. (1978): What is memory aging the aging of? *Developmental Psychology, 14*, S. 330–345.

Perlmutter, M. u. Mitchell, D. B. (1982): The appearance and disappearance of age differences in adult memory. In: Craik, F. I. M. u. Trehub, S. (Hg.): *Aging and cognitive processes*. New York: Plenum.

Perlmutter, M., Adams, C., Berry, S., Kaplan, M. u. Person, D. (1987): Aging and memory. In: Schaie, K. W. (Hg.): *Annual Review of Gerontology and Geriatrics*, Band 7. New York: Springer, S. 57–92.

Petit, T. L. (1982): Neuroanatomical and clinical neuropsychological changes in aging and senile dementia. In: Craik, F. I. M. u. Trehub, S. (Hg.): *Aging and cognitive processes*. New York: Plenum.

Petros, T., Tabar, L., Cooney, T. u. Chabot, R. J. (1983): Adult age differences in sensitivity to semantic structure of prose. *Developmental Psychology, 19*, S. 907–914.

Pitts, D. G. (1982): The effects of aging on selected visual functions: Dark adaptation, visual acuity, stereopsis, and brightness contrast. In: Sekuler, R., Kline, D. u. Dismukes, K. (Hg.): *Aging and human visual function*. New York: Alan R. Liss, S. 121–130.

Poon, L. W., Fozard, J. L., Paushock, D. R. u. Thomas, J. C. (1979): A questionnaire assessment of age differences in retention of recent and remote events. *Experimental Age Research*, *5*, S. 401–411.

Poon, L. W. u. Schaffer, G. (1982): Prospective memory in young and elderly adults. *Vortrag vor der Versammlung der American Psychological Association*, Washington, D. C. Zitiert in West (1988).

Rabbitt, P. M. A. (1979): Some experiments and a model for changes in attentional selectivity with old age. In: Hoffmeister, F. u. Muller, C. (Hg.): *Bayer Symposium VII. Evaluation of Change*. Bonn: Springer.

Rabbitt, P. M. A. (1980): A fresh look at reaction times in old age. In: Stein, D. G. (Hg.): *The Psychobiology of Aging: Problems and Perspectives*. New York: Elsevier.

Rabbitt, P. M. A. (1982): How do the old know what to do next? In: Craik, F. I. M. u. Trehub, S. (Hg.): *Aging and cognitive processes*. New York: Plenum.

Rabbitt, P. M. A. (1984): Memory impairment in the elderly. In: Bebbington, P. E. u. Jacoby, R. (Hg.): *Psychiatric disorders in the elderly*. London: Mental Health Foundation, S. 101–119.

Rabbitt, P. M. A. (1988 a): The faster the better? Some comments on the use of information processing rate as an index of change and individual differences in performance. In: Hindmarch, I., Aufdembrinke, B. u. Ott, H. (Hg.): *Psychopharmacology and reaction time*. London: John Wiley.

Rabbitt, P. M. A. (1988 b): Does fast last? Is speed a basic factor determining individual differences in memory? In Gruneberg, M. M., Morris, P. E. u. Sykes, R. N. (Hg.): *Practical Aspects of Memory*, Band 2. Chichester: Wiley.

Rabbitt, P. M. A. (1988 c): Human Intelligence (Critical Notice of R. J. Sternberg's work). *Quarterly Journal of Experimental Psychology, 40 A*, S. 167–187.

Rabbitt, P. M. A. (1990): Applied cognitive gerontology: some problems, methodologies and data. *Applied Cognitive Psychology, 4*, S. 225–246.

Rabbitt, P. M. A. (im Druck): Secondary central effects on memory and attention of mild hearing loss in the elderly. *Acta Psychologica Scandanavica.*

Rabbitt, P. M. A. u. Abson, V. (1990): «Lost and found»: Some logical and methodological limitations of self-report questionnaires as tools to study cognitive ageing. *British Journal of Psychology, 81*, S. 1–16.

Rabbitt, P. M. A. u. Goward, L. (1986): Effects of age and raw IQ test scores on mean correct and mean error reaction times in serial choice tasks: A reply to Smith and Brewer. *British Journal of Psychology, 77*, S. 69–73.

Rabbitt, P. M. A. u. Winthorpe, C. (1988): What do old people remember? The Galton paradigm reconsidered. In: Gruneberg, M. M., Morris, P. E. u. Sykes, R. N. (Hg.): *Practical Aspects of Memory*, Band 2. Chichester: Wiley.

Raskin, A. (1979): Signs and symptoms of psychopathology in the elderly. In: Raskin, A. u. Jarvik, L. F. (Hg.): *Psychiatric symptoms and cognitive loss in the elderly*. Washington, D.C.: Hemisphere.

Rebok, G. W. (1987): *Life-span cognitive development*. New York: Holt, Rinehart u. Winston.

Reding, M., Haycox, J. u. Blass, J. (1985): Depression in patients referred to a dementia clinic: A three-year prospective study. *Archives of Neurology, 42*, S. 894–896.

Reichard, S., Livson, F. u. Peterson, P. G. (1962): *Aging and personality: A study of 87 older men*. New York: Wiley.

Reimanis, G. u. Green, R. F. (1971): Imminence of death and

intellectual decrement in the aged. *Developmental Psychology, 5*, S. 270–272.

Reisberg, B. (1986): *Hirnleistungsstörungen: Alzheimersche Krankheit und Demenz*. Weinheim – München: Psychologie Verlags Union/Beltz.

Ribot, T. (1982): *Diseases of memory*. London: Kegan, Paul, Tench u. Co.

Ribovich, J. K. u. Erikson, L. (1980): A study of lifelong reading with implications for instructional programs. *Journal of Reading, 24*, S. 20–26.

Rice, G. E. (1986a): The everyday activities of adults: Implications for prose recall. Teil 1. *Educational Gerontology, 12*, S. 173–186.

Rice, G. E. (1986b): The everyday activities of adults: Implications for prose recall. Teil 2. *Ebd.*, S. 187–198.

Rice, G. E. u. Meyer, B. J. F. (1986): Prose recall: effects of aging, verbal ability and reading behaviour. *Journal of Gerontology, 41*, S. 469–480.

Rice, G. E., Meyer, B. J. F. u. Miller, D. C. (1988): Relation of everyday activities of adults to their prose recall performance. *Educational Gerontology, 14*, S. 147–158.

Riegel, K. F. u. Riegel, R. M. (1972): Development, drop, and death. *Developmental Psychology, 6*, S. 306–319.

Rodgers, B. (1984): The trend of reading standards re-assessed. *Educational Research, 26*, S. 153–166.

Rosen, W. G., Mohs, R. C. u. Davis, K. L. (1984): A new rating scale for Alzheimer's disease. *American Journal of Psychiatry, 14*, S. 1356–1364.

Rosenthal, C. J. (1986): Family supports in later life: Does ethnicity make a difference? *The Gerontologist, 26*, S. 19–24.

Rossor, M. u. Iversen, L. L. (1986): Non-cholinergic neurotransmitter abnormalities in Alzheimer's disease. *British Medical Bulletin, 42*, S. 70–74.

Roth, S. and Cohen, L. J. (1986): Approach avoidance and coping with stress. *American Psychologist, 41*, S. 813–819.

Rubens, A. u. Benson, D. F. (1971): Associative visual agnosia. *Archives of Neurology, 24*, S. 305–316.

Ryan, W. J. (1972): Acoustic aspects of the aging voice. *Journal of Gerontology, 27*, S. 265–268.

Salthouse, T. (1982): *Adult cognition*. New York: Springer.

Salthouse, T. (1985): *A theory of cognitive aging*. Amsterdam: North-Holland.

Schaie, K. W. (1979): The primary mental abilities in adulthood: An exploration in the development of psychometric intelligence. In: Baltes, P. B. u. Brim, O. G. (Hg.): *Life-span development and behavior*, Band 2. New York: Academic Press, S. 67–115.

Schaie, K. W. (1983): The Seattle Longitudinal Study: A 21-year exploration of psychometric intelligence in adulthood. In: Schaie, K. W. (Hg.): *Longitudinal studies of adult psychological development*. New York: Guilford Press, S. 64–135.

Schaie, K. W. (1991): Intelligenz. In: Wolf, O. D., Herrmann, W. M., Kanowski, S., Lehr, U. u. Thomae, H. (Hg.): *Gerontologie*. 2. Auflage. Stuttgart – Berlin – Köln: Kohlhammer, S. 269–283.

Schaie, K. W. u. Hertzog, C. (1986): Toward a comprehensive model of adult intellectual development: Contributions of the Seattle Longitudinal Study. In: Sternberg, R. J. (Hg.): *Advances in human intelligence*, Band 3. Hillsdale, New Jersey: Erlbaum, S. 79–118.

Schiffman, S. (1977): Food recognition by the elderly. *Journal of Gerontology, 32*, S. 586–592.

Schlotterer, G., Moscovitch, M., Crapper, M. u. McLachlan, D. (1984): Visual processing deficits as assessed by spatial frequency contrast sensitivity and backward masking in normal ageing and Alzheimer's disease. *Brain, 107*, S. 309–325.

Schwartz, M. F., Marin, O. S. M. u. Saffran, E. M. (1979): Dissociation of language function in dementia: A case study. *Brain and Language*, 7, S. 277–306.

Sekuler, R., Hutman, L. P. u. Owsley, C. (1980): Human aging and vision. *Science*, *209*, S. 1255–1256.

Sekuler, R. u. Owsley, C. (1982): The spatial vision of older humans. In: Sekuler, R., Kline, D. u. Dismukes, K. (Hg.): *Aging and human visual function*. New York: Alan R. Liss, S. 121–130.

Sekuler, R., Owsley, C. u. Hutman, L. (1982): Assessing spatial vision of older people. *American Journal of Optometry and Physiological Optics*, *59*, S. 961–968.

Shindler, A. G., Caplan, L. R. u. Hier, D. B. (1984): Intrusion and perseverations. *Brain and Language*, *23*, S. 148–158.

Siegler, I. C., McCarty, S. M. u. Logue, P. E. (1982): Wechsler Memory Scale scores, selective attention, and distance from death. *Journal of Gerontology*, *37*, S. 176–181.

Smith, J., Heckhausen, J., Kliegl, R. u. Baltes, P. B. (1984): Cognitive reserve capacity, expertise, and aging: Plasticity of digit span performance. *Meeting of the Gerontological Society of America, San Antonio*. Zitiert in Rebok (1987).

Smith, S. W. u. a. (1989): Adult age differences in the use of story structure in delayed free recall. *Experimental Aging Research*, *9*, S. 191–195.

Spencer, R. P. (1976): Change in weight and of the human lens with age. *Annals of Ophthalmology*, *8*, S. 440–441.

Spirduso, W. W. u. MacRae, P. G. (1990): Motor Performance and Aging. In: Birren, J. E. u. Schaie, K. W. (Hg.): *Handbook of the Psychology of Aging*, 3. Auflage. San Diego: Academic Press.

Stephens, S. D. G. (1982): Rehabilitation and service needs. In: Lutman, M. E. u. Haggard, M. P. (Hg.): *Hearing science and hearing disorders*. London: Academic Press.

Stevens, M. (1979): Famous personality test. A test for measuring remote memory. *Bulletin of the British Psychological Society, 32*, S. 211.

Stine, E. L., Wingfield, A. u. Poon, L. W. (1986): How much and how fast: Rapid processing of spoken language in later adulthood. *Psychology and Aging, 1*, S. 303–311.

Stocker, F. W. u. Moore, L. W. Jr. (1975): Detecting changes in the cornea that come with age. *Geriatrics, 30*, S. 57–69.

Storandt, M. (1976): Speed and coding effects in relation to age and ability level. *Developmental Psychology, 12*, S. 177–178.

Storandt, M. (1977): Age, ability level and scoring the WAIS. *Journal of Gerontology, 32*, S. 175–178.

Strube, M. J., Berry, J. M., Goza, B. K. u. Fennimore, D. (1985): Type A behavior, age and psychological well-being. *Journal of Personality and Social Psychology, 49*, S. 203–218.

Stuart-Hamilton, I. A. (1986): The role of phonemic awareness in the reading style of beginning readers. *British Journal of Educational Psychology, 56*, S. 271–285.

Stuart-Hamilton, I. A., Perfect, T. u. Rabbitt, P. (1988): Remembering who was who. In: Gruneberg, M. M., Morris, P. E. u. Sykes, R. N. (Hg.): *Practical Aspects of Memory*. Band 2. Chichester: Wiley.

Stuart-Hamilton, I. A. u. Rabbitt, P. (im Druck): The decline of single word reading skills in the non-dementing elderly. *Comprehensive Gerontology*.

Stuart-Hamilton, I. A. Rabbitt, P. M. A. u. Huddy, A. (1988): The role of selective attention in the visuo-spatial memory of patients suffering from dementia of the Alzheimer type. *Comprehensive Gerontology*, Band B, 2, S. 129–134.

Stuart-Hamilton, I. A., Rabbitt, P. M. A. u. Huddy, A. (unveröffentlicht): Trying to remember who was who. Forschungsbericht.

Sulkava, R. (1982): Alzheimer's disease and senile dementia of the Alzheimer type: A comparative study. *Acta Neurologica Scandanavica, 65*, S. 636–650.

Sulkava, R. u. Amberia, K. (1982): Alzheimer's disease and senile dementia of Alzheimer type: A neuropsychological study. *Acta Neurologica Scandanavica, 65*, S. 651–660.

Sundstrom, G. (1986): Intergenerational mobility and the relationship between adults and their aging parents in Sweden. *The Gerontologist*, 26, S. 367–371.

Taub, H. A. (1979): Comprehension and memory of prose materials by young and old adults. *Experimental Aging Research, 5*, S. 3–13.

Taub, H. A., Baker, M. T. u. Kline, G. E. (1982): Perceived choice of prose materials by young and elderly adults. *Educational Gerontology, 8*, S. 447–453.

Taub, H. A. u. Kline, G. (1978): Recall of prose as a function of age and input modality. *Journal of Gerontology, 33*, S. 725–730.

Tenney, Y. J. (1984): Ageing and the misplacing of objects. *British Journal of Developmental Psychology*, 2, S. 43–50.

Thomae, H. (1980): Personality and adjustment to aging. In: Birren, J. E. u. Sloane, R. B. (Hg.): *Handbook of Mental Health and Aging*. New Jersey: Prentice-Hall.

Thomae, H. (1983): *Alternsstile und Alternsschicksale. Ein Beitrag zur Differenziellen Gerontologie*. Bern – Stuttgart – Wien: Hans Huber.

Thompson, I. M. (1988): Communication changes in normal and abnormal ageing. In: Holden, U. (Hg.): *Neuropsychology and Aging*. London: Croom Helm.

Thornton, E. W. (1984): *Exercise and ageing: an unproven relationship*. Liverpool: Liverpool University Press.

Thurstone, T. G. (1958): *Manual for the SRA Primary Mental Abilities*. Chicago: Science Research Associates.

Tsai, H. K., Chou, F. S. u. Cheng, T. J. (1958): On changes in ear size with age, as found among Taiwanese-Formosans of the Fukienese extraction. *Journal of the Formosan Medical Association, 57*, S. 105–111.

Tulving, E. (1972): Episodic and semantic memory. In: Tulving, E. u. Horton, D. L. (Hg.): *Verbal behavior and general behavior theory*. New Jersey: Prentice-Hall.

Turner, J. S. u. Helms, D. B. (1987): *Lifespan Development*, 3. Auflage. New York: Holt, Rinehart and Winston.

Vanderplas, J. M. u. Vanderplas, J. H. (1980): Some factors affecting legibility of printed materials for older adults. *Perceptual and Motor Skills, 50*, S. 923–932.

Verrillo, R. T. (1982): Effects of aging on the suprathreshold responses to vibration. *Perception and Psychophysics, 32*, S. 61–68.

Vitaliano, P. P., Breen, A. R., Albert, M. S. u. a. (1984): Memory, attention, and functional status in community-residing Alzheimer type dementia patients and optimally healthy aged individuals. *Journal of Gerontology, 39*, S. 58–64.

Vrtunski, P. B., Patterson, M. B., Mack, J. L. u. Hill, G. O. (1983): Microbehavioural analysis of the choice reaction time response in senile dementia. *Brain, 106*, S. 929–947.

Walsh, D. A. (1982): The development of visual information processes in adulthood and old age. In: Craik, F. I. M. u. Trehub, S. (Hg.): *Aging and cognitive processes*. New York: Plenum.

Walsh, D. A., Williams, M. V. u. Hertzog, C. K. (1979): Age-related differences in two stages of central perceptual processes: The effects of short duration targets and criterion differences. *Journal of Gerontology, 34*, S. 234–241.

Ward, R. (1977): The impact of subjective age and stigma on older persons. *Journal of Gerontology, 32*, S. 227–232.

Ward, R. A. (1984): *The aging experience*. Cambridge: Harper and Row.

Warrington, E. (1975): The selective impairment of semantic memory. *Quarterly Journal of Experimental Psychology, 27*, S. 635–657.

Wasylenki, D. A. (Hg.): (1987): *Psychogeriatrics: A practical handbook*. London: Jessica Kingsley.

Waugh, N. C. u. Barr, R. A. (1982): Encoding deficits in aging. In: Craik, F. I. M. u. Trehub, S. (Hg.): *Aging and cognitive processes*. New York: Plenum.

Weg, R. B. (1983): Changing physiology of aging: Normal and pathological. In: Woodruff, D. S. u. Birren, J. E. (Hg.): *Aging: Scientific perspectives and social issues*. Monterey, CA: Brooks-Cole.

Weiffenbach, J. M., Baum, B. J. u. Burghauser, R. (1982): Taste thresholds: Quality specific variation with human aging. *Journal of Gerontology, 37*, S. 372–377.

Weinbach, I. (1983): *Alter und Altern*. Frankfurt am Main – Berlin: Diesterweg.

Weingartner, H., Kaye, W., Smallberg, S. A. u. a. (1981): Memory failures in progressive idiopathic dementia. *Journal of Abnormal Psychology, 90*, S. 187–196.

Weingartner, H., Cohen, R. M., Bunney, W. E. u. a. (1982): Memory learning impairments in progressive dementia and depression. *American Journal of Psychiatry, 139*, S. 135–136.

Weinstein, B. E. u. Ventry, I. M. (1982): Hearing impairment and social isolation in the elderly. *Journal of Speech and Hearing Research, 25*, S. 593–599.

Wenger, G. C. (1990): Elderly carers: The need for appropriate intervention. *Ageing and Society, 10*, S. 197–219.

West, R. L. (1988): Prospective memory and aging. In: Gruneberg, M. M., Morris, P. E. u. Sykes, R. N. (Hg.): *Practical Aspects of Memory*, Band 2. Chichester: Wiley.

Whelihan, W. M., Lesher, E. L., Kleban, M. H. u. Granick, S.

(1984): Mental status and memory assessment as predictors of dementia. *Journal of Gerontology, 39*, S. 572–576.

Whitbourne, S. K. (1987): Personality development in adulthood and old age: Relationships among identity style, health and well-being. *Annual Review of Gerontology and Geriatrics, 7*, S. 189–216.

White, L. R., Cartwright, W. S., Cornoni-Huntley, J. u. Brock, D. B. (1986): Geriatric epidemiology. In: Eisdorfer, C. (Hg.): *Annual Review of Gerontology and Geriatrics*, 6, New York: Springer.

White, N. u. Cunningham, W. R. (1988): Is terminal drop pervasive or specific? *Journal of Gerontology, 43*, S. 141–144.

Wichens, C. D., Braune, R. u. Stokes, A. (1987): Age differences in the speed and capacity of information processing: A dual taks approach. *Psychology and Aging*, 2.

Wilkins, A. u. Baddeley, A. (1978): Remembering to recall in everyday life: An approach to absent-mindedness. In: Gruneberg, M. M., Morris, P. E. u. Sykes, R. N. (Hg.): *Practical Aspects of Memory*, Band 2. Chichester: Wiley.

Wilkins, R. u. Adams, O. B. (1983): Health expectancy in Canada, late 1970s: Demographic, regional and social dimensions. *American Journal of Public Health, 73*, S. 1073–1080.

Wilson, R. S., Bacon, L. D., Fox, J. H. u. Kaszniak, A. W. (1983): Primary memory and secondary memory in dementia of the Alzheimer type. *Journal of Clinical Neuropsychology, 8*, S. 337–344.

Wilson, R. S., Kaszniak, A. W., Bacon, L. D., Fox, J. H. u. Kelly, M. P. (1982): Facial recognition memory in dementia. *Cortex, 18*, S. 329–336.

Wilson, R. S., Kaszniak, A. W. u. Fox, J. H. (1981): Remote memory in senile dementia. *Cortex, 17*, S. 41–48.

Winocur, G. (1982): Learning and memory dificits in institutionalized and noninstitutionalized old people. In: Craik,

F. I. M. u. Trehub, S. (Hg.): *Aging and cognitive processes.* New York: Plenum.

Winthorpe, C. u. Rabbitt, P. (1988): Working memory capacity, IQ, age and the ability to recount autobiographical events. In: Gruneberg, M. M., Morris, P. E. u. Sykes, R. N. (Hg.): *Practical Aspects of Memory*, Band 2. Chichester: Wiley.

Whitbourne, S. K. (1986): *The Me I Know: A Study of Adult Identity*. New York: Springer.

Whitbourne, S. K. (1987): Personality development in adulthood and old age. In: Schaie, K. W. (Hg.): *Annual Review of Gerontology and Geriatrics, 7.*

Wingfield, A. u. Stine, E. L. (1986): Organizational strategies in immediate recall of rapid speech by young and elderly adults. *Experimental Aging Research, 12*, S. 79–83.

Wolf, O. D. u. Fleischmann, U. M. (Hg.) (1981): *Experimentelle Gerontopsychologie*. Weinheim: Beltz.

Wolf, O. D., Herrmann, W. M., Kanowski, S., Lehr, U. u. Thomae, H. (Hg.) (1991): *Gerontologie*. 2. Auflage. Stuttgart – Berlin – Köln: Kohlhammer.

Zacks, R. T., Hasher, L., Doren, B. u. a. (1987): Encoding and memory of explicit and implicit information. *Journal of Gerontology, 42*, S. 418–422.

Zelinski, E. M., Light, L. L. u. Gilewski, M. J. (1984): Adult age differences in memory for prose: the question of sensitivity to passage structure. *Developmental Psychology, 20*, S. 1181–1192.

Danksagung

Für Hilfe und Unterstützung bei der Arbeit an diesem Buch möchte ich mich bei den folgenden Personen bedanken:

Sheila Kerr, weil sie mich zur Teilnahme an einem Kongreß überredet hat, auf dem ich den Lektor traf, der mir vorschlug, ein Buch über das Altern zu schreiben. Und nochmals Sheila für die Kritik an frühen Entwürfen einiger Kapitel dieses Buches.

Dr. Elizabeth Maylor, die einen späteren Entwurf kritisch gelesen und kommentiert hat.

Ganz besonders Professor Pat Rabbitt, der meine Begeisterung für Gerontologie entfacht und meinen trägen Verstand immer wieder angestachelt hat.

Ich danke ferner meinen Kolleginnen und Kollegen vom Department of Life Sciences an der University of Buckingham, die eine höchst angenehme Arbeitsatmosphäre schufen; meinen Studentinnen und Studenten, die mich immer wieder in Erstaunen versetzten; sowie der Universitätsbibliothek für die Bearbeitung der vielen Fernleihbestellungen und für das Wohlwollen gegenüber meinen Sonderwünschen.

Dieses Buch widme ich *nicht* dem Virus, der sich in meinen Computer eingeschmuggelt, ganze Dateien gelöscht und Terminzusagen zunichte gemacht hat. Wohl aber bedanke ich mich bei Jessica Kingsley für die Geduld, mit der sie die Verzögerung ertragen hat.

Meinen Eltern danke ich nicht nur, weil sie den Hund versorgten, während ich das Buch schrieb, sondern auch für ihre unermüdliche Unterstützung und Liebe.

Schließlich danke mich meiner Frau, die die Manuskripte mehrmals gelesen und viele hilfreiche Ratschläge gegeben hat.

Adressen

Das Adressen-Kompendium Gerontologie (Redaktion: Theodor G. Klenke) verzeichnet alle wichtigen Institutionen auf Bundes- wie auf Landesebene, die unmittelbar oder mittelbar mit der Problematik des höheren und hohen Alters (Prävention, Rehabilitation, Altenpflege, Selbsthilfe usw.) befaßt sind. Das Kompendium erscheint im:

Medikon Verlag
Berner Straße 144
81476 München

Selbsthilfe für ältere Menschen

Wer sich allgemein über Selbsthilfemöglichkeiten informieren will, kann sich an folgende Adressen wenden:

NAKOS
Nationale Kontakt-
und Informationsstelle
zur Anregung und Unterstützung
von Selbsthilfegruppen
Albrecht-Achilles-Straße 65
10709 Berlin

Kontaktstelle für Selbsthilfegruppen im Zentrum
für Psychosomatische Medizin
Friedrichstraße 28
35392 Gießen

SEKIS
Selbsthilfe
Kontakt- und Informationsstelle
Albrecht-Achilles-Straße 65
10709 Berlin

Auskünfte über Selbsthilfegruppen geben außerdem folgende Institutionen:

Bund Deutscher Rentner
Aktion Seniorenwerke e. V.
Limburger Straße 8
50672 Köln

Bundeskongreß
der Älteren Generationen e. V.
Friedrich-Ebert-Straße 3
34117 Kassel

Bürgerinitiative Altenselbsthilfe
Beratungsstelle
Ludwigstraße 41
61231 Bad Nauheim

Deutsche Altenhilfe
Verein für Probleme
älterer Mitbürger
Kirchhainer Straße 12
60433 Frankfurt am Main

Spezielle Institutionen

Für einige besondere Aspekte des Alterns (einzelne Krankheitsbilder, spezifische Ausfälle usw.) sind folgende Institutionen zuständig:

Krebsinformationsdienst KID
Deutsches Krebsforschungszentrum
In Neuenheimer Feld 280
69120 Heidelberg

Bundesforschungsanstalt für Ernährung
Engesserstraße 20
76131 Karlsruhe

Deutsche Rheuma-Liga
Bundesverband e. V.
Rheinallee 69
53173 Bonn

Deutsche Parkinson Vereinigung
Bundesverband e. V.
Kurt-Huber-Straße
41466 Neuß

Sachregister

Psychologie und Lernen

L. Ashner / M. Meyerson
Wenn Eltern zu sehr lieben
(rororo sachbuch 9359)

George R. Bach / Laura Torbet
Ich liebe mich - ich hasse mich
Fairness und Offenheit im Umgang mit sich selbst
(rororo sachbuch 7891)

Nathaniel Branden
Liebe für ein ganzes Leben
Psychologie der Zärtlichkeit
(rororo sachbuch 7867)

Kathleen Gose/Gloria Levi
Wo sind meine Schlüssel?
Gedächtnistraining in der zweiten Lebenshälfte
(rororo sachbuch 8756 und als Großdruckausgabe 33109-8)

Thomas A. Harris
Ich bin o.k. - Du bist o.k.
Wie wir uns selbst besser verstehen und unsere Einstellung zu anderen verändern können - Eine Einführung in die Transaktionsanalyse
(rororo sachbuch 6916)

Raymond Hull
Alles ist erreichbar *Erfolg kann man lernen*
(rororo sachbuch 6806)

Gerhard Krause
Positives Denken - der Weg zum Erfolg *13 Bausteine für ein erfülltes Leben*
(rororo sachbuch 7952)

Abraham H. Maslow
Motivation und Persönlichkeit
(rororo sachbuch 7395)

Erhard Meueler
Wie aus Schwäche Stärke wird
Vom Umgang mit Lebenskrisen
(rororo sachbuch 8540)

3505/2

rororo sachbuch

John Selby
Einander finden *Übungen zur Psychologie der Begegnung in Freundschaft, Beruf und Liebe*
(rororo sachbuch 7991)

Martin Siems
Dein Körper weiß die Antwort
Focusing als Methode der Selbsterfahrung - Eine praktische Anleitung
(rororo sachbuch 7968)

Frauke Teegen / Anke Grundmann / Angelika Röhrs
Sich ändern lernen *Anleitungen zur Selbsterfahrung und Verhaltensmodifikation*
(rororo sachbuch 6931)

Weitere Bücher und Taschenbücher zum Thema finden Sie in der *Rowohlt Revue*. Jedes Vierteljahr neu. Kostenlos in Ihrer Buchhandlung.